**BLUME**

*jardinería práctica*

# FLORES

BLUME

*jardinería práctica*

# FLORES

ALAN TOOGOOD

**BLUME**

Título original:
*Flowers*

**Traducción:**
Clara Eugenia Serrano Pérez

**Revisión científica y técnica
de la edición en lengua española:**
Xavier Bellido Ojeda
Jardinero
Creación de jardines, terrazas e interiores
Asesor en plantaciones y reformas
Profesor de jardinería

**Coordinación de la edición en lengua española:**
Cristina Rodríguez Fischer

*Primera edición en lengua española 2005*

© 2005 Naturart, S.A. Editado por Blume
Av. Mare de Déu de Lorda, 20 - 08034 Barcelona
Tel. 93 205 40 00 Fax 93 205 14 41
E-mail: info@blume.net
© 2003 del texto Alan Toogood
© 2003 HarperCollinsPublishers, Londres

I.S.B.N.: 84-8076-563-1
Depósito legal: B. 10.528-2005
Impreso en Filabo, S.A., Sant Joan Despí (Barcelona)

CONSULTE EL CATÁLOGO DE PUBLICACIONES ON-LINE,
INTERNET: HTTP://WWW.BLUME.NET

# Contenido

# Introducción

Según el diccionario, una flor es el brote reproductor de las plantas, formado por hojas de vivos colores. Los jardineros emplean este término para referirse a las plantas no leñosas que florecen, es decir, plantas distintas a los árboles, arbustos, rosales y plantas trepadoras leñosas. Este libro trata sobre las plantas no leñosas que producen flores.

**Perennes** Entre las flores más conocidas y extendidas están las perennes, que viven varios años. Algunas tienen una vida corta y florecen sólo unos cuantos años antes de empezar a deteriorarse, como, por ejemplo, *Lychnis* y el gordolobo, y entre ellas algunas mueren después de haber florecido y producido las semillas. Sin embargo, la mayoría tiene una vida muy larga, y algunas, incluidas las peonías, pueden llegar a vivir varias décadas.

Las plantas resistentes pueden cultivarse todo el año en el exterior, incluso en climas propensos a las heladas. Muchas son vivaces: los brotes superiores mueren en otoño pero las raíces, dormidas durante el invierno, vuelven a florecer en primavera. Otras plantas perennes resistentes, como las hortensias de invierno o bergenias, son de hora perenne, es decir, conservan sus hojas todo el año, a pesar de que también pasan el invierno en latencia.

Las plantas perennes delicadas, como los geranios o *Pelargoniums*, son sensibles a las heladas y en climas fríos no se pueden cultivar en el exterior durante todo el año. Algunas son vivaces, otras de hoja perenne. Muchas plantas perennes delicadas se utilizan como plantas de cultivo en macizos de verano en climas donde se suelen producir heladas.

Muchas de las populares plantas de rocalla o alpinas son perennes resistentes, pero debido a su hábito enano o postrado resultan ideales para los jardines rocosos.

Las plantas acuáticas suelen ser perennes resistentes, con la única diferencia de que viven en el agua. Las más populares son los nenúfares (*Nymphaea*), sin los que ningún jardín con estanque está completo.

*Iris bucharica*

### Bulbos, cormos y raíces tuberosas

Las plantas bulbosas forman otro grupo muy numeroso de plantas que se pueden ver en muchos jardines. Son órganos de almacenamiento que contienen una reserva de agua

Peonía «Boul of Beauty»

y alimento para mantener la planta viva mientras está dormida. Los bulbos, como los narcisos (*Narcissus*), se componen de hojas modificadas carnosas que encierran una flor embrionaria, por lo que si se compra un bulbo está casi garantizada la aparición de flor. Los jardineros también suelen referirse a las plantas que poseen cormos y raíces tuberosas como plantas bulbosas. Son también órganos de almacenamiento. Algunos cormos y raíces tuberosas, como el azafrán de primavera y el ciclamen, respectivamente, son tallos hinchados modificados con nuevos brotes que salen de una yema en la parte superior. Sin embargo, las raíces tuberosas de otras plantas, como las dalias, son raíces hinchadas; la propia raíz tuberosa no puede producir un nuevo brote.

Igual que ocurre con las plantas perennes, los bulbos, los cormos y las raíces tuberosas pueden ser resistentes, y sobrevivir todo el año en climas propensos a las heladas, o delicadas, y no soportar las heladas.

**Anuales y bianuales** Un amplio grupo de flores, las anuales y bianuales, son efímeras, es decir, viven un corto período de tiempo. Las anuales crecen a partir de una semilla, florecen, producen semillas y después mueren en la misma estación o año. Una vez más, existen los tipos resistente y sensible, como la caléndula (*Calendula officinalis*) y el clavel moro (*Tagetes patula*), respectivamente.

La mayoría de las bianuales que crecen en jardines son resistentes, como la dedalera o digital (*Digitalis purpurea*). Estas plantan crecen un año a partir de una semilla, florecen y producen semillas el siguiente, y después mueren.

# Cómo utilizar este libro

El libro se divide en tres partes. En los primeros capítulos de introducción conocerá cada uno de los aspectos de la práctica de la jardinería, desde el estudio del jardín, pasando por la plantación y los cuidados generales, hasta las técnicas de multiplicación. A continuación encontrará un completo directorio de plantas con entradas individuales de las más de 200 flores más comunes por orden alfabético.

Se incluyen las flores más populares y hermosas, y se abarcan muchos estilos de jardín y usos. La sección final del libro trata sobre los problemas de las plantas. Las páginas dedicadas a plantear posibles soluciones le permitirán diagnosticar la causa de cualquier problema, y un directorio de las plagas y enfermedades le ofrecerán consejos para solucionarlos.

**nombre en latín** del género de planta, seguido del **nombre común**

**descripciones detalladas** con consejos sobre el cuidado de cada planta, incluido tiempo de plantación, plagas y enfermedades

**fichas alfabéticas** en los márgenes de la página, clasificadas por colores para que pueda encontrar fácilmente la planta que desee

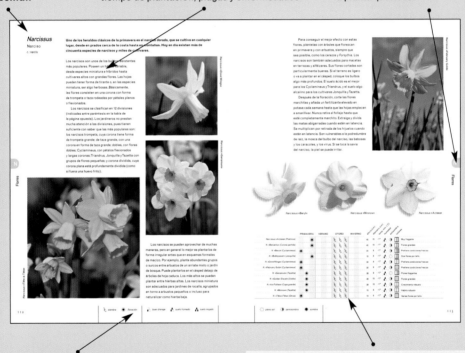

**significado** de los símbolos al pie de página

**tabla de variedades** que enumera las variedades recomendadas de la mayoría de los géneros de flores o de las mejores especies individuales. Contiene información clave para elegir la planta perfecta incluida:

• temporada del año en que florece
• temporada del año en que debe plantarse
• altura y envergadura de la planta en centímetros
• temperatura mínima que resiste
• requisitos de agua e iluminación (sol/sombra) de la planta
• color aproximado de la flor
• comentarios adicionales del autor

# Análisis del jardín

Para tener un hermoso jardín con flores, lo primero que hay que hacer es analizar las condiciones predominantes del terreno. Es conveniente observarlo durante todo un año y prestar atención a unos determinados elementos.

## Aspecto

Mediante la observación durante todo el año, localice las partes más soleadas del jardín y las más sombrías durante la mayor parte del día; después elija las plantas más apropiadas para cada lugar. Las plantas que crecen bien a pleno sol no soportan la sombra, mientras que las plantas de sombra se abrasarán y no se desarrollarán si las coloca al sol. El sol y la sombra no son, sin embargo, un problema, ya que existen numerosas variedades que se adaptan a ambas situaciones.

Las sombras de los árboles también deben tenerse en cuenta al planificar el jardín. Los árboles perennifolios proyectan una sombra densa todo el año y ofrecen refugio a las plantas que toleran bien la sombra permanente. Por el contrario, los árboles de hoja caduca permiten pasar el sol desde finales del otoño hasta principios de primavera, cuando se quedan sin hojas, lo que posibilita que plantas como los bulbos de primavera enanos y las plantas perennes de jardín de bosque crezcan debajo.

## Viento

El viento no sólo daña las plantas azotándolas y rompiendo sus hojas, sino que además un viento constante puede impedir el desarrollo de la planta. Por ese motivo, intente limitar este problema lo máximo posible. Algunos jardines están más expuestos que otros, en especial en zonas abiertas y en la costa.

Si su jardín sufre el azote del viento, cultive sólo las plantas que puedan resistir bien en estas condiciones. Por ejemplo, opte por ejemplares bajos en lugar de otros con largos tallos y por plantas que sean flexibles al viento, como hierbas ornamentales y otras clases más abiertas.

Proteja las plantas del viento. No intente detenerlo con objetos sólidos como una pared o valla cerrada, puesto que simplemente el viento pasará por encima, por lo que la turbulencia creada dañará el otro lado. Antes bien, ralentice su fuerza con una pantalla semipermeable. Por ejemplo, plante un seto de plantas resistentes al viento, como *Crataegus monogyna* (espino), *Ligustrum ovalifolium* (alheña de hoja ovalada), *Pyracantha rogersiana*, *Rosa rugosa* o *Taxus baccata* (tejo).

## Suelo

Es aconsejable mejorar la tierra del jardín todo lo posible antes de sembrar o plantar flores. Pocos jardines cuentan con la tierra ideal: un suelo limoso, fértil y con buen drenaje, pero que mantenga la suficiente humedad cuando el clima sea seco. Sin embargo, se pueden hacer muchas cosas para acondicionarlo, tal como se explica a continuación.

## Drenaje

Si el suelo se humedece demasiado o se encharca en invierno, deberá mejorarse para que drene mejor el agua, pues estas condiciones son perjudiciales para la mayoría de las plantas: las raíces se asfixian y se pudren. Esto puede alterarse incorporando

grandes cantidades de arena hortícola o gruesa, además de abundante materia orgánica durante la cava para abrir el suelo y permitir que el agua traspase con más facilidad. Los terrenos arcillosos suelen encharcarse más que el resto.

En el otro extremo están los terrenos que drenan toda el agua, como los arenosos y calcáreos, y que no consiguen retener el agua de la lluvia y se resecan mucho cuando no llueve. Para mejorar este tipo de suelo, incorpore abundantes cantidades de materia orgánica durante la cava.

Elija las plantas que mejor se adapten a cada tipo de suelo. Por ejemplo, aquellas que necesitan humedad deben plantarse en suelos arcillosos más húmedos, mientras que las que prefieren un suelo más seco o que soportan bien la escasez de agua son la apuesta idónea para suelos arenosos y calcáreos.

Los suelos limosos permiten cultivar casi cualquier planta.

# Condiciones específicas

Cada jardín es diferente, con sus propias condiciones específicas que deben tenerse en cuenta. Esta ilustración muestra una representación de un jardín «típico» que incluye varios elementos que pueden encontrarse en muchos jardines.

Puede que su jardín sea muy distinto; sin embargo, es probable que los factores que deba tener en cuenta sean los mismos a la hora de evaluar las condiciones del terreno para cultivar flores. Recuerde que es mejor adaptarse a las condiciones del jardín que intentar cambiar la naturaleza, pues al final ésta acaba siempre ganando. Dicho esto, y si lleva a cabo unos pocos cambios en su jardín, puede mejorar considerablemente las posibilidades de que sus plantas crezcan sin mucho esfuerzo ni gastos.

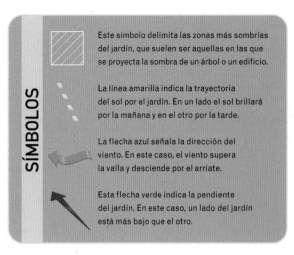

## SÍMBOLOS

Este símbolo delimita las zonas más sombrías del jardín, que suelen ser aquellas en las que se proyecta la sombra de un árbol o un edificio.

La línea amarilla indica la trayectoria del sol por el jardín. En un lado el sol brillará por la mañana y en el otro por la tarde.

La flecha azul señala la dirección del viento. En este caso, el viento supera la valla y desciende por el arriate.

Esta flecha verde indica la pendiente del jardín. En este caso, un lado del jardín está más bajo que el otro.

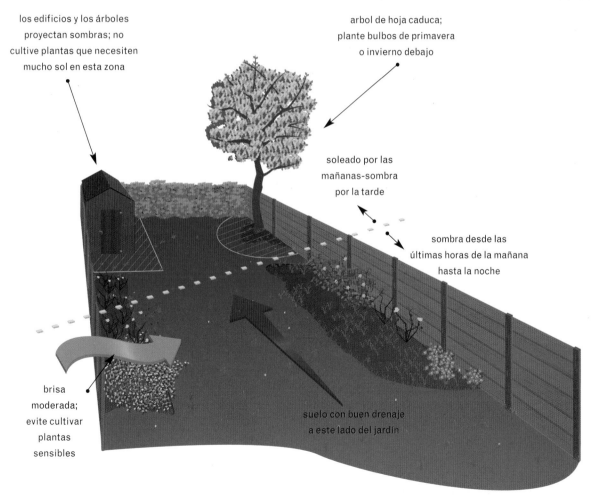

los edificios y los árboles proyectan sombras; no cultive plantas que necesiten mucho sol en esta zona

arbol de hoja caduca; plante bulbos de primavera o invierno debajo

soleado por las mañanas-sombra por la tarde

sombra desde las últimas horas de la mañana hasta la noche

brisa moderada; evite cultivar plantas sensibles

suelo con buen drenaje a este lado del jardín

# Elección y adquisición de las plantas

Las plantas se pueden adquirir en muchos estados de crecimiento, desde semillas hasta plantas en flor. Cada tipo ofrece distintas ventajas.

## Semillas

Las semillas constituyen la forma más económica de adquirir nuevas plantas. Un paquete de semillas, que producirá varias docenas o incluso cientos de plantas nuevas, suele costar al menos un 50% menos que una única planta lista para trasplantar.

Y no sólo eso, también existe una mayor variedad de plantas disponibles en forma de semillas. Además, no hay que olvidar la emoción que produce ver crecer las plantas, pues no existe nada comparable a la expectación de que las semillas germinen, así como la satisfacción que supone ver las primeras hojas que surgen de la tierra.

Las semillas se pueden comprar incluso por correo al por mayor. Cada año, en otoño normalmente, se publican catálogos que suelen estar muy bien ilustrados a fin de que pueda estudiarlos cómodamente en casa.

A partir del otoño, los centros dedicados a la jardinería también disponen de un buen suministro de semillas de varias empresas, pero no cuentan con tanta variedad.

**Pequeñas semillas** Muchas plantas tienen semillas muy pequeñas que se siembran esparciéndolas sobre contenedores llenos de sustrato vegetal. Las plántulas de estas semillas deben trasplantarse, un proceso bastante lento y laborioso.

**Semillas grandes** Otras plantas tienen semillas más grandes que son más fáciles de manipular. Entre ellas se incluyen los girasoles (*Helianthus*), claveles (*Tagetes*) y guisantes de olor (*Lathyrus*). Entre ambos extremos, existen muchas plantas con semillas medianas, como los agératos, que son fáciles de manipular. Las semillas grandes y medianas se pueden sembrar espaciadas sin repicarlas.

**Semillas granuladas** Algunas semillas pequeñas se encuentran disponibles granuladas para hacer más fácil

**CONSEJO**

Las semillas en cinta son una buena opción para sembrar en el exterior. Las semillas, normalmente pequeñas, se suministran pegadas en una cinta biodegradable que sólo hay que colocar en un surco poco profundo y cubrir con tierra. Las plantas brotarán a la distancia adecuada, por lo que no es necesario el aclareo.

su manejo. Cada semilla está recubierta de una sustancia, como arcilla, y tiene el aspecto de una píldora. Se pueden sembrar espaciadas, de manera que no sea necesario trasplantarlas ni el aclareo de las plántulas.

## Bulbos

Los bulbos, como los narcisos y los tulipanes, son muy fáciles de cultivar y suponen una garantía de que presentarán flores, siempre que no haya ningún problema, como enfermedades o plagas. El término «bulbo» se utiliza con frecuencia en jardinería para referirse a los bulbos, pero también a otras plantas bulbosas que tienen cormos (el azafrán de primavera y los gladiolos son buenos ejemplos) y raíces tuberosas, como las dalias y el ciclamen.

La mayoría de los bulbos se compran y se plantan en otoño para que florezcan en invierno o en la primavera siguiente, pero los bulbos que florecen en verano se adquieren y se plantan en primavera. Hay otras especies que florecen en otoño que se suelen plantar a finales del verano.

Los bulbos se pueden adquirir por correo en comercios especializados que suelen disponer de catálogos muy bien ilustrados. Los centros de jardinería cuentan con un surtido

Bandeja llena de jóvenes brotes de plantas de pensamiento

robusto y corto, que no sean largas y delgadas. Las hojas deben ser de un verde medio u oscuro, no estar pálidas ni presentar zonas amarillentas. Tampoco deben tener ninguna enfermedad ni plaga.

**Plántulas** Las bandejas de plántulas para plantas de cultivo en parterres están disponibles en los centros de jardinería desde principios de primavera. Hay que trasplantarlas a bandejas y cultivarlas en un invernadero hasta que son lo suficientemente grandes para trasplantarlas al exterior. Son más baratas que los tacos.

**Tacos** Los tacos constituyen una forma muy popular de comprar plantas de cultivo en macizos. Son pequeñas plantas que se producen con fines comerciales en bandejas de alvéolos (bandejas que contienen un número determinado de «celdas»). Los ejemplares se plantan en un maceta y se cultivan en un invernadero hasta que son lo suficientemente grandes para trasplantarlas al exterior.

más limitado a partir del otoño. Sin embargo, en estos centros, se puede ver de forma inmediata la calidad y el tamaño de los bulbos que se compran.

En términos generales, los bulbos más grandes producirán mejores resultados y flores más hermosas. Al adquirirlos, asegúrese de que el bulbo esté firme y no presente partes blandas, lo que significaría que está empezando a pudrirse. Compruebe que no aparecen hongos blancos o grises en la superficie y recuerde que los bulbos todavía no deben haber empezado a crecer cuando los compre.

La mayoría de los bulbos se adquieren cuando están secos y dormidos. Los centros de jardinería los venden en bolsas de red o en envases, con una fotografía para identificarlos.

Es posible comprar los bulbos ya plantados en una maceta, quizá en el momento de la floración, pero de esta forma resultan más caros. Se pueden encontrar en centros de jardinería.

## Plantas

Adquirir plantas jóvenes para cultivarlas en casa es una forma muy común de conseguir plantas de cultivo en macizos y otras plantas que florecen en verano. Son más caras que las semillas, y el surtido y las variedades resultan algo más limitados, pero son fáciles de cuidar. Al adquirirlas, sólo hay que plantarlas en una maceta y conservarlas en un invernadero hasta que sean lo suficientemente grandes para trasplantarlas al exterior. Cuando compre plantas jóvenes, asegúrese de que presenten un aspecto

**Plantas jóvenes** Plantas para el cultivo en parterres más grandes, listas para trasplantarlas y casi a punto de florecer. Se pueden encontrar con facilidad. Se venden en bandejas con alvéolos grandes o en tiras de plástico flexible o poliestireno rígido.

**Plantas maduras** Plantas de cultivo en macizos que se presentan en macetas grandes y que ya están floreciendo; se pueden encontrar en centros de jardinería, tiendas y grandes almacenes. Como es lógico, causan un efecto inmediato, pero también son la forma más cara de adquirir plantas para macizos. Deben tener muchos capullos de flores y no haber crecido demasiado dentro de la maceta. Las plantas de miembros cortos y fuertes son las mejores.

**Plantas empaquetadas** Son perennes resistentes en latencia que se venden en paquetes en invierno y en primavera. Se pueden encontrar fácilmente, por lo general envasadas con la fotografía de la planta en el exterior.

# Siembra y plantación

Debido a que muchas flores se cultivan a partir de las semillas, es importante aprender a preparar la tierra, sembrar las semillas y trasplantar correctamente las plantas jóvenes para que las flores tengan un buen comienzo.

## Preparación del suelo

El suelo se trabaja y se añade arena y materia orgánica, lo que ayuda a airearlo y previene que se compacte. No es necesario trabajar el suelo todos los años en el caso de perennes resistentes y bulbos, sólo antes de la primera plantación. Por lo tanto, los macizos y los arriates se renuevan (cavado y replantación) sólo cada tres o cuatro años. Los macizos dedicados a plantas de arriate temporales y plantas anuales se suelen cavar en otoño para revitalizarlas y enterrar las malas hierbas anuales, por ejemplo, después de arrancar las plantas de parterres de verano y de primavera.

El suelo que se prepara para plantar debe estar limpio de malas hierbas perennes o, de lo contrario, seguirán siendo un problema. La forma más eficaz de hacerlo es rociando las hierbas mientras están en pleno crecimiento con un herbicida que contenga glifosato.

Cuando las malas hierbas mueran, se podrá trabajar el suelo; la mejor época suele ser el otoño a fin de preparar la plantación de primavera. Normalmente sólo hay que cavar hasta la profundidad de la pala, pero si el drenaje no es bueno o si por debajo de la superficie el suelo está muy compactado, es recomendable cavar al doble de profundidad.

Antes de plantar, debe esparcirse un fertilizante general por el suelo y repartirlo ligeramente con un rastrillo, a la vez que se desmenuza cualquier terrón de tierra. Aplaste el suelo pisando con los talones y después con una horqueta o rastrillo para crear una superficie lisa.

## Siembra

Las semillas de muchas plantas se siembran al aire libre. Las anuales resistentes se siembran en macizos y arriates en primavera (algunas en otoño) en el sitio en el que florecerán. Muchas de las perennes resistentes más fáciles como los altramuces, delfinios y aguileñas (*Aquilegia*) se pueden sembrar en un vivero a principios de primavera y trasplantarlas después a sus lugares de floración definitivos. Las bianuales resistentes como los alhelíes (*Erysimum*), las margaritas (*Bellis*), la digital y los nomeolvides (*Myosotis*) se cultivan de la misma forma. Las semillas de bulbos resistentes de germinación lenta, alpinas y distintas perennes resistentes se siembran en el exterior o en grupos fríos tan pronto como están maduras.

**Preparación del semillero** Para sembrar semillas en el exterior, la superficie de la tierra debe estar homogénea y nivelada. Realice todos los trabajos preparatorios sólo cuando el suelo esté seco o un poco húmedo en la superficie, nunca cuando esté mojado.

Se debe empezar en un lugar que haya sido cultivado previamente, y primero hay que romper los terrones de tierra con los talones. Con un rastrillo metálico, debe rastrillarse la superficie del suelo ligeramente hasta que esté nivelada y tenga una capa poco profunda de tierra fina para sembrar las semillas sin grumos ni otros restos como piedras. Mientras se prepara la tierra, debe añadirse un fertilizante general por la superficie [A] y luego rastrillar todo el terreno [B]. Aplique la cantidad que se recomienda en el envase.

**Sembrar en línea** La forma más habitual y sencilla de sembrar al aire libre es hacerlo en líneas rectas, en hileras o surcos poco profundos. Esta forma hace que el cuidado posterior de las plántulas, como el aclareo y repicado, sea mucho más fácil. Es la mejor técnica para sembrar semillas de plantas como las bianuales resistentes o las perennes en vivero.

Las anuales resistentes que se siembran en sus lugares definitivos también pueden sembrarse en línea. Normalmente cada anual se cultiva en un grupo informal destacado en un arriate. Antes de sembrar, los grupos se pueden marcar con una línea de tierra seca. Dentro de cada grupo, las semillas se siembran en surcos rectos espaciados de acuerdo con el tamaño de cada planta, pero siempre en torno a unos 15 o 30 cm. A medida que las plantas crecen y se acercan, parecerá cada vez menos evidente

A

B

La gama de tipos de suelo disponible puede parecer amplia. Como regla general, use suelo con base de tierra para plantas perennes y sin tierra para siembras temporales. Para mejorar la consistencia del suelo utilice arena si quiere un mayor drenaje, y harina de huesos, de pescado y sangre, así como materia orgánica, para aportar nutrientes y alimento.

| Mezcla para macetas | Mezcla para trasplante | Suelo con base arenosa |
|---|---|---|
| Harina de huesos, de pescado y sangre | Materia orgánica | Compuesto con funciones múltiples |

un aspersor o una manguera fina. Así se conserva la humedad del suelo para favorecer la germinación.

**Cintas de semillas** Las cintas de semillas se colocan en surcos un poco más anchos, a la profundidad que se indique en el envase. Antes de cubrir la cinta con tierra, se debe mojar con una regadera de alcachofa fina.

**A voleo** Otra forma de sembrar las semillas consiste en esparcirlas o diseminarlas uniformemente por la superficie. Esta técnica no se suele utilizar para las flores, pero es el método normal en el caso de césped y flores silvestres en terrenos grandes. La siembra a voleo se puede emplear con anuales resistentes, pero debe tenerse en cuenta que el aclareo y repicado será más difícil. En primer lugar, debe preparar la superficie del terreno rastrillando ligeramente en una dirección para crear una serie de surcos delgados y poco separados entre sí. A continuación, se siembran las semillas a voleo repartiéndolas de forma regular por toda la superficie y se cubren pasando el rastrillo con suavidad a través de los surcos.

**Aclareo de plántulas** Incluso aunque las semillas se hayan sembrado con bastante espacio entre sí, deberá corregirse la distancia entre las plántulas. Para evitar el hacinamiento, que daría lugar a plántulas altas, débiles y con mal aspecto, deberá procederse al aclareo tan pronto como las plántulas sean lo suficientemente grandes para sujetarlas. Si se desea, se puede realizar en dos fases: un primer aclareo para que las plántulas tengan algo más de espacio para crecer y una segunda fase a fin de corregir la distancia entre ellas cuando sean un poco más grandes.

Durante el aclareo, el suelo debe estar húmedo. Muchos jardineros prefieren utilizar las manos para retirar las plántulas excedentes, pero otros emplean un cuchillo para cortarlas. Apriete la superficie de la tierra a ambos lados de la plántula que desea dejar para evitar sacarla y elimine las plántulas excedentes de los lados. Haga lo mismo en todo el surco.

que se han sembrado en línea. Para hacer los surcos se puede utilizar una línea de plantación, es decir, un trozo de cuerda cuyos extremos se han atado a estacas cortas, una azada o un pico, o, simplemente, un palo puntiagudo. En primer lugar, hay que trazar la línea en la que se quiere hacer el surco. Después, utilizándola como guía, use una azada o el palo para hacer un surco poco profundo [C]. La profundidad dependerá del tamaño de las semillas, pero recuerde que las semillas deben sembrarse a una profundidad dos veces su tamaño. Normalmente los surcos tienen 6 mm de profundidad.

Siembre las semillas directamente desde el envase o tome unas cuantas entre el pulgar y el índice. Repártalas por el surco de manera regular [D]. Cúbralas empujando la tierra sobre el surco con suavidad con el rastrillo [E]. Riegue los macizos de semillas, si el suelo está seco, con

C

D

E

Al mismo tiempo que se aclarea deben eliminarse las malas hierbas. Cuando haya acabado, pase la azada por los surcos para eliminar los restos de malas hierbas.

**Siembra en macetas al aire libre** Las semillas de bulbos resistentes, plantas alpinas y perennes resistentes de germinación lenta, como los eléboros, anémonas, ésulas (*Euphorbia*) y prímulas, se suelen sembrar en macetas tan pronto como están maduras y se colocan en el exterior o en un macizo de siembra abierta. Después de un tiempo en un macizo frío, deben germinar en primavera.

Utilice macetas de terracota de buena calidad

Utilice sustrato para semillas con base de tierra y cubra las semillas con una fina capa de sustrato seguida de una fina capa de tierra gruesa o gravilla fina para evitar alteraciones por la lluvia e impedir el crecimiento de musgo y hepática. Sumerja las macetas hasta el borde en un macizo de gravilla o arena gruesa para evitar que se sequen y prevenir la congelación.

# Técnicas de plantación

Las plantas que se han cultivado con mucho cuidado en un invernadero o un vivero en el exterior, así como las que se han adquirido como semillas, deberán trasplantarse a sus posiciones definitivas. Esto debe hacerse con mucho cuidado, ya que aplicar técnicas de plantación correctas puede suponer la diferencia en el crecimiento y floración de las plantas. Los ejemplares que se hayan plantado mal puede que nunca lleguen a prosperar o que no sean plantas fuertes.

**Aclimatación** Las plantas jóvenes que se han cultivado en un invernadero caliente, como las plantas de grupos de verano, incluidos los tacos y plantas jóvenes más grandes que se han comprado, deben aclimatarse paulatinamente a las condiciones del exterior antes de trasplantarlas. Si no se hace, constituirá un freno importante para su crecimiento. Esta técnica, conocida como aclimatación, se realiza en un arriate de siembra protegida.

La aclimatación debe comenzar al menos tres semanas antes de trasplantar las plantas. Recuerde que las plantas sensibles a las heladas no se deben plantar en el exterior hasta que ya haya pasado el riesgo de más heladas.

Después de poner las plantas jóvenes en el arriate de siembra protegida, ventílelas un poco durante los primeros

días destapándolas algo durante el día y cerrando la cama por la noche. Durante las siguientes semanas, abra la cama cada día un poco más; aumente poco a poco el tiempo que permanecen descubiertas hasta que estén totalmente descubiertas, pero por la noche vuelva a taparlas. Unos días antes de trasplantarlas en el exterior, destápelas también por la noche, siempre que no haya riesgo de heladas. Si se sigue este procedimiento, las plantas de la cama de siembra tendrán más posibilidades de sobrevivir y estar sanas.

**Plantación en el exterior** Cuando las plantas están totalmente aclimatadas, se pueden plantar en el exterior con seguridad. Primero vamos a tratar sobre las plantas jóvenes en macetas, semilleros, bandejas de alvéolos grandes y bandejas de plástico flexible o poliestireno rígido. Las plantas se deben regar la noche anterior para que el sustrato esté húmedo cuando se trasplanten.

Existen varias técnicas para sacar las plantas de los recipientes, pero debe hacerse siempre con mucho cuidado para evitar dañar las raíces. Las plantas se pueden sacar de las macetas poniéndolas boca abajo a la vez que se sujeta

Aclimate las plantas antes de trasplantarlas

Saque las plantas de la bandeja con cuidado

la superficie del sustrato con una mano y se dan unos golpecitos al borde de la maceta con una superficie dura, como el lado de un banco. El cepellón debería salir fácilmente.

Para sacar las plantas de un semillero normal, primero se dan unos golpecitos en la parte inferior y los lados sobre una superficie dura para que el sustrato se suelte y, manteniendo la bandeja cerca del suelo, se deslice su contenido. El sustrato debe permanecer de una pieza.

**CONSEJO**

El sustrato para macetas sin tierra ligero se suele utilizar para rellenar recipientes como macetas para terrazas y alféizares, y cestas colgantes. Hay que presionarlo muy poco. Los sustratos para macetas con tierra más pesados son más adecuados para plantas permanentes más grandes que se cultiven en macetas como las perennes resistentes, arbustos y árboles. Cada cierto tiempo el sustrato de las macetas de terraza y de alféizar debe sustituirse.

A continuación, las plantas se pueden separar con los dedos. Las raíces se dañarán un poco, es inevitable. Se puede hacer lo mismo con otras plantas cultivadas en tiras.

Las plantas se pueden retirar de las bandejas de alvéolos empujando con un lápiz por el agujero de drenaje de la base. La planta se soltará y podrá sacarse.

Plante los ejemplares inmediatamente para evitar que las raíces se sequen. Coloque las plantas en la posición deseada en el macizo o el arriate. Se pueden hacer agujeros con un desplantador manual. Los agujeros deben ser lo suficientemente grandes para que quepa el cepellón sin aplastarlo, y su profundidad sólo ha de ser un poco mayor que la altura del cepellón. Rellene el hueco con tierra fina, asegurándose de que queda en contacto con la planta y que no quedan cámaras de aire, y presione con los dedos. Para comprobar si está lo bastante firme, tire un poco del extremo de la planta, que debe permanecer pegada al suelo. La parte superior del cepellón debe quedar cubierta por el sustrato.

Después de plantar, «pellizque» el suelo con una horqueta para eliminar las marcas de dedos y riegue la planta si la tierra está seca, a ser posible con un aspersor o una regadera con alcachofa.

Las plantas más grandes, como las vivaces perennes adquiridas en macetas de 12,5 a 15 cm en centros de jardinería, se plantan igual que las plantas que se encuentran en macetas más pequeñas. Algunos jardineros separan las raíces exteriores para que la planta se establezca más rápidamente en el nuevo suelo. Sólo hay que tirar con cuidado de las raíces para que no crezcan en círculo alrededor del cepellón. Una vez más, coloque las plantas de forma que la superficie del cepellón esté sólo un poco por debajo del sustrato.

Puede que quiera plantar plantas de mayor tamaño, como divisiones o perennes resistentes –matas más grandes de plantas que ha dividido o separado en partes más pequeñas

para replantarlas–. En este caso, los agujeros deben ser lo bastante profundos para que las raíces no se doblen. Eche tierra entre y alrededor de las raíces y presione bien con los dedos. También es muy importante plantarlas a la misma profundidad a la que estaban, es decir, con la corona de la planta, donde los tallos comienzan a crecer hacia arriba y las raíces hacia abajo, a nivel del suelo. La corona no debe taparse con tierra, de lo contrario la planta podría pudrirse. Si va a plantar divisiones de lirio alemán, que producen rizomas

gruesos (tallos hinchados que crecen por encima de la tierra), los rizomas deben asentarse en la superficie de la tierra pero las raíces fibrosas deben quedar enterradas.

**Trasplante de plántulas** Las plántulas cultivadas en semilleros, como las bianuales y perennes resistentes, deben trasplantarse a otro vivero para que crezcan un poco antes de trasplantarlas a su lugar definitivo.

Cuando tienen de 5 a 8 cm de altura y pueden manejarse con facilidad, deben levantarse varias al mismo tiempo con una horqueta de mano para evitar que las raíces se sequen. A continuación, se replantan en líneas con un espacio de 30 cm entre ellas, y una separación entre las plantas de 15 cm, aproximadamente. Los agujeros deben ser lo bastante profundos para que las raíces cuelguen sin tocar el fondo y deben rellenarse con tierra y presionar fuerte con los dedos.

Las plantas deben plantarse a la misma profundidad a la que estaban antes. Después de plantarlas, riéguelas abundantemente con un aspersor o una regadera con alcachofa.

En otoño tendrá plantas jóvenes lo suficientemente grandes para trasplantarlas a su lugar definitivo.

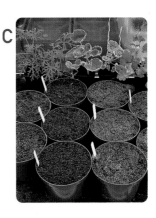

Las plantas bianuales florecerán la primavera o el verano siguiente, puede que igual que algunas perennes, pero otras necesitarán algo más de tiempo antes de florecer. Sáquelas y plántelas igual que las plántulas, y colóquelas a la distancia adecuada.

En el caso de plantas perennes y alpinas cultivadas en macetas hay dos opciones. Plante las plántulas en macetas individuales tan pronto como sean lo bastante grandes para manipularlas y cultivarlas en el exterior o en un macizo de siembra abierta, o colóquelas en línea en viveros para que sigan creciendo, igual que las bianuales (*véase* superior). Si las coloca en macetas, elija macetas a partir de 8 cm y emplee sustrato para macetas a base de tierra arenosa con un buen drenaje.

Los tulipanes bien fertilizados producen una imagen impresionante

Deje los bulbos de las plántulas en las macetas durante un año más para que crezcan antes de trasplantarlas. Al año siguiente, mientras estén dormidas, plántelas en una maceta que tenga dos veces su profundidad, por ejemplo, 6 u 8 por 12,5 cm, y utilice sustrato para macetas a base de tierra arenosa [A, B]. Coloque la maceta en un lugar resguardado al aire libre o en un macizo de siembra abierta y deje que crezcan otro año [C] antes de plantarlas cuando estén dormidas.

## Plantación de bulbos

Los bulbos, cormos y raíces tuberosas se suelen plantar cuando están en latencia, pero si se adquieren en macetas cuando están en crecimiento se deben plantar inmediatamente; lo mismo ocurre con las plantas perennes cultivadas en macetas. No altere las raíces. Los bulbos que se obtienen en el campo después de la floración, como la campanilla de invierno (*Galanthus*), se deben plantar inmediatamente. Si se han extraído de un terreno abierto, colóquelas a la misma profundidad a la que estaban (fíjese en el cambio de color de blanco a verde en la base de las hojas). La plantación de bulbos, cormos y raíces tuberosas en latencia (que a partir de ahora llamaremos simplemente bulbos) se explica a continuación.

La época de plantación depende del período de floración de cada bulbo. Los bulbos que florecen en invierno y primavera se plantan en otoño. Los que florecen en verano se plantan en primavera. Los que florecen en otoño, como los ejemplares de *Colchicum* y *Crocus*, se plantan a finales del verano.

Existe cierta confusión entre los jardineros sobre la profundidad a la que deben plantarse los bulbos. Una buena guía consiste en plantar el bulbo a una profundidad dos o tres veces mayor que su longitud (desde el ápice hasta la base). En otras palabras, el bulbo debe estar a una profundidad en la tierra igual a dos o tres veces su altura. La profundidad debe ser mayor en suelos ligeros, como suelos arenosos, que en suelos pesados como los arcillosos. El espacio entre los bulbos debe ser igual a dos o tres veces su propia anchura.

**En arriates mixtos** Los bulbos se suelen plantar en grupos informales o surcos en arriates mixtos, ya que así parecen más naturales. Hay dos formas de plantarlos, la más fácil es quizá haciéndolo en un agujero grande y plano de la profundidad adecuada que hayamos hecho con una pala. Los bulbos se colocan aleatoriamente en el agujero para que al crecer presenten un aspecto natural. Cuando están todos situados, se tapan con sustrato usando las manos para no alterar su posición. Después se presiona ligeramente el suelo con la parte plana de un rastrillo.

Otra forma consiste en plantar los bulbos de forma individual utilizando un desplantador o plantador de bulbos para hacer el agujero. Esta herramienta extrae un trozo sólido de tierra que luego se vuelve a colocar sobre el bulbo. Puede que haya que retirar un poco de la tierra de la superficie. Cuando se planten bulbos de forma individual, asegúrese de que la base está en contacto con la tierra del fondo del agujero. Si queda un espacio vacío, el bulbo no generará raíces y, por lo tanto, no crecerá.

**En esquemas de macizo de primavera**
Los bulbos, por ejemplo, los tulipanes, se suelen plantar entre otras plantas, como el alhelí (*Erysimum*) y el nomeolvides (*Myosotis*), en esquemas de macizo de primavera. Hay dos formas de hacerlo; la más fácil de ellas es plantar primero los bulbos y luego las otras plantas. Esto no daña a los bulbos, ya que las plantas se plantan a una profundidad menor (excepto en el caso de los tulipanes). Si esta solución no le convence, plante primero las otras plantas y después coloque los bulbos entre ellas. Utilice un desplantador en ambos casos. Las plantas y los bulbos deben estar espaciados de forma regular en los esquemas de macizo.

**En césped** Normalmente, los bulbos se plantan en surcos muy informales en el césped para que tengan un aspecto natural. La mejor forma de hacerlo es lanzar al aire varios bulbos y plantarlos donde caigan. Si quedan huecos muy grandes, puede rellenarlos con más bulbos.

La forma más fácil de plantar bulbos en el césped, especialmente los pequeños, consiste en quitar la hierba y una capa de tierra de 2,5 cm. Reparta los bulbos y plántelos con una desplantadora. Después vuelva a poner la tierra encima y presione. La otra alternativa es plantar los bulbos

individualmente en la hierba con un plantador de bulbos, tal como se ha explicado antes, en especial los grandes.

## Plantación de plantas acuáticas

Las plantas acuáticas o de agua, como los nenúfares (*Nymphaea*), se plantan normalmente en primavera en cestas acuáticas de plástico especiales. Cubra la cesta con arpillera para retener la tierra y rellénela con marga pesada o mezcla especial para plantas acuáticas. Coloque la planta en el centro, presione con fuerza y cubra la superficie de la tierra con una capa de guijarros o gravilla para que los peces no dañen la planta.

Coloque la cesta en el estanque a la profundidad adecuada para la planta. Como las hojas de los nenúfares flotan en la superficie, esta planta prefiere aguas poco profundas cuando se planta y poco a poco va bajando a medida que crece hasta que está a la profundidad adecuada. Esto se puede conseguir colocando la cesta sobre ladrillos y quitándolos poco a poco, a medida que crece la planta.

Los bulbos que se plantan espaciados entre la hierba producen un efecto impresionante en primavera

# Plantación en macetas

El cultivo de plantas de flor en recipientes como macetas para terrazas y alféizares y cestas colgantes nunca ha sido tan popular como ahora. Este tipo de plantación añade color a las fachadas y zonas pavimentadas de los edificios.

**Macetas de terraza** Los recipientes deben ser grandes para evitar que se sequen rápidamente y a fin de crear esquemas llamativos. La profundidad de los recipientes debe ser superior a 30 cm, y la anchura entre 30 y 60 cm. Aparte de eso, la forma no es importante.

Cubra el agujero de drenaje con un trozo de maceta rota [A] y añada una capa de 2,5-5 cm de gravilla para facilitar el drenaje. Hay dos formas de plantar macetas: rellenando la maceta con sustrato y haciendo luego los agujeros para las plantas, o rellenando un poco el recipiente [B], tras lo que se coloca la planta encima del sustrato y se rellena por último el hueco que queda [C]. Si va a plantar bulbos junto con otras plantas, la última técnica es la mejor. Deje un espacio de 2,5 cm hasta el borde superior del recipiente para poder regar la planta.

Las plantas se suelen colocar muy juntas, casi tocándose, para crear un efecto instantáneo, por lo que los espacios de plantación no son aplicables en este caso. Deben colocarse de una forma atractiva y utilizando bien el espacio disponible. Normalmente, se coloca una planta alta en el centro para dar la sensación de altura. Las demás plantas se disponen después alrededor. Por último, las plantas colgantes se pueden colocar en el borde del recipiente [D].

**Macetas de alféizar** Las macetas de alféizar o jardineras se preparan y se plantan de la misma forma que las de terraza. Lo mejor es utilizar sustrato para macetas sin tierra para reducir el peso. Asegúrese de que las macetas están bien sujetas con ganchos de metal para que no se caigan; el peso sólo de la planta no es suficiente para sostenerse.

Las plantas se pueden colocar de varias formas. Por ejemplo, se puede hacer un arreglo triangular con plantas altas en el centro de la maceta, plantas más cortas a los lados y otras en el borde. Las plantas colgantes son muy apropiadas

si se disponen a los lados o en el centro.

De forma alternativa, se pueden colocar algunas plantas altas a un lado y luego otras cada vez más bajas hasta el otro lado de la maceta. Una vez más, las plantas colgantes pueden añadir variedad al ocupar los lados de la maceta para resaltar el conjunto.

**Cestas colgantes**

Las cestas colgantes son muy apreciadas, pues añaden

Cuando plante en macetas, asegúrese de que el arreglo resulta equilibrado

color a las paredes de la casa. Elija siempre las cestas de mayor tamaño disponibles, ya que cuanto mayores sean, más tardará en secarse la tierra. Las cestas de alambre siguen siendo muy populares y permiten realizar composiciones más atractivas, pero hay quien prefiere las versiones de plástico modernas porque no hay que forrarlas y tardan más en secarse (algunas tienen una reserva de agua en la base). Las cestas de alambre deben forrarse para que el sustrato no se salga. El material más utilizado para esto es el musgo *Sphagnum*, aunque hay personas que prefieren no utilizarlo por motivos ecológicos. La fibra de coco constituye una buena alternativa. Otra opción se basa en utilizar papel comprimido con la forma de la cesta o bien hojas de fibra de algodón reciclada.

Para plantar una cesta de alambre colgante, debe forrarse el interior de la cesta con una cantidad generosa de musgo [A]. Después, se extiende en el fondo una capa de sustrato para macetas sin tierra ligero y se presiona un poco [B]. Se coloca un círculo de plantas en el lado de la cesta (colgantes o semicolgantes) introduciendo las raíces a través del musgo desde el exterior para dejarlas reposar en la superficie del sustrato [C]. Se cubren, a continuación, por dentro con sustrato y se añade otro círculo de plantas que se vuelve a cubrir con sustrato. Como es lógico, tendrá que hacer agujeros en el musgo para insertar las plantas. Por último, se colocan plantas en la parte superior situándolas de pie sobre el sustrato y rellenando el hueco que queda alrededor; acuérdese de dejar un espacio para regar [D].

Por norma general, los arreglos en cestas colgantes contienen una planta alta en el centro, otras más cortas

alrededor y plantas colgantes en el borde. Las plantas de los lados y las que se encuentran en el borde deben alternarse lo más posible, de modo que no se coloquen unas sobre las otras, y que de esta manera tengan suficiente espacio para crecer.

Lógicamente, si utiliza una maceta de plástico no podrá colocar plantas en los lados, sólo en la parte de arriba. Sitúe estas plantas igual que lo haría en una cesta de alambre e intente crear un equilibrio de formas y tamaños, y una disposición agradable de colores.

A  B

C  D

CONSEJO

Si utiliza las tradicionales cestas de alambre con musgo, como la que aparece en la imagen, asegúrese de que el musgo está mojado antes de colocarlo. Ponga un platillo de plástico para macetas en el fondo de la cesta para que actúe como reserva de agua. También puede utilizar un trozo de plástico negro. Añada otro círculo de moho sobre los lados de la cesta y luego rellénela con sustrato.

# Cuidado y mantenimiento

Todas las plantas necesitan determinados cuidados y atenciones para crecer con fuerza. Un mantenimiento sencillo, tal como se explica aquí, permitirá disfrutar de un jardín hermoso todo el año.

## Fertilización

Todas las plantas necesitan fertilizantes para crecer mejor y producir más flores. Lo normal para las plantas en macizos y arriates es aplicar una base de fertilizante en perlitas universal unos días antes de plantarlas. Para las plantas

o cada 15 días durante la época de crecimiento. También se puede insertar una barrita fertilizante en la tierra una vez que la planta se ha establecido.

Gracias a que hoy día existen muchos cultivos orgánicos, también se puede elegir entre fertilizantes orgánicos o químicos.

**Fertilizantes en perlitas** Tal como su nombre indica, estos fertilizantes se venden en perlitas que se esparcen fácilmente por la superficie de la tierra. Deben mezclarse un poco con la tierra de la capa base o superficial. Para las flores, se pueden encontrar fácilmente fertilizantes universales adecuados (algunos orgánicos) o específicos para flores.

**Barritas de disolución lenta** Resultan ideales para las cestas colgantes o las macetas de alféizar ya que ahorran mucho tiempo. Una vez que se entierran en el sustrato, liberan sus nutrientes de forma regular durante toda la temporada de crecimiento.

Al cabo de seis semanas, cuando los nutrientes del sustrato vayan desapareciendo, utilice las barritas tal como se indica en el envase. Para las plantas permanentes plantadas en macetas, inserte las barritas en primavera, al principio de la época de crecimiento.

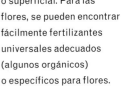

permanentes, deben añadirse fertilizantes a la capa superior de la tierra en primavera. Esto será suficiente para la mayoría de las plantas de arriates, a pesar de que algunos tipos vigorosos que producen muchas flores, como las dalias, crecen mejor si se les proporciona un fertilizante que estimule el desarrollo durante la época de crecimiento, en especial cuando comienzan a florecer.

Los bulbos resistentes reciben un tratamiento algo distinto. Tan pronto como termine la floración, añada un fertilizante líquido universal una vez a la semana durante dos o tres semanas para que los bulbos se formen y se asegure así una floración óptima al año siguiente.

Las plantas de macetas necesitan más fertilizantes, ya que las macetas y cestas colgantes pierden los nutrientes por el riego frecuente. El sustrato aporta los nutrientes necesarios durante las primeras seis semanas, pero una vez que la planta se establece, requiere que se añada un fertilizante líquido al agua de riego una vez a la semana

Un arriate bien regado y fertilizado es una hermosa recompensa

Mida la cantidad de fertilizante líquido y dilúyalo en agua

**Fertilizantes líquidos** Existen muchos fertilizantes líquidos en el mercado, algunos de los más populares con base de algas marinas. Hay de tipo universal y otros específicos para plantas o grupos de plantas. Primero hay que diluirlos en agua según las instrucciones del fabricante y luego se riegan las plantas con una regadera.

# Riego

Nunca permita que la planta sufra por falta de riego, ya que no crecerá ni florecerá bien. Intente mantener la tierra o el sustrato siempre húmedo. Antes de que se seque completamente, riéguela, pues en ese momento la planta empieza a sufrir.

Las plantas deben regarse tan pronto como se plantan, en especial si el suelo está seco. Después debe comprobar los macizos y los arriates con regularidad a lo largo de la semana durante la etapa de crecimiento. Recipientes como macetas para terraza y alféizar, así como cestas colgantes, deben comprobarse a diario de primavera a otoño. Riegue la planta tan pronto como la superficie de la tierra o el sustrato se hayan secado.

Utilice cada vez agua suficiente para que se moje la tierra hasta una buena profundidad. Por ejemplo, para humedecer la tierra hasta una profundidad de 15 cm deberá aplicar 18 litros de agua por metro cuadrado. En las macetas, rellene con agua hasta el borde para asegurarse de que todo el sustrato se humedece. El agua debería salir de la parte inferior de la maceta.

Si utiliza una manguera conectada al suministro de agua, instale un dispositivo de protección antisifón para evitar que el agua se contamine (es un requisito legal).

**Riego a mano** Emplear una regadera es la forma de riego que más tiempo requiere, pero también es la más aconsejable en el caso de un reducido número de plantas. Riegue las plantas de una en una, dirigiendo el agua a la tierra sin mojar las hojas. Si se coloca una alcachofa en la regadera, el agua saldrá más lentamente y penetrará en la tierra sin que se desperdicie. Utilizar una regadera también es la mejor forma de regar un grupo pequeño de macetas.

**Sistemas de riego automático** El riego automático de los macizos, arriates y macetas ahorra mucho tiempo. Un sistema de riego añadido a la manguera únicamente requiere abrir el grifo. Pero para que el sistema sea automático es necesario instalar también un dispositivo que controle el tiempo, que encontrará en cualquier centro de jardinería.

Un sistema de riego por manguera de filtrado resulta ideal para macizos y arriates. Este tipo de manguera porosa libera agua de forma constante y suave a través de sus poros. La manguera se coloca entre las plantas, justo debajo de la superficie, o se puede cubrir con acolchado. Como alternativa se puede utilizar un aspersor portátil.

En el caso de que hayan muchas macetas, ya sea en la terraza, en los alféizares o en cestas colgantes, éstas se pueden regar con sistema de goteo, que consiste en mangueras finas que salen de la manguera principal. Cada recipiente tiene uno o varios microtubos.

# Acolchado

Es muy recomendable acolchar macizos o arriates de plantas permanentes, a diferencia de los grupos temporales, para evitar que el suelo se seque e impedir el crecimiento de

Ponga acolchado en plantas permanentes para mantener el suelo húmedo

malas hierbas. El acolchado es una capa de 5 a 8 cm de espesor de materia orgánica que se extiende sobre la superficie entre las plantas, nunca sobre los tallos. Debe colocarse en primavera después de fertilizar la capa de tierra superior, a fin de que la tierra permanezca húmeda y libre de malas hierbas. Los materiales más recomendables son el compost de jardín, la corteza en astillas o trozos (incluida la corteza compostada) y el compost de hongos.

Las malas hierbas deben eliminarse cada año

En los años siguientes debe reponerse cuando sea necesario. Para añadir fertilizante a la superficie de la tierra despeje un poco el acolchado en una zona.

## Desherbar

Si el terreno se ha limpiado de malas hierbas antes de la plantación, no deberían aparecer muchas después de ésta, aparte de las anuales, y eso sólo en el caso de que no se haya acolchado. En los macizos y los arriates sin acolchado, deben arrancarse cuando son plántulas. Elija un día caluroso y soleado en el que la tierra esté húmeda para arrancarlas; así se asegurará de que mueren. Si aparece una mala hierba perenne ocasional, apliquele glifosato, que puede comprar en gel como herbicida, como solución preparada en spray o concentrado líquido para añadir al agua del riego. Vaya con cuidado para evitar rociar los cultivares. También puede arrancar las malas hierbas enteras con la raíz.

Las malas hierbas anuales que aparezcan en los recipientes se pueden arrancar con la mano.

Aplique el glifosfato para matar las malas hierbas perennes

## Sujeción de plantas mediante un tutor

Afortunadamente, la mayor parte de las plantas perennes y otras plantas se sostienen solas, pero hay algunas que son más débiles o de tallos delgados, o con flores grandes, que necesitan apoyo artificial, los tutores, para que no se queden inclinadas por el aire o la lluvia. Las plantas trepadoras también necesitan tutores.

Las plantas perennes resistentes con tallos débiles o delgados, en especial si son altas como los cultivares *Aster* y campanillas (*Campanula*), se pueden sujetar con tutores de avellano o abedul que rodeen y atraviesen las plantas.

Las plantas anuales altas con varios tallos se pueden sujetar de la misma manera. Como alternativa, se pueden colocar soportes de metal de tal modo que la planta adquiera la forma deseada.

También se pueden utilizar cañas de bambú para las plantas anuales altas con tallos sencillos, como los girasoles (*Helianthus*). Las plantas más pesadas, como las dalias, se sostienen mejor con una única estaca de madera de unos 2,5 cm de grosor que se ata a los tallos a medida que la planta crece. En el caso de los delfinios, emplee una caña de bambú para cada tallo.

Asegúrese de que todos los tutores sean más cortos que la planta y ate los tallos sin que queden muy apretados con cuerda suave para jardín.

Las plantas anuales trepadoras, como la arvejilla, se pueden cultivar encima de un *wigwam* formado por cañas de bambú. También se puede usar un obelisco. Existen varios tipos como elegantes versiones en metal y otras más rústicas fabricadas con madera de sauce o con avellano. Algunos son indicados para macetas de terraza. Las trepadoras se pueden sujetar a la pared o a la cerca con paneles de celosía fijados a la estructura. Las trepadoras anuales también pueden cultivarse encima de plantas más grandes como los arbustos.

## Cuidados generales

Con algunos cuidados adicionales, se puede conseguir que las plantas florezcan más tiempo, que las menos duraderas se conserven varios años y que las resistentes sigan jóvenes y vigorosas. También es importante asegurarse de que los arriates y los macizos permanecen ordenados.

**Recorte** El hecho de retirar las cabezuelas muertas de las plantas asegura un aspecto más cuidado y prolonga la floración de algunas plantas. Éste es el caso, principalmente, de las perennes anuales y herbáceas, pero también de algunas perennes resistentes, como el delfinio y el altramuz, que pueden producir una segunda tanda de flores a finales de verano si se retiran las flores muertas.

Las cabezuelas muertas suelen cortarse con una parte del tallo, para lo que se usan unas tijeras de podar o de jardín. Con otras plantas, como los claveles (*Tagetes*) y geranios,

**CONSEJO**

Si tiene previsto utilizar arbustos como soportes naturales de las trepadoras anuales, asegúrese de que son lo suficientemente largos y tienen la suficiente madurez para mantener trepadores vigorosos. Los arbustos de floración primaveral como *Forsythia* son buenos huéspedes, porque palidecen en verano, terminada la floración, y su aspecto se ve enaltecido por la floración estival.

*Thunbergia alata* crece espectacularmente bien en pirámide

las flores muertas se pueden retirar con los dedos sin ningún esfuerzo, lo que agiliza el proceso. También cabe utilizar unas tijeras de podar para las plantas que producen muchas flores pequeñas.

Recuerde que las cabezuelas muertas de algunas perennes resistentes resultan muy atractivas en el invierno y que, por lo tanto, se pueden dejar hasta que se estropeen en primavera; por ejemplo, las de uva de gato de cabeza plana (*Sedum*) y *Achillea*, e hierbas ornamentales como *Miscanthus*.

**Poda** Las plantas vivaces perennes resistentes se deben podar casi al nivel del suelo cuando mueren. Esto puede hacerse en otoño, si bien algunos jardineros prefieren esperar hasta la primavera. Pode los tallos con una podadera justo por encima de la corona de la planta, donde se encuentran las yemas de crecimiento.

De las plantas perennes de hoja perenne, como la hortensia de invierno, sólo tienen que eliminarse las hojas muertas cuando sea necesario. El follaje de las plantas bulbosas no debe retirarse antes de que se haya marchitado por completo,

ya que esto afectaría al desarrollo de los bulbos y daría lugar a un florecimiento pobre al año siguiente. Por el mismo motivo, no ate las hojas ni las anude para crear un efecto más hermoso. Una vez que el follaje muera, córtelo a nivel del suelo.

**Invernación** Muchas plantas sensibles de los macizos o macetas de verano se pueden conservar de un año para otro si se guardan antes de las primeras heladas. Por ejemplo, las perennes delicadas como variedades de geranio, *Fuchsia* y *Osteospermum* (matacabras) se multiplican por esquejes a finales del verano o principios del otoño y las plantas jóvenes resultantes se conservan en un invernadero fresco, pero protegido de heladas. La planta madre se arranca y se desecha, ya que probablemente es demasiado grande para conservarla debajo de cristal y, en cualquier caso, las plantas jóvenes resultan más adecuadas para replantarlas. Las raíces tuberosas que pasan el invierno en latencia, como las dalias, *Canna* y begonias tuberosas, se arrancan, se cortan y se guardan en cajas de sustituto de turba en un lugar fresco y libre de heladas durante el invierno.

Las plantas anuales, ya sean sensibles o resistentes, se arrancan y se tiran cuando empiezan las heladas, ya que no se pueden conservar de año en año, si bien es posible guardar las semillas para sembrarlas en primavera.

**Renovación de arriates** Los arriates o los macizos en los que se cultivan plantas perennes deben renovarse cada tres o cuatro años. Esto permite mejorar el suelo al cavar y abonar, y si es necesario gracias a que se retiran las malas hierbas que se hayan establecido.

La renovación de los arriates también permite que las plantas se rejuvenezcan. Las plantas se arrancan y se apoyan en el suelo mientras se prepara el terreno. Luego los grandes macizos de plantas se dividen en partes más pequeñas, y se utilizan las partes más jóvenes y vigorosas del borde exterior para la replantación. El centro más antiguo, sin tanto vigor, debe desecharse.

Los arriates y los macizos se pueden renovar durante el otoño y las plantas dividirse y replantarse a principios de primavera del año siguiente, pero también se puede hacer todo ello a principios de la primavera si resulta más cómodo.

# Multiplicación

El aumento del número de plantas (multiplicación) resulta gratificante y económico. Ya sea cultivando las semillas en el interior o haciendo esquejes, podrá añadir nuevos ejemplares a su jardín año tras año.

## Cultivo de semillas en el interior

En las regiones con climas propensos a las heladas, las semillas de plantas herbáceas, como las perennes delicadas y las anuales para grupos y macetas de verano, se cultivan en interiores. Lo ideal es que se haga en un invernadero protegido de las heladas, pero también es posible en el alféizar de una habitación caliente

de 9 a 13 cm o macetas poco profundas (para utilizar menos sustrato).

Para ahorrar el tiempo de colocar o trasplantar las plántulas, las semillas que se manipulan con facilidad se pueden cultivar por separado en bandejas de 60 alvéolos. Las semillas muy pequeñas que no se pueden manipular de forma individual se cultivan mejor en una maceta o media maceta y las plántulas que se obtienen se ordenan después.

La mayoría de los jardineros utilizan sustratos con tierra para todas las semillas, que antes solían ser de turba pero ahora cada vez más se sustituyen por sucedáneos, como la fibra de coco, ya que la turba se ha suprimido. Utilice sustrato para semillas o uno general. Los más tradicionales prefieren sustrato para semillas con base de tierra.

**Siembra** Las técnicas de sembrado dependen del tipo de recipiente utilizado, pero el modo de rellenar los recipientes con sustrato es igual en macetas o bandejas. Rellenar es especialmente fácil con mezcla sin tierra, ya que casi no requiere que se apriete. Si se presiona demasiado afectará al drenaje y el sustrato puede quedar demasiado húmedo. Sólo hay que rellenar el recipiente con sustrato tanto como se pueda, dar unos golpecitos en la mesa para eliminar las bolsas de aire, y retirar el exceso con un trozo de madera plano a fin de conseguir una superficie lisa y homogénea. Después se golpea el recipiente con firmeza en la mesa varias veces para que se asiente y quede un poco por debajo del borde. Si se utiliza sustrato con base de tierra,

de la casa, siempre que reciban mucha luz para evitar que se debiliten. Las semillas de varias perennes resistentes también se pueden cultivar en el interior a principios de año, si se desea. En ese caso florecerán el mismo año. Sin embargo, otros tipos germinan mejor en interiores que en exteriores (consulte las instrucciones del paquete de semillas antes de sembrarlas).

**Recipientes y tipos de sustrato** Se pueden utilizar varios recipientes para sembrar las semillas. Las bandejas estándar o medianas son adecuadas para grandes cantidades. Sin embargo, la mayoría de los jardineros suelen sembrar pequeñas cantidades de semillas, en cuyo caso son suficientes macetas

**CONSEJO**

Para manipular mejor las minúsculas semillas de la begonia o la lobelia, mézclelas primero con arena de río seca muy fina, por ejemplo, dos o tres partes de arena por una de semillas. Mezcle bien y siembre desde la hoja de papel doblado. También puede sembrar la mezcla desde el paquete de semillas.

llene los recipientes tal como se ha indicado anteriormente, retire el sobrante y presione ligeramente con los dedos. Cree una superficie lisa y homogénea con un prensador de madera que quepa en el recipiente.

Para sembrar semillas en semilleros o macetas, póngase un pellizco de éstas en la palma de la mano. Sosténgalo en ángulo varios centímetros por encima de la superficie del recipiente y mueva la mano hacia delante y atrás de modo que las semillas caigan de forma regular [A].

Siembre tan regularmente como sea posible y sin que se formen montones. Las semillas no deben tocarse entre sí, de lo contrario, cuando salgan las plántulas estarán débiles y demasiado juntas para poder sacarlas.

Para sembrar en una bandeja de 60 alvéolos haga un agujero poco profundo en la superficie del sustrato de cada alvéolo con un plantador e introduzca una semilla.

La mayoría de las semillas deben cubrirse con una capa de sustrato cuya profundidad sea dos veces el diámetro de la semilla. La cobertura debe ser lo más uniforme posible. Extienda el sustrato por encima de las semillas con un cedazo (algunos coladores de cocina son ideales para esto). Las semillas muy pequeñas, como las de begonia, no se deben cubrir. Presione ligeramente la superficie del sustrato con un trozo de madera liso. Las semillas sembradas en bandejas de alvéolos se pueden cubrir con un poco de compost.

En lugar de compost es posible utilizar vermiculita de grano fino para cubrir las semillas, lo que resulta ideal para las plantas de germinación rápida. Mantiene las semillas en contacto con el sustrato a la vez que permite que les llegue el aire, con lo que se reduce el riesgo de que se asfixien. En este caso, cubra las semillas con una capa de 5 mm de vermiculita [B].

Después de la siembra, los recipientes con las semillas cubiertas se deben regar [C], preferiblemente con una regadera con alcachofa. Como alternativa, también se puede añadir un poco de agua con cuidado. En el caso de semillas muy pequeñas sembradas en la superficie, sumerja el recipiente casi hasta el borde de agua hasta que el sustrato se humedezca, luego retírelo del agua y déjelo secar.

**Condiciones de germinación** La mayoría de las semillas germinarán a una temperatura de entre 15,5 a 21 °C, por lo que los recipientes deben situarse en un lugar que ofrezca estas condiciones. Lo ideal es que las semillas germinen en una caja de multiplicación con calor inferior. Una caja de multiplicación no calefactada también sirve en estancias cálidas, como el alféizar de una habitación caliente. Si no dispone de estas cajas, debe cubrir el recipiente para evitar que el sustrato se seque. Utilice un trozo de plástico de burbujas, film transparente o papel transparente normal sujeto por debajo de los lados del recipiente. También se puede emplear un trozo de cristal. Retire la cubierta tan pronto como las semillas germinen.

A

B

C

Proteja las semillas y las plántulas de los rayos fuertes del sol y nunca permita que el sustrato se seque.

**Trasplante** Las plántulas cultivadas en semilleros o macetas deben recogerse o trasplantarse tan pronto como sean lo bastante grandes para manipularlas a fin de que tengan más espacio para crecer. Las plantas que se van a trasplantar al exterior, como las plantas para grupos de verano y perennes resistentes, se pueden colocar en bandejas con alvéolos grandes, como las de 24 alvéolos, con una plántula por alvéolo. Las raíces de las plantas no sufren cuando se retiran de estas bandejas. Otra alternativa consiste en utilizar tiras de crecimiento de plástico que, igual que las bandejas de alvéolos, se insertan en semilleros de tamaño estándar.

El método tradicional para las plantas de macizo se basa en pasarlas a semilleros de tamaño estándar (*véase* inferior), con unas 40-54 plántulas por semillero, si bien para cantidades pequeñas se puede utilizar un semillero pequeño. Las plantas que se van a cultivar en macetas se pueden traspasar de forma individual a macetas de 8 cm.

Los recipientes para traspasar se pueden rellenar con sustrato con tierra o sin ella (lo que se utiliza para la siembra). Emplee el sustrato para macetas o universal de la misma forma que al sembrar.

Las plántulas que se van a traspasar deben levantarse al mismo tiempo para evitar que se sequen con la ayuda de un plantador o un tenedor de mesa antiguo [A]. Sujete la plántula por las hojas, nunca por el tallo, ya que se daña con facilidad.

Sepárelas con cuidado y practique un agujero para cada plántula con un plantador de tal profundidad que las raíces cuelguen sin tocar el fondo. Sostenga la plántula en el agujero de manera que las hojas queden por encima de la superficie de sustrato y empuje el sustrato para rellenar el agujero con el plantador hasta que las raíces queden cubiertas. Por último, presione ligeramente [B].

Asegúrese de que las plántulas están separadas de forma conveniente en el semillero a fin de que que todas dispongan de espacio suficiente para crecer [C].

Después de trasplantarlas, riegue cada plántula con una regadera con boquilla estrella o alcachofa fina [D] y coloque el semillero en un lugar con las condiciones apropiadas para que crezcan las plantas.

Las plántulas cultivadas en bandejas de alvéolos pequeños, como las de 60 alvéolos (lo que se conoce como tacos en esta fase), deben pasarse a macetas de 8-9 cm con sustrato a base de tierra o sin esta base para que puedan crecer. Rellene un poco las macetas con el sustrato, presione, coloque el taco en el centro y eche encima más sustrato; a continuación presione con firmeza. Riegue con una regadera fina.

Las plantas que parezcan estar creciendo mucho más de lo que permite el semillero de alvéolos grandes deben pasarse a una maceta para que tengan más espacio. Es el caso de plantas grandes y vigorosas como el geranio y la dalia, que pueden necesitar macetas de hasta 13 cm.

**Crecimiento** Las plántulas y plantas jóvenes deben cultivarse en condiciones templadas, como en un banco en un invernadero calefactado, o en el interior de un alféizar de ventana. En el segundo caso, recuerde que conviene girar las plantas con regularidad para que crezcan rectas y no inclinadas hacia la luz. Evite el sol fuerte para que las hojas no se quemen y asegure una ventilación adecuada. Riegue con regularidad: las plántulas no resisten la falta de agua.

Las plantas que se vayan a plantar en el exterior cuando pasen las heladas deben aclimatarse en un macizo frío un par de semanas antes de trasplantarlas (*véase* pág. 14).

A

B

C

D

## División

Un método muy utilizado para multiplicar plantas perennes anuales que forman matas es la división; ésta consiste en separar las matas en varias partes para replantarlas.

Muchas plantas alpinas con el mismo hábito de crecimiento también se pueden dividir. Los bulbos se pueden multiplicar separando los bulbos pequeños o bulbillos que aparecen en los lados del bulbo normal.

**Perennes** La mayoría de las plantas perennes de temporada se pueden dividir, aunque hay excepciones, como las que no forman matas sino que producen una única corona o una única raíz principal gruesa. Algunos ejemplos son lengua de buey, clavelinas y claveles, altramuz, gordolobo (*Verbascum*) y amapolas orientales (*Papaver orientale*).

Un buen momento para dividir la planta es el período que va de principios a mediados de primavera, cuando el suelo se está calentando y la planta está despertando de la latencia de invierno. También se puede dividir en otoño. Las perennes de floración temprana (de primavera o principios de verano) deben dividirse tan pronto como termine la floración, por ejemplo, *Doronicum, Epimedium*, lirios rizomatosos, lirio de los valles (*Convallaria*), prímula y tanaceto (*Tanacetum*).

Arranque los macizos grandes establecidos con una horqueta y sacuda la mayor parte de la tierra. Las raíces se pueden dividir introduciendo dos horquetas de jardín o manuales entre las raíces y separándolas. También es posible

Deje que las plantas se aclimaten en un macizo frío antes de trasplantarlas

División de una mata de perennes resistentes con horquetas

---

### CÓMO GUARDAR LAS SEMILLAS

Las semillas se pueden guardar para obtener muchas plantas de jardín siempre que sean de especies, no de híbridos.

En verano y principios de otoño observe las plantas, y tan pronto como las vainas y las cápsulas de la semilla cambien de verde a marrón (pero antes de que se abran), corte toda la cabeza de semillas y colóquela en un semillero forrado con papel, con una etiqueta que contenga el nombre de la planta.

Coloque los semilleros en un lugar cálido, seco y aireado durante una o dos semanas para que las semillas se sequen. En este tiempo, es posible que muchas de las vainas y cápsulas se abran para liberar las semillas, pero si ello no ocurre, ábralas presionando con los dedos. En ese caso, tendrá una mezcla de semillas y restos que deben separarse. Coloque la mezcla de semillas y restos en una hoja de periódico y sople con suavidad para que sólo queden las semillas, que son más pesadas.

Coloque las semillas limpias en un sobre de papel (con ayuda de un embudo de cocina, si lo desea) y etiquételo con el nombre de la planta.

Guarde las semillas en un lugar fresco y seco hasta que llegue la época de siembra, en primavera.

---

separar el macizo con las manos, cortando las coronas gruesas y duras con un cuchillo, si es necesario. El centro debe desecharse ya que es la parte más antigua y que está perdiendo vigor. Utilice sólo divisiones del borde de un macizo, pues incluyen las partes jóvenes y vigorosas de la planta. Las divisiones deben ser de un tamaño que quepa en la palma de la mano. Vuelva a plantar inmediatamente para evitar que las raíces se sequen.

Las divisiones de lirio rizomatoso consisten en una parte del rizoma (tallo hinchado) con un abanico de hojas adjuntas y algunas raíces fibrosas. Las hojas se pueden cortar por la mitad. Para replantar, el rizoma debe estar sólo medio enterrado, con la parte superior por encima de la superficie de la tierra.

En las plantas tapizantes que forman matas de rizomas subterráneos, como los lirios de los valles (*Convallaria*) y *Epimedium*, basta con separarlas en partes iguales y volver a plantarlas.

**Alpinas** Las plantas alpinas que conforman macizos o matas se multiplican como se ha explicado previamente. Muchas alpinas forman hijuelos o rosetas (plantas jóvenes), por ejemplo, algunas saxífragas como *Saxifraga* x *urbium*.

Los hijuelos enraizados (acodos) se pueden retirar en primavera sin que la planta madre sufra. Sáquelos de la tierra con una azadilla y sepárelos de la planta madre a la que están unidos por un tallo corto.

Debido a que las rosetas enraizadas resultan bastante pequeñas, quizá prefiera colocarlas en macetas individuales de 8 cm y dejarlas crecer un año antes de plantarlas en el exterior. Utilice sustrato a base de tierra para macetas con arena añadida. Colóquelas en un lugar soleado y en otoño transfiéralas a un semillero bien ventilado para protegerlas del frío y las fuertes lluvias.

**Bulbos** Retire los bulbos más pequeños o bulbillos del bulbo principal mientras están en latencia (durante el verano casi todos los bulbos). Déjelos secar y guárdelos en un lugar fresco y seco hasta que en otoño llegue el momento de plantarlos. Los bulbillos más pequeños se plantan a menos profundidad que los bulbos maduros (a la mitad de la

Elimine los bulbillos en latencia del bulbo principal

profundidad normal), y si es posible en un vivero a fin de que alcancen el tamaño de floración.

# Esquejes

Muchas plantas perennes resistentes o sensibles se pueden multiplicar fácilmente por esquejes. Algunas se multiplican cada año, en concreto, los crisantemos y las dalias, así como las plantas perennes delicadas que se utilizan para grupos de verano como los geranios.

**Esquejes de tallo basal** Estos esquejes se toman en primavera de los tallos que crecen de la corona de la planta. Las plantas que empiezan a crecer a principios de año en un invernadero con calefacción suelen proporcionar los esquejes de dalias y crisantemos. Los esquejes de otras plantas perennes como las milenramas, los delfinios y los altramuces se pueden tomar de las plantas del jardín.

Los tallos se cortan cerca de la corona de la planta, de forma que cada esqueje presente una parte de la planta madre o talón en la base cuando tienen de 5 a 8 cm de altura. Quite las hojas inferiores, insértelas en macetas con sustrato para esquejes (partes iguales de tierra de horticultura gruesa o arena y sustituto de turba) y consérvelas a una temperatura de entre 15 y 19 °C, si es posible en una caja de multiplicación con calefacción o en el interior del alféizar de una ventana; cubra la maceta con una bolsa de plástico sujeta con cañas. Trasplante cada esqueje a macetas de 9 cm con sustrato para macetas sin tierra cuando echen raíces y aclimátelos en un macizo frío antes de trasplantarlos al exterior.

**Esquejes semimaduros o semileñosos** Las plantas perennes delicadas utilizadas para macizos de verano, como ejemplares de *Diascia, Fuchsia, Gazania, Osteospermum* y geranios zonal y de hoja de hiedra, se multiplican cada año por esquejes semimaduros a finales del verano.

Los esquejes semimaduros se obtienen cuando los tallos todavía están tiernos o sólo han madurado por abajo. Utilice los tallos que salen a los lados y que no hayan florecido; haga cortes de 8 a 10 cm, justo por debajo de un nudo o yema. Quite las hojas inferiores, impregne la base con hormonas de enraizamiento en polvo, inserte los esquejes en macetas con sustrato para esquejes y colóquelos en un propagador con calefacción a 15 °C o en un macizo frío. El enraizado es más lento en el segundo caso. Cuando las plantas hayan echado raíces, trasplántelas a una maceta de 9 cm con sustrato para macetas sin tierra y colóquelas en un invernadero protegido de las heladas.

**CONSEJO**

Las bergenias se pueden multiplicar por esquejes de rizomas en otoño. Después de lavarlos, corte los rizomas gruesos en secciones de 5 cm y colóquelos en horizontal en un semillero relleno con perlitas húmedas hasta la mitad, con las yemas de crecimiento en latencia hacia arriba. Aporte calor a la base para que esté a 21 °C y mantenga alta la humedad. Extraiga cuando tengan raíces (12 semanas) y trasplante después de la aclimatación.

orientales) se preparan cortando los extremos superiores en ángulo recto y los inferiores sesgados para distinguirlos e insertar las raíces rectas [A]. La parte superior es siempre la que está más cerca de la corona de la planta. Lo más fácil es colocar una raíz en el banco y luego cortarla. Las raíces delgadas sólo se tienen que cortar en secciones, sin importar la orientación.

Inserte los esquejes en semilleros profundos o en macetas con sustrato para esquejes. Los esquejes de raíz gruesa se insertan en vertical, y sólo hay que cubrirlos con el sustrato hasta que la parte superior esté justo debajo de la superficie [B]. Luego se echa encima un poco más de sustrato. Las raíces delgadas se colocan en horizontal en la superficie del sustrato y se cubren con una capa de 6 mm de sustrato.

No es necesario el calor para que los esquejes arraiguen, por lo tanto se pueden colocar en un macizo frío. Los esquejes deben arraigar y alcanzar su máximo crecimiento en primavera, momento en que se pueden extraer y colocar en un vivero para que crezcan durante un año.

Otra alternativa consiste en plantarlos en sus lugares definitivos en macizos o arriates, si resulta más cómodo.

**Esquejes de raíz** La multiplicación por trozos de raíz es una técnica apropiada para ciertas plantas perennes resistentes como las que no se multiplican bien por división. Las plantas que se suelen multiplicar por raíz son el acanto, cardo (*Echinops*), anémona japonesa, gordolobo, amapola oriental (cultivares *Papaver orientale*), pulsátila, flox para arriates, *Primula denticulata* y cardo marítimo (*Eryngium*).

Los esquejes de raíz se toman en otoño o invierno, cuando la planta está en latencia. Extraiga la planta y elimine algunas de las raíces más gruesas. Vuelva a plantar la planta madre inmediatamente para evitar que se seque.

Las raíces se cortan en trozos de 5 a 10 cm, si bien los esquejes de raíz más delgados (como en el caso del flox) son los más largos. Los esquejes de raíz gruesa (como los de las amapolas

**Esquejes de rizoma** Cuando quiera obtener un gran número de plantas nuevas, por ejemplo, lirios de los valles o *Epimedium*, intente la multiplicación por esquejes de rizomas en invierno.

Los rizomas son tallos horizontales con raíces que crecen por debajo de la superficie. Se preparan e insertan como los esquejes de raíz finos, cortando trozos de rizoma de 8 cm que tengan alguna yema de crecimiento en latencia. Las raíces fibrosas demasiado largas se recortan. Deben colocarse en un macizo frío; las plantas jóvenes se pueden poner en un vivero o en sus lugares definitivos en primavera, cuando tengan bastantes raíces y estén creciendo.

A
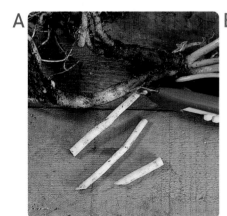

B

# Combinaciones de plantas

Para que los macizos y los arriates sean más efectivos, deben combinarse de una forma agradable a la vista. Quizá desee crear llamativos contrastes por las formas de las flores o los colores, o puede que se decida por combinaciones más armoniosas y relajantes, o incluso intente crear esquemas de color, como arriates azules o rojos o un esquema verde y blanco.

El único límite a las posibilidades de las combinaciones de plantas es su imaginación. Cree la que más le agrade, será usted, después de todo, quien conviva con sus plantas. Además, los esquemas de parterres y anuales sólo duran una estación, por lo que si no le satisface una idea podrá intentar algo distinto al año siguiente. Todas las plantas perennes resistentes y bulbosas se pueden trasladar a finales de la estación o al año siguiente si no le gusta donde están colocadas.

Los siguientes ejemplos pretenden mostrar cómo algunas plantas de este libro se pueden combinar en distintas partes

Los buenos esquemas de arriates muestran la variedad de diferentes plantas

del jardín. Son ideas a pequeña escala, basadas en la selección de una planta principal a la que se añaden otros ejemplares que florecen al mismo tiempo. Se pueden plantar arriates enteros siguiendo esta idea, con una selección de sus plantas favoritas, y también es posible optar por plantar esquemas de macizos de primavera y verano.

Visite los jardines públicos con una libreta y un lápiz para apuntar las combinaciones que le parezcan más hermosas.

## Esquemas de arriate

Son arreglos formales de plantas en arriates geométricos que proporcionan color en varias estaciones del año. Los esquemas con grupos de verano son quizá los más populares entre los aficionados, pero no olvide las demás estaciones, pues no resulta difícil añadir color al jardín todo el año si se eligen las plantas adecuadas.

La mejor manera de planificar los esquemas consiste en elegir una planta principal o incluso dos, y luego añadir una o dos plantas más que pueden utilizarse para bordear

### ESQUEMAS DE ARRIATE

**Arriates de primavera** Planta principal: tulipanes, sólo tardío (cultivares marrón y naranja). Combinar con: *Erysimum* x *allionii* (naranja); *Myosotis sylvatica* (azul).

Planta principal: tulipán, flores con forma de lirio (amarillo). Combinar con: *Myosotis sylvatica* (azul) como alfombra bajo los tulipanes.

Plantas principales: tulipán, híbrido Darwin (rojo cereza), *Erysimum* x *cheiri* (amarillo dorado). Combinar con: *Myosotis sylvatica* (azul) bordeándola.

**Arriates de verano** Planta principal: geranio zonal (rojo brillante y naranja). Combinar con: *Ageratum* (azul) bordeándolo; heliotropo (azul); petunias (azul o púrpura).

Planta principal: geranio zonal (rosa). Combinar con: *Ageratum* (azul); heliotropo (azul); *Verbena* x *hybrida* (azul).

Planta principal: geranio hoja de hiedra (rosa). Combinar con: *Lobelia erinus* (azul); petunia (púrpura); *Salvia farinacea* (cultivares azul y blanco); *Verbena* x *hybrida* (azul o púrpura).

Planta principal: *Begonia semperflorens* (rosa, rojo o mezcla). Combinar con: *Ageratum* (azul); canas (rojo) como plantas sueltas; fucsias (rosa y azul o rojo y azul) como plantas sueltas.

Planta principal: *Begonia semperflorens* (rosa, rojo o mezcla). Combinar con: *Lobelia cardinalis* (rojo); *Lobularia maritima* (blanca); *Salvia farinacea* (cultivar azul, o azul y blanco).

Planta principal: *Salvia splendens* (roja o escarlata). Combinar con: heliotropo (azul); nicotiana (cultivar verde); *Nicotiana* x *sanderae* (cultivar blanco).

**Arriates de otoño** Planta principal: crisantemo, enano, como el coreano o de pompón (cualquier color). Combinar con: *Colchicums* (rosa) colocados en macetas; *Nerine bowdenii* (rosa) colocados en macetas.

**Arriates de invierno** Planta principal: pensamientos, floración invierno (colores sencillos o mezclados). Combinar con: *Chionodoxa forbesii* (azul y blanco); *Muscari armeniacum* (azul); híbridos de *Narcissus cyclamineus* (amarillo); *Scilia siberica* (azul). Nota: estas plantas florecerán en primavera, cuando los pensamientos aún tengan flores.

el arriate o como plantas aisladas esparcidas de forma aleatoria por el grupo. También es posible mezclar de una forma más deliberada con la planta principal.

## Arriates mixtos

Una de las formas más habituales de cultivar plantas se basa en un arriate mixto que contiene arbustos, perennes resistentes y bulbosas, además de, quizá, algunas plantas de temporada como perennes anuales y delicadas para rellenar los huecos.

Los siguientes ejemplos son combinaciones de las plantas resistentes y bulbosas más habituales. De nuevo se elige una planta principal y luego una o varias plantas que combinen bien con la principal y que florezcan al mismo tiempo. Sin embargo, también puede seleccionar plantas que florezcan antes o después que la principal para tener flores durante más tiempo, por ejemplo, puede mezclar tulipanes de floración en primavera con lupinos, que florecen a principios del verano, y lirios alemanes.

Resulta aconsejable combinar grupos de plantas perennes y bulbosas con arbustos que tengan la misma gama de colores o características similares. Por ejemplo, se pueden plantar plantas que florezcan en otoño en torno a arbustos que cambien de color en otoño o que produzcan frutos o delante de ellos, como el zumaque, *Cotinus*, *Cotoneaster* y *Berberis*. Las plantas perennes que florecen en invierno

Los arriates mixtos clásicos necesitan altura, color y variedad para funcionar

---

y las bulbosas resultan efectivas si se combinan con arbustos como el cornejo, *Rubus* de tallo blanco y arbustos con flores como *Hamamelis*. En primavera y verano, algunos arbustos poseen un follaje colorido y flores, de modo que pueden crear un fondo interesante para las plantas perennes y bulbosas.

# Recipientes

Los recipientes como las macetas para terrazas y alféizares se suelen utilizar para combinaciones de invierno o primavera de plantas de cultivo en macizos y bulbosas, seguidas por plantas de macizo de verano. Las cestas colgantes se suelen plantar con las últimas. Con frecuencia, una planta de follaje central más alto, que puede ser un arbusto permanente resistente, se utiliza en macetas de terraza o alféizar para aportar altura al esquema de plantación; esto es especialmente útil en macizos de primavera.

## RECIPIENTES

**Verano y primavera** Cualquier idea para los arriates de invierno y primavera se puede aprovechar para macetas de terraza y alféizar. Intente también lo siguiente:

Planta principal: pensamientos, floración en invierno (azul). Combinar con: planta central de la variedad resistente *Hebe* x *franciscana* «Variegata» (hojas variegadas crema y verde); *Narcissus* «Tête-a-Tête» (amarillo dorado).

**Verano** Planta principal: *Argyranthemum*, como pieza central (blanco, rosa, magenta y amarillo). Combinar con: *Brachyscome iberidifolia* (blanco, azul, púrpura o azul); Felicia (azul); *Osteospermums* (banco, rosa y amarillo).

Planta principal: cultivares de *Impatiens walleriana* (rojo, rosa, naranja, violeta, blanco). Combinar con: cultivares de *Begonia semperflorens* (rosa, rojo o blanco); fucsia de arbusto como pieza central (rosa y azul o rojo y azul).

# Jardines de rocalla

Los jardines de rocalla se llenan de color en primavera y verano. Algunas de las plantas más populares para estos jardines se combinan con bulbos enanos a fin de conseguir una imagen efectiva, junto con plantas leñosas como los arbustos enanos y las coníferas.

## JARDINES DE ROCALLA

**Primavera** Planta principal: *Aubrieta* «Doctor Mules» (violeta-azul). Combinar con: subsp. *Arabis alpina* «Variegata» (blanco; hojas variegadas verde y amarillo claro); *Aurinia saxatilis* (amarillo brillante); *Muscari armeniacum* (azul).

**Verano** Planta principal: *Helianthemum* «Fire Dragon» (rojo anaranjado). Combinar con: *Euphorbia myrsinites* (por su follaje gris azulado); *Iberis sempervirens* (blanco).

# Flores

**En la mayoría de las combinaciones de plantas, las flores se mezclan con plantas leñosas como arbustos, árboles, rosales y plantas trepadoras. Al estar juntas se consigue un espacio interesante y colorido todo el año, pues si bien numerosas plantas florecen en primavera y verano, muchas otras aportan color también en otoño e invierno.**

En general, las plantas con flor son fáciles de cultivar. Si las condiciones del jardín resultan favorables, incluso una persona sin experiencia puede cultivar algunas de ellas sin problemas. Los bulbos, cormos y raíces tuberosas son las más fáciles, ya que se obtienen flores casi con total seguridad, y las resistentes florecen prácticamente sin necesidad de cuidados año tras año. En los climas donde suelen darse heladas, las sensibles tienen que recogerse y almacenarse durante el invierno para protegerlas de las heladas.

Lo mismo ocurre con las plantas perennes, que pueden florecer año tras año con muy pocos cuidados cuando son anuales o que deben resguardarse del frío en invierno si son delicadas.

Las plantas anuales y las bianuales son más complicadas, puesto que nacen cada año de la semilla, ya sea en exteriores o en invernaderos, si bien algunas, como los girasoles (*Helianthus annuus*), son muy fáciles de cultivar y germinan con rapidez.

Es cierto que antes los macizos y los arriates solían dedicarse a un único grupo de plantas; los jardines tenían macizos de arbustos, rosaledas, arriates de plantas anuales, etc. Sin embargo, hoy en día se suelen mezclar todo tipo de plantas, excepto en el caso de las plantas de cultivo en macizos, que aún se cultivan por separado, pero incluso estas plantas se mezclan con otros tipos.

Las macetas para terraza y ventanas y las cestas colgantes también constituyen una forma muy extendida de tener plantas de cultivo en grupos de temporada alrededor de la casa o en la terraza. No hay que olvidar que muchas plantas perennes resistentes y bulbosas se pueden plantar en macetas y resultan una buena elección para los amantes de la jardinería que no deseen replantar los contenedores varias veces al año.

Sea cual sea su objetivo, un macetero hermoso o un arriate impactante, este directorio le ofrecerá algunas ideas.

# Acanthus
## Acanto

c.: acant, carnera;

e.: malorri;

g.: herba cepeira

**Esta vivaz perenne resistente posee una forma distintiva que le ha valido el calificativo de «planta arquitectónica». Sus largas y arqueadas hojas, espinosas en algunas especies, son especialmente llamativas. Las flores nacen de unos tallos largos debajo de brácteas con forma de caperuza.**

El acanto es ideal en los jardines para crear puntos de atención, pero debe disponer de espacio suficiente para que su forma se aprecie bien. Una buena ubicación sería una zona con gravilla o combinada con losas o elementos arquitectónicos; además es excelente como flor cortada. Se multiplica por división en primavera y por esquejes en invierno.

*Acanthus spinosus*

| | PRIMAVERA | VERANO | OTOÑO | INVIERNO | altura (cm) | diámetro (cm) | temp. mín. (°C) | humedad | sol/sombra | colores | |
|---|---|---|---|---|---|---|---|---|---|---|---|
| *Acanthus mollis* | siembra siembra siembra | floración | | | 150 | 90 | -17° | buen drenaje | sol | | Hojas largas arqueadas |
| *A. spinosus* | siembra siembra floración | floración floración floración | | | 150 | 90 | -17° | buen drenaje | sol | | Hojas espinosas |

# Achillea
## Milenrama

c.: milfulles;

e.: milorri; milornia;

g.: herba-do-bomdeus

**La milenrama es una perenne normalmente vivaz resistente, si bien hay unas cuantas especies, sobre todo las que forman mata sobre superficies rocosas, que son de hoja perenne. Los tipos de arriate altos son los más populares, en especial los que tienen cabezuelas ordenadas en inflorescencias planas. Otras especies producen macizos de pequeñas flores de botón.**

*Achillea «Coronation Gold»*

Las hojas con forma de helecho de color gris de algunas especies son llamativas y contrastan con las flores. La milenrama es ideal para combinar con otras perennes resistentes, en especial con plantas puntiagudas, como la sierra de estrellas (*Liatris spicata*), y cultivares, y con hierbas ornamentales. Se multiplica por división o por esquejes en primavera. Debe controlarse a la aparición de mildiu polvoriento y pulgones.

| | PRIMAVERA | VERANO | OTOÑO | INVIERNO | altura (cm) | diámetro (cm) | temp. mín. (°C) | humedad | sol/sombra | colores | |
|---|---|---|---|---|---|---|---|---|---|---|---|
| *Achillea «Coronation Gold»* | siembra siembra siembra | floración floración floración | floración | | 90 | 48 | -17° | buen drenaje | sol | | Hojas grises |
| *A. filipendulina «Gold Plate»* | siembra siembra siembra | floración floración floración floración | floración | | 120 | 45 | -17° | buen drenaje | sol | | Cabezuelas grandes |
| *A. millefolium «Cerise Queen»* | siembra siembra siembra | floración floración floración | | | 60 | 60 | -17° | buen drenaje | sol | | Hábito vigoroso |
| *A. «Moonshine»* | siembra siembra siembra | floración floración floración | | | 60 | 60 | -17° | buen drenaje | sol | | Hojas grises |
| *A. ptarmica «The Pearl»* | siembra siembra siembra | floración floración floración | | | 75 | 60 | -17° | suelo húmedo | sol/sombra | | Flores dobles |
| *A. «Taygetea»* | siembra siembra siembra | floración floración floración | | | 60 | 45 | -17° | buen drenaje | sol | | Hojas grises |

siembra    floración    buen drenaje    suelo húmedo    suelo mojado

# *Agapanthus*

Lirio africano,
tuberosa azul;

c.: flor de l'amor

Híbridos de *Agapanthus* Headbourne

**Planta perenne vivaz o de hoja perenne que forma macizos; algunas son resistentes y otras semirresistentes. El lirio africano tiene largas hojas acintadas y forma matas coronadas con cabezuelas de flores acampanadas, en general de color azul o blanco. Existen muchos híbridos, en especial más resistentes.**

Necesitan mucho espacio para que su hábito crezca completamente. Es aconsejable cultivarlas en arriates en contraste con la forma de otras plantas, como variedades de *Kniphofia* puntiagudas. Resultan excelentes en macetas en la terraza. Las flores se pueden cortar. Se multiplican por división en primavera. Controle las babosas y los caracoles, frecuentes en esta planta.

| | PRIMAVERA | VERANO | OTOÑO | INVIERNO | altura (cm) | diámetro (cm) | temp. mín. (°C) | humedad | sol/sombra | colores | |
|---|---|---|---|---|---|---|---|---|---|---|---|
| *Agapanthus* «Bressingham White» | 🌱🌱🌱 | ● ● ● | | | 90 | 60 | -17° | 💧 | ☀ | ⬜ | Hojas acintadas |
| Híbridos de *A.* Headbourne | 🌱🌱🌱 | ● ● ● | | | 90 | 60 | -17° | 💧 | ☀ | ▨ | Hojas acintadas |
| *A.* «Lilliput» | 🌱🌱🌱 | ● ● ● | | | 38 | 38 | -17° | 💧 | ☀ | ⬛ | Una de las más pequeñas |

# *Ageratum*

Agérato

**Planta anual semirresistente, enana muy frondosa; posee cabezuelas de color azul, pero también rosas o blancas.**

Los agératos se plantan, fundamentalmente, en macizos estivales. Se asocian bien con muchas otras plantas. También se suelen utilizar en macetas, como cestas colgantes, y son apropiados para macizos y arriates de bordura. Las cabezuelas muertas deben cortarse durante el verano para que la planta siga floreciendo. Las plantas se cultivan a partir de semillas en primavera a cubierto. Pueden sufrir la podredumbre negra de la raíz.

*Ageratum* «Blue Danube»

| | PRIMAVERA | VERANO | OTOÑO | INVIERNO | altura (cm) | diámetro (cm) | temp. mín. (°C) | humedad | sol/sombra | colores | |
|---|---|---|---|---|---|---|---|---|---|---|---|
| *Ageratum houstonianum* «Blue Danube» | 🌱🌱🌱 | ● ● ● | | | 15 | 30 | 1° | 💧 | ☀ | ▨ | Flores resistentes a la lluvia |
| *A. houstonianum* «Blue Mink» | 🌱🌱🌱 | ● ● ● | | | 30 | 30 | 1° | 💧 | ☀ | ⬜ | Hábito suelto y vigoroso |
| *A. houstonianum* «Blue Mist» | 🌱🌱🌱 | ● ● ● | | | 15 | 15 | 1° | 💧 | ☀ | ▨ | Hábito compacto y cuidado |
| *A. houstonianum* «Hawaii White» | 🌱🌱🌱 | ● ● ● | | | 15 | 15 | 1° | 💧 | ☀ | ⬜ | Hábito muy compacto |

 *pleno sol*   *semisombra*   *sombra*

# Ajuga

Búgula menor,
consuelda media

*c.:* búgula; *e.:* girtangorria

**Es una planta vivaz, resistente, cobertora, normalmente perennifolia. Algunas variedades son muy vigorosas. Las hojas de algunos cultivares son variegadas y en primavera aparecen unos tallos largos recubiertos de flores azules o blancas.**

*Ajuga reptans «Catlin`s Giant»*

Estas plantas son ideales para zonas húmedas y sombreadas, como jardines de bosque o debajo de arbustos de hoja caduca, y se asocian bien con los bulbos de primavera enanos. También quedan bien agrupadas entre macizos de astilbes de color rojo o rosa o prímula candelabra. Si las plantas crecen en exceso, sólo hay que arrancar las que sobran. Se multiplican por división o en rosetas enraizadas aisladas en primavera. Son vulnerables al mildiu polvoriento.

| | PRIMAVERA | VERANO | OTOÑO | INVIERNO | altura (cm) | diámetro (cm) | temp. mín. (°C) | humedad | sol/sombra | colores | |
|---|---|---|---|---|---|---|---|---|---|---|---|
| *Ajuga reptans* «Atropurpurea» | | | | | 15 | 60 | -17° | | | | Follaje morado oscuro |
| *A. reptans* «Catlin's Giant» | | | | | 15 | 60 | -17° | | | | Follaje morado-bronce |
| *A. reptans* «Multicolor» | | | | | 15 | 60 | -17° | | | | Hojas bronce, crema o rosa |
| *A. reptans* «Variegata» | | | | | 15 | 60 | -17° | | | | Hojas crema y verde |

# Alcea

Malva real

**Esta perenne vivaz resistente de corta vida suele ser alta, pues en ocasiones alcanza los 2,4 m, si bien existen cultivares de baja estatura. Todas producen tallos robustos erectos de flores dobles o sencillas de distintos colores, y hojas de color verde claro, peludas y lobuladas.**

Las malvas son muy populares en los arriates de jardines, y se asocian bien con plantas de estilo antiguo, como las rosas, madreselvas, minutisas o peonías. Las variedades altas pueden requerir tutores. Crecen a partir de semillas en primavera y a principios de verano a cubierto o en el exterior; las que mejor crecen son las anuales o bianuales. La roya puede ser un problema.

*Cultivar de Alcea rosea*

| | PRIMAVERA | VERANO | OTOÑO | INVIERNO | altura (cm) | diámetro (cm) | temp. mín. (°C) | humedad | sol/sombra | colores | |
|---|---|---|---|---|---|---|---|---|---|---|---|
| *Alcea rosea* Chater's grupo Double | | | | | 200 | 60 | -17° | | | | Flores dobles de muchos colores |
| *A. rosea* grupo Majorette | | | | | 100 | 30 | -17° | | | | Flores semidobles de muchos colores |
| *A. rosea* grupo Summer Carnival | | | | | 200 | 60 | -17° | | | | Anual |

siembra · floración · buen drenaje · suelo húmedo · suelo mojado

# Alchemilla

**Esta planta perenne vivaz resistente y que resulta tan popular produce nubes de flores de color amarillo verdoso sobre atractivas hojas peludas lobuladas de color verde claro.**

*Alchemilla mollis*

Se utilizan en arriates mixtos en los que combina bien con muchas otras perennes y arbustos, en especial con los que tienen flores rojas o de colores fuertes, incluidas las rosas. Recorte las cabezuelas muertas, pues las semillas se siembran solas. Se multiplica por división en primavera o pueden trasplantarse plántulas sembradas por la propia planta en primavera. Se ven afectadas por plagas como babosas y caracoles, que pueden arruinar el aspecto del follaje.

| | PRIMAVERA | VERANO | OTOÑO | INVIERNO | altura (cm) | diámetro (cm) | temp. min. (°C) | humedad | sol/sombra | colores | |
|---|---|---|---|---|---|---|---|---|---|---|---|
| *Alchemilla erythropoda* | | | | | 20 | 20 | -17° | | | | Hojas azul verdoso |
| *A. mollis* | | | | | 60 | 75 | -17° | | | | Hojas suaves velludas |

# Allium

Cebollino francés, cebolla ornamental

**Los cebollinos franceses o ajos moriscos son plantas bulbosas resistentes muy valoradas por sus cabezas de flores tubulares de color azul, morado, rosa o blanco. Tienen hojas largas, finas o alargadas, que pueden morir antes de que aparezca la flor.**

*Allium cristophii*

*Allium caeruleum*

Los cebollinos franceses se suelen cultivar en arriates mixtos, en los que combinan bien con muchas plantas perennes, incluidas plantas de flor puntiaguda (*Lupinus*) y plantas de cabezuelas planas, (*Achillea*). También pueden combinarse con hierbas ornamentales. Las variedades altas son buenas compañeras de los rosales arbustivos. Se multiplican quitando los hijuelos en otoño.

| | PRIMAVERA | VERANO | OTOÑO | INVIERNO | altura (cm) | diámetro (cm) | temp. min. (°C) | humedad | sol/sombra | colores | |
|---|---|---|---|---|---|---|---|---|---|---|---|
| *Allium caeruleum* | | | | | 60 | 2,5 | -4° | | | | Flores con forma de estrella |
| *A. cristophii* | | | | | 30 | 15 | -4° | | | | Hojas verde grisáceo anchas |
| *A. «Globemaster»* | | | | | 75 | 20 | -17° | | | | Umbelas globulares grandes |
| *A. hollandicum «Purple Sensation»* | | | | | 100 | 8 | -17° | | | | Umbelas globulares grandes |
| *A. moly* | | | | | 150 | 5 | -17° | | | | Se multiplican rápidamente |
| *A. sphaerocephalon* | | | | | 90 | 8 | -17° | | | | Umbelas con forma ovalada |

 pleno sol   semisombra   sombra

# Alonsoa
### Ajicillo

*Alonsoa warscewiczii*

**Flores de relleno perennes semirresistentes o plantas arbustivas, pero que se suelen cultivar como anuales. Son plantas tupidas y de baja estatura que producen abundantes flores durante un largo período de tiempo, normalmente de colores brillantes como rojo o naranja.**

En los últimos años se han hecho muy populares en los macizos de verano y macetas, en especial en cestas colgantes. Combinan bien con flores más serias, como las lobelias azules o blancas o los agératos. Se cultivan a partir de semillas en primavera a cubierto. Las plagas que más les afectan son los pulgones.

| | PRIMAVERA | VERANO | OTOÑO | INVIERNO | altura (cm) | diámetro (cm) | temp. mín. (°C) | humedad | sol/sombra | colores | |
|---|---|---|---|---|---|---|---|---|---|---|---|
| *A. meridionalis* serie Firestone Jewels | siembra | floración | | | 30 | 30 | 1° | buen drenaje | sol | | Pueden ser más altas en algunas situaciones |
| *A. warscewiczii* | siembra | floración | | | 45 | 30 | 1° | buen drenaje | sol | | Planta compacta y frondosa |

# Alstroemeria
### Azucena peruana, lirio de los incas
*c.:* lliri dels inques

**Las azucenas peruanas son plantas perennes vivaces tuberosas y en su mayoría son resistentes a las heladas. Las flores de esta planta tienen forma acampanada, como los lirios, con colores brillantes o pastel. Las hojas tienen forma de lanza y en algunas especies son de color verde grisáceo.**

Estas plantas se utilizan en arriates mixtos, en los que combinan bien con arbustos, incluidos los rosales arbustivos. Con las flores se pueden confeccionar adornos florales, y duran varias semanas si se conservan en agua, por lo que están entre las preferidas de los floristas. Las plantas deben disponer de un acolchado permanente de materia orgánica para proteger las raíces de las heladas, pero no necesitan muchos más cuidados. Se multiplican por división en otoño. Su principal problema son las babosas, los caracoles y los virus.

*Híbrido de Alstroemeria ligtu*

| | PRIMAVERA | VERANO | OTOÑO | INVIERNO | altura (cm) | diámetro (cm) | temp. mín. (°C) | humedad | sol/sombra | colores | |
|---|---|---|---|---|---|---|---|---|---|---|---|
| *Alstroemeria aurea* | | floración | siembra | | 100 | 45 | -4° | buen drenaje | sol | | Fácil cultivo |
| Híbridos de *A. ligtu* | | floración | siembra | | 50 | 75 | -4° | buen drenaje | sol | | Flores a menudo de varios colores |

 siembra     floración    buen drenaje    suelo húmedo    suelo mojado

# Amaranthus
Amaranto

Los amarantos son plantas anuales semirresistentes que varían considerablemente de hábito. Algunas, como **A**. *caudatus*, tienen flores colgantes como borlas, mientras que otras, como **A**. *cruentus*, poseen plumas erguidas. Las flores son de color verde o rojo.

*A. tricolor* Joseph's Coat se cultiva por su follaje de variados colores. Se utiliza como planta para rellenar espacios vacíos en combinaciones de macizo estivales, o en plantaciones subtropicales. Las flores se pueden cortar y secar con facilidad. Exigen condiciones protegidas. Se cultivan a partir de semillas en primavera a cubierto. Las principales plagas que sufren son los pulgones.

*Amaranthus cruentus* «Plenitude»

| | PRIMAVERA | VERANO | OTOÑO | INVIERNO | altura (cm) | diámetro (cm) | temp. mín. (°C) | humedad | sol/sombra | colores | |
|---|---|---|---|---|---|---|---|---|---|---|---|
| *Amaranthus caudatus* | 🌱 🌱 🌱 | ● ● ● ● | | | 100 | 45 | 1° | 💧 | ☀ | ◼ | Hábito tupido |
| *A. cruentus* «Plenitude» | 🌱 🌱 🌱 | ● ● ● ● | | | 200 | 45 | 1° | 💧 | ☀ | ◼ | Hábito tupido |
| *A. tricolor* «Joseph's Coat» | 🌱 🌱 🌱 | ● ● ● ● | | | 100 | 45 | 1° | 💧 | ☀ | ◻ | Cultivado por su follaje |

# Anchusa
Lengua de buey

c.: buglossa; e.: txakurrmin; g.: buglossa

Grupo de perennes vivaces resistentes con una única base y anuales resistentes a las heladas. Las flores suelen ser azules, y las hojas, duras y peludas, son elípticas o lanceoladas. La perenne **A**. *azurea* resulta ideal para arriates mixtos, combinada con plantas puntiagudas como lupinos y delfinios, así como amapolas orientales (**Papaver**).

*Anchusa azurea* «Loddon Royalist»

*A. capensis*, anual, puede utilizarse igual, y también combina bien con otras anuales como las amapolas de California (*Eschscholzia*). Las cabezuelas de las anuales deben cortarse, al igual que las perennes cuando florecen para mantener su vigor. Siembre las anuales a cubierto en primavera. Las perennes se multiplican por esquejes de raíz en invierno. El mildiu puede ser un problema.

| | PRIMAVERA | VERANO | OTOÑO | INVIERNO | altura (cm) | diámetro (cm) | temp. mín. (°C) | humedad | sol/sombra | colores | |
|---|---|---|---|---|---|---|---|---|---|---|---|
| *Anchusa azurea* «Loddon Royalist» | 🌱 🌱 🌱 | ● | | | 90 | 60 | -17° | 💧 | ☀ | ◼ | No necesitan muchos cuidados |
| *A. capensis* «Blue Angel» | 🌱 🌱 🌱 | ● ● ● | | | 20 | 15 | -4° | 💧 | ☀ | ◼ | Hábito compacto |

 pleno sol     semisombra    ● sombra

# Anemone
## Anémona
c.: anemone; e.: anemonea

**Grupo muy grande y variado de vivaces perennes resistentes. *A. blanda*, enana, se obtiene a partir de raíces tuberosas y produce flores con forma de margarita de color azul, rosa o blanco en primavera. Es excelente para naturalizar en un jardín con árboles o entre los arbustos de un arriate.**

*A. coronaria* también crece a partir de raíces tuberosas, y tiene flores sencillas o dobles de color azul, rojo o blanco, ideales para arreglos florales. Puede cultivarse en jardines para cortarlas o en arriates mixtos. En zonas donde el invierno sea muy frío es necesario aportar un acolchado permanente orgánico que la proteja contra las heladas. *A. hupehensis* y *A.* x *hybrida* (anémona japonesa) son perennes altas, de raíces fibrosas que forman matas, valoradas por sus flores de finales de verano y otoño en tonos rosa y también blanco. Se cultivan en arriates

*Anemone coronaria grupo De Caen*

mixtos con otras perennes de floración tardía como los áster, las varas de oro (*Solidago*) y ejemplares de *Sedum*. *A. nemorosa* (anémona del bosque) es una perenne rizomatosa enana con flores solitarias azules o blancas. Se utiliza igual que *A. blanda*. Se multiplican por división en otoño o primavera. Se pueden adquirir en macetas en los centros de jardinería en primavera. Su principal problema es la mancha de la hoja, el mildiu polvoriento, las babosas y los caracoles.

*Anemone blanda*

*Anemone nemorosa*

| | PRIMAVERA | VERANO | OTOÑO | INVIERNO | altura (cm) | diámetro (cm) | temp. mín. (C) | humedad | sol/sombra | colores | |
|---|---|---|---|---|---|---|---|---|---|---|---|
| Anemone blanda | | | | | 15 | 15 | -17° | buen drenaje | sol/sombra | | Buena para naturalizar |
| A. blanda «White Splendour» | | | | | 15 | 15 | -17° | buen drenaje | sol/sombra | | Flores grandes |
| A. coronaria grupo De Caen | | | | | 30 | 15 | -17° | buen drenaje | sol | | Flores sencillas |
| A. hupehensis «Hadspen Abundance» | | | | | 90 | 38 | -17° | suelo húmedo | sol/sombra | | Proporcionar acolchado permanente |
| A. h. var. japonica «Bressingham Glow» | | | | | 90 | 38 | -17° | suelo húmedo | sol/sombra | | Proporcionar acolchado permanente |
| A. x hybrida «Honorine Jobert» | | | | | 120 | 60 | -17° | suelo húmedo | sol/sombra | | Proporcionar acolchado permanente |
| A. x hybrida «September Charm» | | | | | 100 | 60 | -17° | suelo húmedo | sol/sombra | | Proporcionar acolchado permanente |
| A. nemorosa «Robinsoniana» | | | | | 8 | 30 | -17° | suelo húmedo | sol/sombra | | Hábito vigoroso |
| A. nemorosa «Vestal» | | | | | 8 | 30 | -17° | suelo húmedo | sol/sombra | | Flores doble |

siembra    floración    buen drenaje    suelo húmedo    suelo mojado

# Anthemis
## Manzanilla
*c.*: camamilla; *e.*: kamamila;
*g.*: macela

**La especie mencionada aquí, *A. tinctoria*, es una perenne vivaz resistente que produce
numerosas flores amarillas parecidas a una margaritas pero que pueden tener una vida corta.**

Los cultivares son plantas indispensables
en cualquier arriate, pues combinan bien con
muchas otras perennes, como la salvia azul
y los delfinios. También pueden combinarse con
geranios. Asimismo, son una buena elección para
jardines con gravilla. Cuando termina la floración,
deben cortarse para mantener su vigor. Las flores
se utilizan como flores de corte.

Se multiplica por división o por esquejes
en primavera. Deben controlarse los pulgones,
el mildiu polvoriento, las babosas y los caracoles.

*Anthemis tinctoria* «Wargrave Variety»

| | PRIMAVERA | VERANO | OTOÑO | INVIERNO | altura (cm) | diámetro (cm) | temp. mín. (°C) | humedad | sol/sombra | colores | |
|---|---|---|---|---|---|---|---|---|---|---|---|
| *Anthemis tinctoria* «E.C. Buxton» | | | | | 45 | 90 | -17° | | | | Floración libre |
| *A. tinctoria* «Wargrave Variety» | | | | | 90 | 90 | -17° | | | | Floración libre |

# Antirrhinum
## Boca de dragón, dragoncillo
*c.*: conillets, boca de dragó;
*e.*: dragoi-muturra

**Los cultivares de *A. majus* se cultivan
como anuales semirresistentes a pesar
de que en realidad son perennes de vida
corta. Son plantas tupidas que producen
espigas de flores bilabiadas de muchos
colores durante un largo período de tiempo.**

Se utilizan en los macizos de verano y también son
buenas para macetas en terrazas. Los cultivares
altos van mejor para arriates mixtos. Las flores
son buenas para cortar, pero con variedades
altas. Deben cortarse las flores marchitas
con regularidad. Se cultivan a partir de semillas
en primavera a cubierto. Su principal problema
es la roya, por lo que deben seleccionarse
variedades resistentes a esta enfermedad.
Los pulgones y el mildiu polvoriento son comunes.

Cultivar de *Antirrhinum majus*

| | PRIMAVERA | VERANO | OTOÑO | INVIERNO | altura (cm) | diámetro (cm) | temp. mín. (°C) | humedad | sol/sombra | colores | |
|---|---|---|---|---|---|---|---|---|---|---|---|
| *Antirrhinum majus* serie Coronette | | | | | 65 | 45 | 1° | | | | Resistente a roya, muchos colores |
| *A. majus* serie Madame Butterfly | | | | | 75 | 45 | 1° | | | | Flores dobles, muchos colores |
| *A. majus* serie Magic Carpet | | | | | 15 | 30 | 1° | | | | Excelente para macizos, muchos colores |
| *A. majus* «Peaches and Cream» | | | | | 20 | 30 | 1° | | | | Excelente para macizos, muchos colores |
| *A. majus* serie Sonnet | | | | | 60 | 45 | 1° | | | | Tolera la lluvia, muchos colores |
| *A. majus* serie Sweetheart | | | | | 30 | 30 | 1° | | | | Flores dobles, muchos colores |

 *pleno sol*    *semisombra*   *sombra*

# Aquilegia

## Aguileña

c.: aguilera, corniol;

e.: kukuprraka;

g.: herba de pitos, bonetes

**Las aguileñas son vivaces perennes resistentes que producen flores amontonadas de muchos colores sobre un hermoso follaje lobulado, en ocasiones de un verde azulado.**

Crecen bien en arriates mixtos con otras perennes como los altramuces, los delfinios, las peonías y los lirios. Constituyen una buena elección para arriates de jardines silvestres, en especial combinadas con rosas antiguas. Las flores marchitas se deben cortar con regularidad. Se multiplican por división en primavera, pero las divisiones tardan en establecerse. Son vulnerables a los pulgones, las orugas y a distintos tipos de mildiu polvoriento.

Aquilegia grupo McKana

| | PRIMAVERA | VERANO | OTOÑO | INVIERNO | altura (cm) | diámetro (cm) | temp. mín. (°C) | humedad | sol/sombra | colores | |
|---|---|---|---|---|---|---|---|---|---|---|---|
| Aquilegia grupo McKana | | | | | 75 | 60 | -17° | | | | Crece vigorosa |
| A. vulgaris «Nora Barlow» | | | | | 90 | 45 | -17° | | | | Flores dobles |

# Arabis

Arabis subsp. «Rosabella»

**Esta especie, A. alpina subsp. caucasica, es una perenne resistente de hoja caduca que forma matas de hábito muy vigoroso. Las variedades cultivadas con follaje multicolor o flores dobles se cultivan mucho y poseen flores blancas.**

Se pueden cultivar en jardines de rocalla con Aubrieta, Aurinia y Helianthemum, pero hay que tener cuidado de que no invadan el espacio de otras plantas. También son buenas para cubrir bancos soleados secos o para delimitar arriates mixtos. Deben recortarse después de la floración para que se mantengan compactas. Se multiplican por esquejes de brote tierno en primavera o principios del verano. Son vulnerables a los pulgones.

| | PRIMAVERA | VERANO | OTOÑO | INVIERNO | altura (cm) | diámetro (cm) | temp. mín. (°C) | humedad | sol/sombra | colores | |
|---|---|---|---|---|---|---|---|---|---|---|---|
| A. alpina subsp. caucasica «Flore Pleno» | | | | | 15 | 60 | -17° | | | | Flores dobles |
| A. alpina subsp. caucasica «Variegata» | | | | | 15 | 60 | -17° | | | | Hojas variegadas verdes y amarillas |

 siembra  floración | buen drenaje | suelo húmedo | suelo mojado

# Arctotis

*Arctotis x hybrida «Flame»*

**En climas propensos a las heladas, *Arctotis* se cultiva como anual semirresistente, mientras en climas cálidos es perenne.**

Las flores, con forma de margarita en varios colores brillantes como el naranja o el rojo, se producen libremente. Las hojas lobuladas son de un verde plateado. Son ideales para macizos de verano o para plantar en grupos destacados al frente de un arriate mixto o en una zona de gravilla. Pueden plantarse en macetas. Las flores se pueden cortar, pero no duran mucho. Se multiplican por semillas en primavera a cubierto o por esquejes a finales del verano. Son vulnerables a los pulgones.

| | PRIMAVERA | VERANO | OTOÑO | INVIERNO | altura (cm) | diámetro (cm) | temp. mín. (°C) | humedad | sol/sombra | colores | |
|---|---|---|---|---|---|---|---|---|---|---|---|
| *Arctotis x hybrida «Flame»* | | | | | 45 | 30 | 5° | | | | Hojas lobuladas atractivas |
| *A. x hybrida «Harlequin»* | | | | | 45 | 30 | 5° | | | | Flores de varios colores |

# Argyranthemum

## Cristantemo, margarita

*c.:* crisantem, margarida;
*e.:* krisantemo; *g.:* crisantemo

*Argyranthemum «Petite Pink»*

**Estos subarbustos de hoja caduca semirresistentes presentan un hábito tupido o ancho y producen flores sencillas o dobles de color rosa, amarillo o naranja, así como blanco.**

*Argyranthemum «Butterfly»*

El follaje es variable, desde tipo helecho hasta lobulado, y de color verde a verde grisáceo. Las margaritas son plantas idóneas para macizos de verano anuales en climas con heladas, y van muy bien en arriates mixtos, macetas de terraza y alféizares. Combinan bien con otras plantas con forma de margarita como ejemplares de *Brachyscome* y *Gazania*. Las puntas de las plantas jóvenes deben cortarse. Se multiplican por esquejes semimaduros a finales de verano. No sufren enfermedades.

| | PRIMAVERA | VERANO | OTOÑO | INVIERNO | altura (cm) | diámetro (cm) | temp. mín. (°C) | humedad | sol/sombra | colores | |
|---|---|---|---|---|---|---|---|---|---|---|---|
| *Argyranthemum «Butterfly»* | | | | | 60 | 45 | 1° | | | | Flores sencillas |
| *A. «Jamaica Primrose»* | | | | | 100 | 100 | 1° | | | | Flores sencillas |
| *A. «Petite Pink»* | | | | | 30 | 30 | 1° | | | | Flores sencillas |
| *A. «Summer Melody»* | | | | | 60 | 45 | 1° | | | | Flores dobles |
| *A. «Vancouver»* | | | | | 90 | 75 | 1° | | | | Flores dobles |

 *pleno sol*     *semisombra*    *sombra*

# Armeria
Estátice, erizo

**La especie *A. maritima* es una perenne resistente de hoja caduca que forma matas.**
**Se suelen plantar los cultivares. Las cabezuelas redondas de pequeñas flores, de color rosa,**
**rojo o blanco, se elevan sobre hojas de un verde oscuro cubiertas de hierba.**

*Armeria maritima*

Esta planta es fundamental en jardines de rocalla, pero también se utiliza en arriates mixtos. Resulta excelente para jardines cerca del mar y también se puede utilizar como césped, pero no para uso frecuente. Este tipo de césped decorativo casi no requiere cuidados, aparte de recortar las flores marchitas una vez que las plantas han terminado de florecer. Se multiplican por división en primavera. No suelen sufrir enfermedades.

| | PRIMAVERA | VERANO | OTOÑO | INVIERNO | altura (cm) | diámetro (cm) | temp. mín. (°C) | humedad | sol/sombra | colores | |
|---|---|---|---|---|---|---|---|---|---|---|---|
| Armeria maritima | | | | | 20 | 30 | -17° | | | | Buena en suelos pobres |
| A. maritima «Alba» | | | | | 20 | 30 | -17° | | | | Flores blancas |
| A. maritima «Vindictive» | | | | | 20 | 30 | -17° | | | | Buena en suelos pobres |

# Artemisia
Ajenjo, absintio

c.: absenta, donzell;
e.: asentsio-belar;
g.: absintio

**Grupo extenso y variado de plantas; las especies incluidas aquí son vivaces perennes**
**resistentes que forman macizos.**

*Artemisia ludoviciana*

*A. lactiflora*, de hermosas hojas de un verde muy oscuro, se cultiva principalmente por sus flores, mientras que *A. ludoviciana* es una planta de follaje por sus impactantes hojas plateadas. Ambas son un complemento de perennes de fuertes colores, como ejemplares de *Crocosmia*, en arriates mixtos, y combinan bien con plantas con forma de margarita. Las flores se pueden cortar para arreglos florales. Se multiplican por división en primavera. El mildiu polvoriento puede ser un problema.

| | PRIMAVERA | VERANO | OTOÑO | INVIERNO | altura (cm) | diámetro (cm) | temp. mín. (°C) | humedad | sol/sombra | colores | |
|---|---|---|---|---|---|---|---|---|---|---|---|
| Artemisia lactiflora | | | | | 150 | 60 | -17° | | | | Follaje de un atractivo color verde oscuro |
| A. ludoviciana | | | | | 120 | 60 | -17° | | | | Flores desordenadas |

 siembra  floración  buen drenaje suelo húmedo  suelo mojado

# Aster
## Áster, septiembres
c.: àster

**Estas plantas son vivaces perennes resistentes. Hay variedades cultivadas, tanto altas como enanas, que producen cabezuelas de flores con forma de margarita dobles o sencillas en color azul, violeta, púrpura, rojo y blanco.**

Algunas florecen a finales del verano, pero muchas son muy valoradas en los jardines de otoño, ya que combinan bien con otras perennes de floración tardía, como las rudbeckias, los girasoles y las anémonas, así como con arbustos conocidos por el color de sus hojas y frutos en otoño como el zumaque y el agracejo. Los ásters no soportan la tierra seca, por lo que siempre debe mantenerse un

*Aster novae-angliae «Harrington's Pink»*

acolchado de materia orgánica sobre sus raíces. Las plantas altas deben sostenerse con ramitas cuando empiezan a crecer. *A. novae-angliae* y *A. novi-belgii* deben dividirse cada dos o tres años para que sigan manteniendo su vigor y florezcan libremente. Como alternativa, los cultivares de *A. novi-belgii* se pueden dividir cada año. Arranque las matas de crecimiento y retire brotes aislados con la raíz (como esquejes enraizados) y vuelva a plantarlos en grupos con 5 cm de separación. Se multiplican por división en primavera. *A. novi-belgii* es muy sensible al mildiu polvoriento. También le afectan los pulgones, babosas, caracoles, moho gris, mancha de hoja y se marchitan si no tiene suficiente agua.

*Aster* x *frikartii* «Mönch»

| | PRIMAVERA | VERANO | OTOÑO | INVIERNO | altura (cm) | diámetro (cm) | temp. mín. (°C) | humedad | sol/sombra | colores | |
|---|---|---|---|---|---|---|---|---|---|---|---|
| A. amellus «King George» | | | ● ● ● ● | | 45 | 45 | -17° | | | | Flores sencillas grandes; floración tardía |
| A. x frikartii | | | ● ● | | 70 | 45 | -17° | | | | Flores sencillas grandes |
| A. x frikartii «Mönch» | | | ● ● | | 70 | 40 | -17° | | | | Flores sencillas grandes |
| A. novae-angliae «Harrington's Pink» | | | ● ● ● | | 120 | 60 | -17° | | | | Flores semidobles; en lugares húmedos |
| A. novi-belgii «Fellowship» | | | ● ● ● | | 90 | 90 | -17° | | | | Flores dobles; en lugares húmedos |
| A. novi-belgii «Lady in Blue» | | | ● ● ● | | 30 | 45 | -17° | | | | Flores sencillas; en lugares húmedos |
| A. novi-belgii «Marie Ballard» | | | ● ● ● | | 90 | 90 | -17° | | | | Flores dobles; en lugares húmedos |
| A. novi-belgii «Winston S. Churchill» | | | ● ● ● | | 90 | 90 | -17° | | | | Flores dobles; en lugares húmedos |
| A. sedifolius «Nanus» | | | ● ● | | 45 | 60 | -17° | | | | Flores sencillas |

☀ *pleno sol*   ◐ *semisombra*   ● *sombra*

# *Astilbe*

Astilbe

c.:astilbe

**Estas vivaces perennes resistentes que forman macizos producen hojas con forma de helecho muy interesantes, que suelen ser de color bronce o rojo cuando son jóvenes, y flores como plumeros de color rosa, rojo, púrpura o blanco.**

Las cabezuelas marchitas pueden dejarse durante el invierno. Los astilbes son ideales para las zonas húmedas del jardín, combinados con plantas para zonas húmedas como las prímulas o lirios (*Hemerocallis*). Se dividen de forma normal (cada tres años) para que las plantas sigan jóvenes y vigorosas. Se multiplican por división en primavera. Son sensibles a la mancha de la hoja y al mildiu polvoriento.

*Astilbe chinensis «Serenade»*

| | PRIMAVERA | VERANO | OTOÑO | INVIERNO | altura (cm) | diámetro (cm) | temp. mín. (°C) | humedad | sol/sombra | colores | |
|---|---|---|---|---|---|---|---|---|---|---|---|
| *Astilbe x arendsii* «Bressingham Beauty» | 🌱🌱🌱 | ● | | | 90 | 60 | -17° | 🌢🌢 | ☀ | ▨ | Hojas con un matiz bronce |
| *A. x arendsii* «Fanal» | 🌱🌱🌱 | ● | | | 60 | 45 | -17° | 🌢🌢 | ☀ | ■ | Hojas verde oscuro |
| *A. chinensis* «Serenade» | 🌱🌱🌱 | ● | | | 40 | 45 | -17° | 🌢🌢 | ☀ | ▨ | Flores de plumero |

# *Astrantia*

Astrancia

c.:astrància

**Las astrancias son vivaces perennes resistentes que forman macizos. Las flores, sobre tallos rectos y altos, son de color rosa, rojo o verde, y están rodeadas de un collar de brácteas de color.**

Sus hojas muy lobuladas o con forma de mano resultan un fondo atractivo para las flores. Se cultivan en arriates mixtos y jardines de bosque, o agrupadas en torno a arbustos; combinan bien con perennes de follaje como las hostas y las nuevas heucheras, o flores de coral, con un follaje colorido. Las cabezuelas se pueden cortar y secar, y también deben cortarse cuando se marchitan para evitar la germinación. Se multiplican por división en primavera o por trasplante de las propias semillas cultivadas. Son vulnerables a los pulgones, el mildiu polvoriento, las babosas y los caracoles.

*Astrantia major «Sunningdale variegated»*

*Astrantia major «Ruby Wedding»*

| | PRIMAVERA | VERANO | OTOÑO | INVIERNO | altura (cm) | diámetro (cm) | temp. mín. (°C) | humedad | sol/sombra | colores | |
|---|---|---|---|---|---|---|---|---|---|---|---|
| *Astrantia major* | 🌱🌱🌱 | ●●● | | | 90 | 45 | -17° | 🌢🌢 | ◐ | ▨ | Brácteas blancas |
| *A. major* «Ruby Wedding» | 🌱🌱🌱 | ●●● | | | 90 | 45 | -17° | 🌢🌢 | ◐ | ■ | Brácteas del color de las flores |
| *A. major* «Hadspen Blood» | 🌱🌱🌱 | ●●● | | | 90 | 45 | -17° | 🌢🌢 | ◐ | ■ | Brácteas del color de las flores |
| *A. major* «Sunningdale Variegated» | 🌱🌱🌱 | ●●● | | | 90 | 45 | -17° | 🌢🌢 | ◐ | □ | Follaje vigoroso verde y crema variegado |

🌱 *siembra*    ● *floración*    🌢 *buen drenaje*    🌢 *suelo húmedo*    🌢🌢 *suelo mojado*

# Aubrieta

Híbrido de Aubrieta

**Estas perennes resistentes de hoja perenne cobertora producen masas de flores pequeñas de cuatro pétalos de color azul, rojo púrpura, malva, rosa o blanco. Las hojas son pequeñas y algo ovaladas.**

Estas plantas son indispensables en los jardines de rocalla en combinación con *Aurinia, Arabis* y *Helianthemum*. Después de la floración, deben recortarse las plantas para que el porte se mantenga compacto. Se multiplican por esquejes semimaduros en verano. Son vulnerables a los pulgones.

| | PRIMAVERA | VERANO | OTOÑO | INVIERNO | altura (cm) | diámetro (cm) | temp. mín. (°C) | humedad | sol/sombra | colores | |
|---|---|---|---|---|---|---|---|---|---|---|---|
| *Aubrieta* «Aureovariegata» | | | | | 5 | 60 | -17° | | | | Hojas variegadas doradas y verdes |
| *A.* «Doctor Mules» | | | | | 5 | 60 | -17° | | | | Flores sencillas |
| *A.* «Red Carpet» | | | | | 5 | 60 | -17° | | | | Flores sencillas |

# Aurinia

Cestillo de oro, canastillo

*c.:* paneret

**Planta perenne resistente de hoja caduca enana que produce masas de flores de color amarillo intenso sobre grupos de follaje de color verde grisáceo.**

Es la compañera ideal de variedades de *Aubrieta* en jardines de rocalla, y también es apropiada para cubrir un banco soleado y con buen drenaje. Después de la floración debe podarse para que el porte siga compacto. Se multiplica a principios de verano por esquejes de madera tierna. Es vulnerable a los pulgones.

Aurinia saxatilis

| | PRIMAVERA | VERANO | OTOÑO | INVIERNO | altura (cm) | diámetro (cm) | temp. mín. (°C) | humedad | sol/sombra | colores | |
|---|---|---|---|---|---|---|---|---|---|---|---|
| *Aurinia saxatilis* | | | | | 20 | 30 | -17° | | | | Hojas verde grisáceo |
| *A. saxatilis* «Citrina» | | | | | 20 | 30 | -17° | | | | Hojas verde grisáceo |

# Baptisia

Índigo silvestre, falso índigo

Baptisia australis

**Planta perenne totalmente resistente con flores de un color azul intenso con forma de guisante y hojas con forma de mano. Es una planta excelente para arriates, en especial para arriates de estilo pradera en combinación con hierbas ornamentales.**

*Baptisia australis* es adecuada para bancos con un buen drenaje a pleno sol. Tiene un hábito un poco ancho o erecto y florece a principios del verano. Las flores de color azul oscuro están moteadas de blanco o crema. Se multiplican por división en primavera. No sufren enfermedades ni plagas.

 *pleno sol*    *semisombra*   *sombra*

# *Begonia*
Begonia

**Enorme grupo de perennes de interior, en los climas propensos a las heladas son de raíz tuberosa; las begonias de raíz fibrosa se utilizan en macizos de verano y en macetas en terrazas, alféizares y cestas colgantes.**

Florecen abundantemente y producen flores de color rojo, rosa, naranja, amarillo o blanco. *Begonia pendula* es una variedad tuberosa rastrera especialmente indicada para cestas

Begonia semperflorens «Olympia Red»

Begonia Multiflora serie Nonstop

Begonia «Illumination Rose»

colgantes, mientras que *Multiflora*, tuberosa, y *Tuberhybrida*, de flores gigantes, son mejores para terrazas y alféizares. *B. semperflorens* es una variedad cultivada compacta y tupida con raíces fibrosas que se suele utilizar en macizos de verano muy densas en combinación con otras plantas de macizo como agératos, alegrías y lobelias. Las hojas están moteadas en color bronce. Las flores marchitas deben cortarse

regularmente. *B. Multiflora* y *B. Pendula* se suelen tratar como anuales y se multiplican por semillas cada año. *Begonia Tuberhybrida* también se puede multiplicar por semillas o raíces tuberosas. Las raíces tuberosas en latencia de todas las variedades se pueden almacenar en invierno, a salvo de heladas. Las variedades cultivadas de *B. semperflorens* se multiplican por semillas y se cultivan como anuales. Se multiplican por semilla a finales del invierno o a principios de primavera a cubierto. Las begonias tuberosas son vulnerables a las larvas de gorgojo de la vid, así como a los pulgones, el moho gris y el mildiu polvoriento.

| | PRIMAVERA | VERANO | OTOÑO | INVIERNO | altura (cm) | diámetro (cm) | temp. mín. (C) | humedad | sol/sombra | colores |
|---|---|---|---|---|---|---|---|---|---|---|
| *Begonia Multiflora* serie Nonstop | siembra | floración | | | 30 | 30 | 5° | buen drenaje | sol/sombra | Flores dobles |
| *B. Pendula* serie Illumination | siembra | floración | | | 60 | 30 | 5° | buen drenaje | sol/sombra | Flores dobles |
| *B. Pendula* serie Sensation | siembra | floración | | | 60 | 30 | 5° | buen drenaje | sol/sombra | Flores dobles |
| *B. Pendula* serie Show Angels | siembra | floración | | | 60 | 30 | 5° | buen drenaje | sol/sombra | Flores dobles |
| *B. semperflorens* serie Ambassador | siembra | floración | | | 20 | 20 | 5° | buen drenaje | sol/sombra | Hojas verdes |
| *B. semperflorens* serie Olympia | siembra | floración | | | 20 | 20 | 5° | buen drenaje | sol/sombra | Hojas verdes |
| *B. semperflorens* serie President | siembra | floración | | | 20 | 20 | 5° | buen drenaje | sol/sombra | Mezcla de hojas verdes y de color bronce |
| *B. semperflorens* serie Senator | siembra | floración | | | 20 | 20 | 5° | buen drenaje | sol/sombra | Hojas de color marrón bronce |
| *B. Tuberhybrida* «Giant Double Mixed» | siembra | floración | | | 30 | 30 | 5° | buen drenaje | sol/sombra | Flores dobles |
| *B. Tuberhybrida* serie Picotee | siembra | floración | | | 60 | 60 | 5° | buen drenaje | sol/sombra | Flores dobles |

siembra    floración    buen drenaje    suelo húmedo    suelo mojado

# Bellis

Margarita de prado,
bellorita

*c.*: margalideta, margaridola;
*e.*: bitxilore; *g.*: margarida

**Plantas perennes resistentes que se cultivan como bianuales, los cultivares de *B. perennis*, la margarita común, son plantas enanas que forman rosetas con grandes flores dobles o semidobles de color rosa, rojo o blanco.**

Las hojas tienen forma parecida a una cuchara. Las margaritas se utilizan en esquemas de arriates de primavera, combinadas con otras plantas de parterres de primavera y bulbosas como los tulipanes, los jacintos, los nomeolvides (*Myosotis*) los o alhelíes (*Erysimum*). También son adecuadas para patios y alféizares. Las flores marchitas deben cortarse regularmente. Se multiplican a partir de semillas a principios del verano en el exterior. No les afectan enfermedades ni plagas.

*Bellis perennis* «Tasso Red»

| | PRIMAVERA | VERANO | OTOÑO | INVIERNO | altura (cm) | diámetro (cm) | temp. mín. (°C) | humedad | sol/sombra | colores | |
|---|---|---|---|---|---|---|---|---|---|---|---|
| *Bellis perennis* serie Carpet | ● ● ● | | 🌱 🌱 🌱 | | 15 | 15 | -17° | 💧 | ☀ | ◧ | Flores dobles |
| *B. perennis* «Goliath» | ● ● ● | | 🌱 🌱 🌱 | | 20 | 20 | -17° | 💧 | ☀ | ◧ | Flores dobles |
| *B. perennis* serie Tasso | ● ● ● | | 🌱 🌱 🌱 | | 20 | 20 | -17° | 💧 | ☀ | ◧ | Flores dobles |

# Bergenia

Hortensia de
invierno, bergenia

*c.*: bergènia

**Planta herbácea perenne resistente enana de hoja caduca; presenta grandes y llamativas inflorescencias al final de un grueso tallo formadas por flores con forma de campanilla de color rosa, rojo, magenta o blanco.**

Las hojas grandes de forma redondeada u ovalada, ásperas y brillantes, pueden volverse rojas o moradas en invierno. Son plantas muy apropiadas para la parte frontal de los arriates mixtos, quizá rodeando arbustos y mezcladas con bulbos de invierno y primavera, así como en jardines de bosque. Las bergenias deben disponer de un acolchado permanente de materia orgánica. Se multiplican por esquejes de rizomas en otoño o por división después de la floración. Son vulnerables a la mancha de la hoja, las babosas, los caracoles y las larvas de gorgojo de la vid.

*Bergenia* «Abendglut»

*Bergenia* «Bressingham White»

| | PRIMAVERA | VERANO | OTOÑO | INVIERNO | altura (cm) | diámetro (cm) | temp. mín. (°C) | humedad | sol/sombra | colores | |
|---|---|---|---|---|---|---|---|---|---|---|---|
| *Bergenia* «Abendglut» | ● 🌱 🌱 | | | | 30 | 60 | -17° | 💧💧 | ◐ | ■ | Follaje de invierno rojo o morado |
| *B.* «Bressingham White» | ● 🌱 🌱 | | | | 45 | 60 | -17° | 💧💧 | ◐ | □ | Follaje verde oscuro |
| *B. cordifolia* | ● 🌱 🌱 | | | ● | 60 | 75 | -17° | 💧💧 | ◐ | ▨ | Hojas moteadas en morada (invierno) |
| *B. cordifolia* «Purpurea» | ● 🌱 🌱 | | | ● | 60 | 75 | -17° | 💧💧 | ◐ | ▨ | Hojas moteadas rojo púrpura oscuro (invierno) |
| *B.* «Silberlicht» | ● 🌱 🌱 | | | | 45 | 60 | -17° | 💧💧 | ◐ | □ | Hojas de un verde medio |
| *B.* «Sunningdale» | ● 🌱 🌱 | | | | 45 | 60 | -17° | 💧💧 | ◐ | ▨ | Hojas rojas en invierno |

 *pleno sol*    *semisombra*    *sombra*

# Bidens

Bidens ferulifolia

**Planta herbácea perenne semirresistente de vida corta que se esparce un poco. Se cultiva como anual en los climas con heladas.**

Las flores, de un amarillo intenso con forma de margarita, florecen durante un largo período, y el follaje, de un verde brillante, les aporta el fondo ideal. *Bidens ferulifolia* (Dioses dorados) es excelente para añadir color a una terraza, un alféizar o una cesta colgante. Se multiplica por semillas en primavera a cubierto. No sufre enfermedades ni plagas.

# Brachyscome
### Esplendor púrpura

**La planta anual semirresistente *B. iberidifolia* posee flores con forma de margarita de color azul, púrpura, rosa o blanco en ejemplares tupidos con hojas verde grisáceo divididas elegantemente.**

B. iberidifolia «Bravo»

Resulta excelente para añadir color a la terraza y los alféizares y para arriates mixtos. Se cultiva con otras plantas con forma de margarita como *Osteospermum* (matacabras). En plantas jóvenes deben retirarse las puntas para que crezcan ramas fuertes y tupidas y se consigan más flores. Se multiplican por semillas en primavera a cubierto. Debe prestarse atención a babosas y caracoles.

| | PRIMAVERA | VERANO | OTOÑO | INVIERNO | altura (cm) | diámetro (cm) | temp. mín. (°C) | humedad | sol/sombra | colores | |
|---|---|---|---|---|---|---|---|---|---|---|---|
| *Brachyscome iberidifolia* «Blue Star» | siembra | floración | | | 30 | 30 | 1° | 💧 | ☼ | | Tolera sequía |
| *B. iberidifolia* «Bravo» | siembra | floración | | | 25 | 30 | 1° | 💧 | ☼ | | Flores de distintos colores |
| *B. iberidifolia* serie Splendour | siembra | floración | | | 30 | 30 | 1° | 💧 | ☼ | | Flores de distintos colores |

# Bracteantha
### Flor de paja, inmortal

Bracteantha bracteata

**B. bracteata es una planta anual semirresistente con florescencias en forma de margarita en tallos fuertes y erectos.**

Los cultivares, principalmente los de flores dobles, son de color amarillo, naranja, rosa, rojo y también blanco. Se cultivan en arriates mixtos o en jardines de corte. Hay variedades cultivadas altas. Las flores se pueden utilizar en adornos florales y secarse. Se multiplican por semillas en primavera a cubierto. No suelen sufrir enfermedades.

| | PRIMAVERA | VERANO | OTOÑO | INVIERNO | altura (cm) | diámetro (cm) | temp. mín. (°C) | humedad | sol/sombra | colores | |
|---|---|---|---|---|---|---|---|---|---|---|---|
| *B. bracteata* serie Bright Bikini | siembra | floración | | | 30 | 30 | 1° | 💧 | ☼ | | Flores dobles grandes |
| *B. bracteata* serie Chico | siembra | floración | | | 30 | 30 | 1° | 💧 | ☼ | | Florescencias no pierden color |

 siembra  floración 🜄 buen drenaje 💧 suelo húmedo  suelo mojado

# Calceolaria
Babuchas

**C. integrifolia es una planta perenne semirresistente de hoja perenne que forma pequeñas matas; en general se cultiva como una anual en climas proclives a las heladas. Se suelen cultivar los cultivares de flores con forma de bolsa de color amarillo, naranja o rojo y hojas verdes grisáceas.**

Calceolaria crece bien en macetas y añade color en verano, incluso en macetas colgantes. También se puede usar en esquemas de macizos de verano y combina bien con variedades cultivadas como *Salvia farinacea*. Se multiplica por semilla en primavera a cubierto o por esquejes semimaduros a finales del verano. Es vulnerable a los pulgones, las babosas y los caracoles.

Calceolaria «Kentish Hero»

| | PRIMAVERA | VERANO | OTOÑO | INVIERNO | altura (cm) | diámetro (cm) | temp. mín. (°C) | humedad | sol/sombra | colores | |
|---|---|---|---|---|---|---|---|---|---|---|---|
| Calceolaria integrifolia «Sunshine» | | | | | 30 | 30 | 1° | | | | Florescencias resistentes a la lluvia |
| C. «Kentish Hero» | | | | | 60 | 30 | 1° | | | | Buena variedad cultivada antigua |

# Calendula
Caléndula, maravilla
c.: boixac; e.: ienerrilili

**Planta anual resistente que produce flores dobles o sencillas con forma de margarita durante un largo período de tiempo. Sus colores incluyen el naranja, crema asalmonado, amarillo y crema. Las flores tienen llamativos centros de color más oscuro, normalmente marrón o violáceo.**

Las hojas extremadamente aromáticas suelen tener forma de cuchara. Existen variedades cultivadas enanas y altas. Las caléndulas son una buena elección para arriates de jardines silvestres y arriates mixtos normales, y todas las flores se pueden cortar para usar como adorno. Los acianos azules son buenos compañeros de esta planta. Las flores marchitas deben cortarse para asegurar la floración continuada. Se multiplican por semillas sembradas en primavera y otoño. Son vulnerables a los pulgones y el mildiu polvoriento.

Calendula officinalis «Fiesta Gitana»

| | PRIMAVERA | VERANO | OTOÑO | INVIERNO | altura (cm) | diámetro (cm) | temp. mín. (°C) | humedad | sol/sombra | colores | |
|---|---|---|---|---|---|---|---|---|---|---|---|
| Calendula officinalis «Art Shades» | | | | | 60 | 60 | -17° | | | | Flores dobles |
| C. officinalis «Fiesta Gitana» | | | | | 30 | 30 | -17° | | | | Flores dobles |
| C. officinalis serie Kablouna | | | | | 60 | 45 | -17° | | | | Flores dobles con cresta |
| C. officinalis «Orange King» | | | | | 45 | 30 | -17° | | | | Flores dobles |
| C. officinalis serie Pacific Beauty | | | | | 60 | 45 | -17° | | | | Flores dobles |

 pleno sol  semisombra  sombra

# Callistephus

Reina Margarita,
coronado

*c.*: octubrera

**C. chinensis es una anual semirresistente. Forma plantas tupidas con muchos brotes y produce florescencias de flores sencillas o dobles que recuerdan a los crisantemos.**

*Callistephus chinensis serie Ostrich Plume*

Sus colores incluyen el rosa, el carmesí, el azul-violeta, el púrpura y el blanco. Algunas son enanas y otras altas. Las variedades enanas son adecuadas para grupos de verano o macetas, mientras que las variedades cultivadas quedan mejor agrupadas en arriates mixtos. Las flores se pueden cortar para adornos florales. Se multiplican por semillas a principios de primavera a cubierto. Son vulnerables a los pulgones y al gusano gris, y se ponen mustias debido a varias enfermedades (las plantas afectadas deben arrancarse).

| | PRIMAVERA | VERANO | OTOÑO | INVIERNO | altura (cm) | diámetro (cm) | temp. mín. (°C) | humedad | sol/sombra | colores | |
|---|---|---|---|---|---|---|---|---|---|---|---|
| *C. chinensis* serie Comet | 🌱🌱🌱 | ● ● ● ● | ● | | 25 | 20 | 1° | 💧 | ☀️ | ◼◻ | Grandes flores dobles, pétalos como plumas |
| *C. chinensis* serie Duchess | 🌱🌱🌱 | ● ● ● | ● | | 70 | 30 | 1° | 💧 | ☀️ | ◼◻ | Florescencias curvadas hacia dentro |
| *C. chinensis* serie Milady | 🌱🌱🌱 | ● ● ● ● | ● | | 30 | 25 | 1° | 💧 | ☀️ | ◼◻ | Flores dobles |
| *C. chinensis* serie Ostrich Plume | 🌱🌱🌱 | ● ● ● ● | ● | | 60 | 30 | 1° | 💧 | ☀️ | ◼◻ | Flores dobles como plumas |

# Caltha

Hierba centella,
hierba del rosario

*c.*: flor del mal d'ulls;
*g.*: herba centella

**Caltha palustris es una planta perenne acuática anual de floración temprana. Sus flores de color amarillo intenso o blanco tienen forma de ranúnculo. Crece sobre hojas con forma de riñón de color verde oscuro. La «Flore Pleno» de doble flor es la más popular de las variedades cultivadas.**

*Caltha palustris*

La hierba centella crece bien en aguas poco profundas, en los márgenes de un estanque o en un suelo cenagoso cerca del borde del agua. Esta planta suele cultivarse con otras plantas propias de terrenos encharcados o muy húmedos como el aro de agua (*Lysichiton americanus*). También es apropiada para estanques pequeños creados en macetas grandes impermeables en terrazas, ya que es lo suficientemente

 *siembra*   *floración*   *buen drenaje*   *suelo húmedo*   *suelo mojado*

*Caltha palustris «Flore Pleno»*

pequeña como para no recargar el ambiente.

Se multiplica por división tan pronto como termina la floración. Es vulnerable al mildiu polvoriento. No sufre otras enfermedades.

| | PRIMAVERA | VERANO | OTOÑO | INVIERNO | altura (cm) | diámetro (cm) | temp. mín. (°C) | humedad | sol/sombra | colores | |
|---|---|---|---|---|---|---|---|---|---|---|---|
| *Caltha palustris* | 🌱 ● ● | | | | 38 | 45 | -17° | 💧💧 | ☀ | ▨ | Hojas lobuladas verde oscuro |
| *C. palustris* «Flore Pleno» | 🌱 ● ● | | | | 25 | 25 | -17° | 💧💧 | ☀ | ▨ | Flores dobles |
| *C. palustris* var. *alba* | 🌱 ● ● | | | | 20 | 25 | -17° | 💧💧 | ☀ | ▢ | Flores sencillas |

# Camassia

**Se trata de plantas bulbosas resistentes a las heladas. Las flores suelen tener forma de estrella, son de color azul o blanco y salen de tallos altos. Las hojas erectas, largas y estrechas, son de un color verde intenso.**

Excelente para arriates mixtos, combinadas con arbustos de floración a finales de primavera o principios de verano. También pueden cultivarse en un jardín silvestre o de bosque. Las flores se pueden cortar como adorno. En zonas con inviernos duros las plantas deben disponer de un acolchado permanente de materia orgánica para proteger a los bulbos de las heladas. Se multiplican por retirada de los hijuelos cuando los bulbos están en latencia. No sufren enfermedades ni plagas.

*Camassia leitchlinii subsp. suksdorfii*

| | PRIMAVERA | VERANO | OTOÑO | INVIERNO | altura (cm) | diámetro (cm) | temp. mín. (°C) | humedad | sol/sombra | colores | |
|---|---|---|---|---|---|---|---|---|---|---|---|
| *Camassia cusickii* | ● ● | 🌱 🌱 🌱 | | | 90 | 10 | -4° | 💧💧 | ☀ | ▨ | Evitar terrenos muy húmedos |
| *C. cusickii* «Zwanenburg» | ● ● | 🌱 🌱 🌱 | | | 90 | 10 | -4° | 💧💧 | ☀ | ▨ | Flores azul intenso |
| *C. leitchlinii* subsp. *suksdorfii* | ● ● | 🌱 🌱 🌱 | | | 90 | 10 | -4° | 💧💧 | ☀ | ▨ | Flores de azul a violeta |

# Campanula

Campanillas

*c.*: campaneta; *e.*: ezkila-lore

**Grupo muy amplio; las que se incluyen aquí son vivaces perennes resistentes, si bien *C. medium* es una bianual resistente y *C. portenschlagiana* es de hoja caduca. Su hábito varía, pero la mayoría produce flores con forma de campana durante un largo período de tiempo.**

Algunas especies poseen florescencias con forma de estrella o platillo. Los colores de las flores son principalmente azul, rosa, púrpura y blanco. Las altas, como *C. glomerata*, *C. lactiflora* y *C. persicifolia*, son ideales para arriates mixtos y combinadas con otras

*Campanula carpatica «Karl Foerster»*

perennes y arbustos de floración de verano, incluidos los rosales arbustivos.
Las campanillas enanas, como *C. carpatica*, *C. portenschlagiana* y *C. poscharskyana*, son adecuadas para jardines de rocalla. Las dos últimas resultan bastante vigorosas. La bianual *C. medium* es una planta muy apropiada para los arriates y un ingrediente esencial de los

*Campanula lactiflora «Loddon Anna»*

*Campanula glomerata «Superba»*

arriates de jardines campestres. Sin embargo, ofrecen apoyo para las altas, ya que éstas aguantan el viento fuerte. En primavera, cuando comienzan a florecer, los delgados y flexibles tallos se pueden sujetar con tutores alrededor de los macizos. Las variedades para arriates se deben cortar cuando termina la floración a fin de que aparezcan nuevas floraciones. Se multiplican por división o esquejes basales en primavera. *C. medium* se multiplica por semillas en primavera en un macizo de siembra. Las campanillas son propensas a las babosas, los caracoles y el mildiu polvoriento, mientras que la roya puede afectar a algunas variedades (conviene comprobar la resistencia en la etiqueta).

| | PRIMAVERA | VERANO | OTOÑO | INVIERNO | altura (cm) | diámetro (cm) | temp. mín. (°C) | humedad | sol/sombra | colores | |
|---|---|---|---|---|---|---|---|---|---|---|---|
| *Campanula carpatica «Karl Foerster»* | siembra siembra siembra | ● ● ● | | | 30 | 60 | -17° | ◑◑ | ☀ | | Flores grandes con forma de platillo |
| *C. glomerata «Superba»* | siembra siembra | ● ● ● | | | 60 | 75 | -17° | ◑◑ | ☀ | | Flores con forma de campana |
| *C. lactiflora «Loddon Anna»* | siembra siembra | ● ● ● ● | | | 150 | 60 | -17° | ◑◑ | ☀ | | Flores con forma de campana |
| *C. lactiflora «Pouffe»* | siembra siembra | ● ● ● | | | 25 | 45 | -17° | ◑◑ | ☀ | | Flores con forma de campana |
| *C. medium «Bells of Holland»* | siembra siembra ● | ● | | | 45 | 30 | -17° | ◑◑ | ☀ | | Flores sencillas con forma de campana |
| *C. persicifolia* | siembra siembra | ● ● ● | | | 90 | 30 | -17° | ◑◑ | ◐ | | Flores con forma de cuenco |
| *C. persicifolia «Alba»* | siembra siembra | ● ● ● | | | 90 | 30 | -17° | ◑◑ | ◐ | | Flores con forma de cuenco |
| *C. portenschlagiana* | siembra siembra | ● ● ● | | | 15 | 60 | -17° | ◑◑ | ◐ | | Flores con forma de campana |
| *C. poscharskyana* | siembra siembra | ● ● ● | ◉ ◉ | | 15 | 60 | -17° | ◑◑ | ◐ | | Flores con forma de estrella |
| *C. poscharskyana «Stella»* | siembra siembra siembra | ● ● ● | ◉ ◉ | | 15 | 60 | -17° | ◑◑ | ◐ | | Flores con forma de estrella |

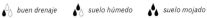

siembra    floración    buen drenaje    suelo húmedo    suelo mojado

# Canna

Cañas de indias, cañacoro

**Esta herbácea perenne semirresistente crece a partir de rizomas gruesos. Tiene hojas largas y anchas de color púrpura, bronce, variegadas o azul verdoso en algunos cultivares, así como flores con forma de lirio, a menudo de colores brillantes como el rojo, el amarillo y el naranja.**

Dan un aspecto tropical a los jardines propensos a las heladas, donde se utilizan como plantas aisladas en macizos de verano y macetas en las terrazas. Deben cortarse en otoño y los rizomas se almacenan en latencia en un sustituto de turba algo húmedo en las regiones propensas a las heladas durante el invierno. Se multiplican por división de los rizomas en primavera, cada uno con una yema de crecimiento, y comienzan a crecer bajo cristal. Son vulnerables a las babosas y los caracoles.

*Canna* «President»

| | PRIMAVERA | VERANO | OTOÑO | INVIERNO | altura (cm) | diámetro (cm) | temp. mín. (°C) | humedad | sol/sombra | colores | |
|---|---|---|---|---|---|---|---|---|---|---|---|
| *Canna indica* «Purpurea» | 🌱🌱🌱 | ●●● | | | 200 | 60 | 1° | 💧 | ☀ | ■ | Follaje púrpura |
| *C.* «Lucifer» | 🌱🌱🌱 | ●●● | | | 60 | 60 | 1° | 💧 | ☀ | ▯ | Follaje verde |
| *C.* «President» | 🌱🌱🌱 | ●●● | | | 120 | 60 | 1° | 💧 | ☀ | ■ | Follaje verdoso |
| *C.* «Striata» | 🌱🌱🌱 | ●●● | | | 150 | 60 | 1° | 💧 | ☀ | ▦ | Hojas variegadas verdes y amarillas |
| *C.* «Wyoming» | 🌱🌱🌱 | ●●● | | | 200 | 60 | 1° | 💧 | ☀ | ▦ | Follaje púrpura |

# Celosia

Celosía

**Las celosías perennes semirresistentes se cultivan como anuales en regiones propensas a las heladas. El grupo Plumosa de *C. argentea* es el más popular, con florescencias en forma de plumero de colores brillantes.**

*Celosia spicata* serie Flamingo

Estas plantas aportan un aire exótico a los esquemas de macizos de verano, terrazas y alféizares. Las flores se cortan para adornos florales. El cóleo (*Solenostemon*) combina bien con ellas. La serie Flamingo de *C. spicata* produce espigas de flores en plantas ramificadas. Es adecuada para arriates mixtos y las flores se pueden cortar y secar. Se multiplican por semillas en primavera a cubierto. Son vulnerables a la podredumbre de raíz y a la mancha de la hoja.

| | PRIMAVERA | VERANO | OTOÑO | INVIERNO | altura (cm) | diámetro (cm) | temp. mín. (°C) | humedad | sol/sombra | colores | |
|---|---|---|---|---|---|---|---|---|---|---|---|
| *C. argentea* serie Kimono (grupo Plumosa) | 🌱🌱🌱 | ●●● | | | 20 | 20 | 1° | 💧 | ☀ | ▦ | Hábito compacto |
| *C. argentea* «Dwarf Geisha» (grupo Plumosa) | 🌱🌱🌱 | ●●● | | | 20 | 20 | 1° | 💧 | ☀ | ▦ | Hábito compacto |
| *C. spicata* serie Flamingo | 🌱🌱🌱 | ●●● | | | 60 | 60 | 1° | 💧 | ☀ | ▦ | Hábito ramificado |

☀ *pleno sol*   ◑ *semisombra*   ● *sombra*

# Centaurea

Centáurea,
tramaladro

**Las plantas descritas aquí son anuales resistentes y vivaces perennes. La centáurea anual (*C. cyanus* y variedades cultivadas) es ideal para arriates de jardines campestres y arriates mixtos más modernos. El color más apreciado es el azul.**

Las flores se cortan para adornos florales. También son adecuadas para arriates mixtos, donde combinan bien con rosales arbustivos, y para arriates con estilo pradera con hierbas ornamentales, la perenne *C. dealbata* «Steenbergii», que forma macizos, y *C. montana,* que forma mantos. Ambas necesitan tutores. Se multiplican en primavera: *C. cyanus* por semillas recolectadas durante la floración, y las perennes por división. Son vulnerables al mildiu polvoriento.

*Centaurea cyanus «Blue Diadem»*

| | PRIMAVERA | VERANO | OTOÑO | INVIERNO | altura (cm) | diámetro (cm) | temp. mín. (°C) | humedad | sol/sombra | colores | |
|---|---|---|---|---|---|---|---|---|---|---|---|
| *Centaurea cyanus* «Blue Diadem» | | | | | 75 | 15 | -17° | | | | Flores extra grandes |
| *C. cyanus* «Polka Dot» | | | | | 45 | 30 | -17° | | | | Hábito tupido |
| *C. dealbata* «Steenbergii» | | | | | 60 | 60 | -17° | | | | Hojas de corte profundo |
| *C. montana* | | | | | 45 | 60 | -17° | | | | Tallos velludos |
| *C. montana* «Alba» | | | | | 45 | 60 | -17° | | | | Tallos velludos |

# Ceratostigma

*Ceratostigma willmottianum*

**Estas vivaces perennes resistentes y arbustos son muy valoradas por sus flores azules de floración tardía. *C. plumbaginoides* es una perenne, leñosa en la base, mientras que *C. willmottianum* es un verdadero arbusto.**

El follaje de ambas variedades cambia de color en otoño. Es ideal para arriates mixtos, combinada con plantas de colores de finales del verano y otoño como los ásters, azucenas de Guernesey, rudbeckias, *Schizostylis*, *Sedum*, *Rhus* y *Berberis*. En primavera, se deben cortar los brotes florecidos de los arbustos justo por encima del crecimiento antiguo. Al mismo tiempo, se han de cortar los nuevos brotes herbáceos marchitos en primavera. Se multiplican por esquejes semimaduros en verano. Son vulnerables al mildiu polvoriento.

| | PRIMAVERA | VERANO | OTOÑO | INVIERNO | altura (cm) | diámetro (cm) | temp. mín. (°C) | humedad | sol/sombra | colores | |
|---|---|---|---|---|---|---|---|---|---|---|---|
| *Ceratostigma plumbaginoides* | | | | | 45 | 30 | -17° | | | | Hojas se vuelven rojas en otoño |
| *C. willmottianum* | | | | | 90 | 140 | -17° | | | | Follaje rojo en otoño |

 siembra     floración     buen drenaje    suelo húmedo     suelo mojado

*Centaurea cyanus «Blue Diadem»*

# Cerinthe

Ceriflor, palomera

**Plantas anuales resistentes a las heladas que se cultivan por sus flores tubulares para conseguir brácteas de un llamativo azul y atractivas hojas de un verde grisáceo.**

*Cerinthe major* «Purpurascens» es adecuada para el frente de un arriate mixto con buen drenaje soleado y para zonas de gravilla; combina bien con la herbácea festuca de color gris azulado y anuales como las caléndulas. Las plantas deben sostenerse con tutores, ya que los tallos son bastante glabros. Las puntas de las plantas jóvenes deben repicarse para conseguir más ramificación. Se multiplican por semillas en primavera a cubierto o en su posición definitiva a finales de primavera. No presentan problemas.

*Cerinthe major* «Purpurascens».

# Chionodoxa

Gloria de las nieves

**Estos bulbos enanos resistentes producen flores azules con el centro blanco en forma de estrella. Su cultivo es muy fácil; son ideales para naturalizar un arriate mixto, plantadas, por ejemplo, alrededor de arbustos que florecen en primavera como la forsitia (*Forsythia*), la grosella (*Ribes*) y el membrillo ornamental (*Chaenomeles*).**

La gloria de las nieves combina bien con las begonias de invierno y con los narcisos amarillos (*Narcissus*). Resulta fácil plantar los bulbos entre las begonias. El género *Chionodoxa* cuenta con los bulbos más pequeños para jardines de roca.

*Chionodoxa forbesii* «Pink Giant»

*Chionodoxa forbesii*

Se multiplican por división de los bulbos mientras están en latencia en verano o a principios de otoño. Las plantas se siembran solas libremente. No sufren enfermedades ni plagas.

| | PRIMAVERA | VERANO | OTOÑO | INVIERNO | altura (cm) | diámetro (cm) | temp. mín. (C) | humedad | sol/sombra | colores | |
|---|---|---|---|---|---|---|---|---|---|---|---|
| *Chionodoxa forbesii* (sin. *C. luciliae*) | ● | | 🌿🌿🌿 | | 10 | 2,5 | -17° | 💧 | ☼ | ▮ | Flores con forma de estrella |
| *C. forbesii* «Pink Giant» | ● | | 🌿🌿🌿 | | 15 | 2,5 | -17° | 💧 | ☼ | ▯ | Flores con forma de estrella |

☼ *pleno sol*   ☼ *semisombra*   ● *sombra*

# Chrysanthemum

## Crisantemo

c.: crisantem; e.: krisantemo;
g.: crisantemo

**Planta anual como *C. carinatum* semirresistente y completamente resistente como *C. coronarium*. Aportan color en verano a los arriates mixtos con sus flores simples en forma de margarita en tallos ramificados. Los crisantemos de floración temprana o de jardín son perennes resistentes o semirresistentes. Estas plantas personifican el otoño con su amplia variedad de colores.**

Los híbridos Rubellum resistentes son especialmente apropiados para arriates mixtos. Los crisantemos de floración temprana Florists, como los Sprays, también se cultivan en arriates, pero normalmente no resultan tan resistentes. Las

*Chrysanthemum «Brown Eyes»*

*Chrysanthemum «Clara Curtis»*

variedades enanas resistentes, en especial los Pompons, son ideales para terrazas y arriates mixtos. En estos últimos, los crisantemos combinan bien con ásters, anémonas de floración en otoño, azucenas de Guernesey, *Schizostylis*

y rudbeckias. Las flores se pueden utilizar en adornos florales.

Repique las plantas jóvenes para fortalecer las ramas. Los brotes laterales también se pueden cortar. Los crisantemos altos necesitan tutores. A mediados o finales de otoño deben cortarse los tallos a unos 15 cm del suelo y colocar las coronas de invierno en bandejas de sustrato para macetas en un invernadero protegido contra las heladas. Los resistentes híbridos Rubellum se pueden dejar en el suelo si el invierno no es muy duro. Se multiplican por esquejes basales en primavera; los híbridos Rubellum también se pueden multiplicar por división en primavera. Las semillas de las plantas anuales deben recolectarse en primavera.

| | PRIMAVERA | VERANO | OTOÑO | INVIERNO | altura (cm) | diámetro (cm) | temp. mín. (°C) | humedad | sol/sombra | colores | |
|---|---|---|---|---|---|---|---|---|---|---|---|
| C. «Brown Eyes» (Florists, Pompon) | 🌱🌱🌱 | | ● ● | | 60 | 60 | -17° | 💧 | ☀ | ▨ | Flores pequeñas dobles |
| C. carinatum «Court Jesters» (Annual) | 🌱🌱🌱 | ● ● ● ● | | | 60 | 30 | 1° | 💧 | ☀ | ▨ | Flores sencillas como margaritas |
| C. «Clara Curtis» (Rubellum) | 🌱🌱🌱 | | ● ● ● | | 75 | 60 | -17° | 💧 | ☀ | ▨ | Masas de flores sencillas |
| C. «Emperor of China» (Rubellum) | 🌱🌱🌱 | | ● ● | | 120 | 60 | -17° | 💧 | ☀ | ▨ | Flores dobles |
| C. «Enbee Wedding» (Florists, Spray) | 🌱🌱🌱 | | ● | | 120 | 75 | -17° | 💧 | ☀ | ▨ | Flores sencillas |
| C. «Nancy Perry» (Rubellum) | 🌱🌱🌱 | | ● ● | | 75 | 60 | -17° | 💧 | ☀ | ▨ | Flores semidobles |
| C. «Pompon Pink» (Florists, Pompon) | 🌱🌱🌱 | | ● ● | | 60 | 60 | -17° | 💧 | ☀ | ▨ | Flores pequeñas dobles |
| C. «Pompon Purple» (Florists, Pompon) | 🌱🌱🌱 | | ● ● | | 60 | 60 | -17° | 💧 | ☀ | ▨ | Flores pequeñas dobles |
| C. «Spartan» cultivars (Florists, Spray) | 🌱🌱🌱 | | ● ● ● | | 90 | 60 | -17° | 💧 | ☀ | ▨ | Flores sencillas y semidobles |
| C. «Yellow Pennine Oriel» (Florists, Spray) | 🌱🌱🌱 | | ● | | 120 | 75 | -17° | 💧 | ☀ | ▨ | Flores con centro anémona |

 siembra    floración    buen drenaje   💧 suelo húmedo    suelo mojado

# Clarkia

**Una anual resistente, *C. unguiculata*, de la serie Royal Bouquet, produce flores dobles como rosetas durante el verano.**

Se cultivan en arriates mixtos con otras anuales como *Gypsophila elegans*. Se pueden incluir en un jardín con flores para cortar, pues soportan bien el invierno. La floración es escasa en suelos ricos. Se multiplican por semilla sembradas en otoño o primavera en las posiciones de floración. Hay que vigilar la podredumbre de pie y raíz.

Un grupo mixto de variedades de *Clarkia*

# Cleome
Planta araña

*C. hassleriana* «Sparkler Lavender»

**Esta planta araña es una anual alta resistente a las heladas. Posee grandes cabezuelas de flores con forma de araña, como su nombre indica, y largos estambres de color rosa, rojo o blanco, y grandes hojas con forma de mano.**

Son muy exóticas, y las flores sirven para arreglos florales. Retire las cabezas marchitas y compruebe que tengan mucha agua cuando el clima es seco. Se multiplican por semillas en primavera a cubierto. Son vulnerables a los pulgones.

| | PRIMAVERA | VERANO | OTOÑO | INVIERNO | altura (cm) | diámetro (cm) | temp. mín. (°C) | humedad | sol/sombra | colores | |
|---|---|---|---|---|---|---|---|---|---|---|---|
| *Cleome hassleriana* «Colour Fountain» | 🌱🌱🌱 | ●●● | | | 120 | 45 | 5° | 💧💧 | ☀ | ◼ | Hojas grandes con forma de mano |
| *C. hassleriana* «Helen Campbell» | 🌱🌱🌱 | ●●● | | | 120 | 45 | 5° | 💧💧 | ☀ | ☐ | Hojas grandes con forma de mano |
| *C. hassleriana* «Sparkler Lavender» | 🌱🌱🌱 | ●●● | | | 90 | 30 | 5° | 💧💧 | ☀ | ◻ | Hábito compacto |

# Colchicum
Quitameriendas,
cólquico

*c.*: còlquic; *e.*: azpedarr;
*g.*: tollemerendas

*Colchicum speciosum*

**Estos cormos resistentes se cultivan en otoño por sus grandes flores parecidas al azafrán. Son de color rosa, púrpura y blanco. Las grandes hojas aparecen en primavera y necesitan mucho espacio para desarrollarse.**

Crecen mejor en torno a arbustos en arriates mixtos o alrededor de árboles de hoja caduca en el césped. Se multiplican por separación de cormos mientras están en latencia en verano. Son vulnerables al moho gris, las babosas y los caracoles.

| | PRIMAVERA | VERANO | OTOÑO | INVIERNO | altura (cm) | diámetro (cm) | temp. mín. (°C) | humedad | sol/sombra | colores | |
|---|---|---|---|---|---|---|---|---|---|---|---|
| *Colchicum autumnale* | | 🌱🌱🌱 | 🌱●● | | 15 | 10 | -17° | 💧💧 | ☀ | | Hábito muy vigoroso |
| *C. speciosum* | | 🌱🌱🌱 | 🌱●● | | 15 | 10 | -17° | 💧💧 | ☀ | | Hábito muy vigoroso |
| *C.* «The Giant» | | 🌱🌱🌱 | 🌱●● | | 20 | 10 | -17° | 💧💧 | ☀ | | Hábito muy vigoroso |
| *C.* «Waterlily» | | 🌱🌱🌱 | 🌱●● | | 15 | 10 | -17° | 💧💧 | ☀ | | Flores dobles |

☀ *pleno sol*   ◐ *semisombra*   ● *sombra*

# Consolida
## Espuela de caballero

*Consolida ajacis*

**Esta anual resistente posee espigas de flores que recuerdan a los delfinios, pero su porte es mucho más esbelto, con atractivas hojas como plumas.**

Es una planta muy empleada en arriates de jardines campestres y también en arriates modernos combinadas con otras plantas anuales tradicionales como los acianos (*Centaurea*) o las arañuelas (*Nigella*).

Las flores son excelente para cortar, en especial las de las variedades cultivadas más altas. Las altas necesitan apoyo de tutores. Para prolongar la floración, deben cortarse las cabezuelas marchitas. Las plantas se cultivan por semillas en primavera, a principios de verano o en otoño, con las semillas ya en posiciones de floración. Son vulnerables al mildiu polvoriento, las babosas y los caracoles.

| | PRIMAVERA | VERANO | OTOÑO | INVIERNO | altura (cm) | diámetro (cm) | temp. mín. (°C) | humedad | sol/sombra | colores | |
|---|---|---|---|---|---|---|---|---|---|---|---|
| *Consolida ajacis* serie Dwarf Hyacinth | 🌱 🌱 🌱 | 🌱 ● ○ | 🌱 🌱 🌱 | | 45 | 30 | -17° | 💧 | ☀ | | Flores dobles de distintos colores |
| *C. ajacis* serie Dwarf Rocket | 🌱 🌱 🌱 | 🌱 ● ○ | 🌱 🌱 🌱 | | 45 | 20 | -17° | 💧 | ☀ | | Flores dobles de distintos colores |
| *C. ajacis* serie Giant Imperial | 🌱 🌱 🌱 | 🌱 ● ○ | 🌱 🌱 🌱 | | 90 | 30 | -17° | 💧 | ☀ | | Flores dobles de distintos colores |

# Convallaria
## Lirio de los valles, muguete

*c.: lliri de maig, muguet;*
*g.: lirio-dos-vales*

*Convallaria majalis*

**Planta herbácea perenne resistente tapizante muy valorada que se esparce vigorosamente a partir de rizomas. Las florecillas con forma de campana desprenden un intenso aroma sobre las hojas ovaladas de un verde alegre.**

Se utiliza para cubrir el suelo en zonas sombrías como debajo o alrededor de arbustos o en un jardín de bosque. Los lirios de los valles deben disponer de un acolchado permanente de materia orgánica como cortezas u hojas compostadas que se aplican durante el otoño. Las flores son ideales para arreglos florales. Se multiplican en otoño sacando los rizomas y replantándolos. Casi no plantean problemas, si bien puede aparecer moho gris.

| | PRIMAVERA | VERANO | OTOÑO | INVIERNO | altura (cm) | diámetro (cm) | temp. mín. (°C) | humedad | sol/sombra | colores | |
|---|---|---|---|---|---|---|---|---|---|---|---|
| *Convallaria majalis* | ● ○ ● | | 🌱 🌱 🌱 | | 20 | 45 | -17° | 💧 | ◐ | | También soporta la sombra |
| *C. majalis* «Albostriata» | ● ○ ● | | 🌱 🌱 🌱 | | 20 | 45 | -17° | 💧 | ◐ | | Hojas rayadas en color crema |
| *C. majalis* «Fortin's Giant» | ● ○ ● | | 🌱 🌱 🌱 | | 30 | 45 | -17° | 💧 | ◐ | | Flores grandes |
| *C. majalis* var. *rosea* | ● ○ ● | | 🌱 🌱 🌱 | | 20 | 45 | -17° | 💧 | ◐ | | También soporta la sombra |

🌱 *siembra*　　● *floración*　　💧 *buen drenaje*　　💧 *suelo húmedo*　　💧 *suelo mojado*

# Convolvulus
## Campanilla

**No se deben confundir con malas hierbas, ya que las campanillas ornamentales son plantas muy hermosas. Todas producen flores con forma de trompeta con un brillo peculiar.**

*Convolvulus sabatius*

*C. sabatius*, una planta perenne resistente a las heladas con tallos trepadores, es apropiada en jardines de rocalla o macetas que se pueden transportar a un invernadero sin calefacción si el invierno es húmedo o frío. La anual resistente *C. tricolor* tiene un hábito algo ancho y va bien como frontal de arriates mixtos. Son plantas apropiadas para suelos poco fértiles. Se multiplican en primavera: *C. sabatius* por división, *C. tricolor* por semillas en su lugar de floración definitivo. No suelen presentar problemas.

| | PRIMAVERA | VERANO | OTOÑO | INVIERNO | altura (cm) | diámetro (cm) | temp. min. (°C) | humedad | sol/sombra | colores | |
|---|---|---|---|---|---|---|---|---|---|---|---|
| Convolvulus sabatius | | | | | 15 | 45 | -4° | | | | Floración muy libre |
| C. tricolor mixed | | | | | 30 | 30 | -17° | | | | Sucesión larga de flores |
| C. tricolor «Royal Ensign» | | | | | 30 | 30 | -17° | | | | Buena para cestas colgantes |

# Coreopsis

**Plantas vivaces perennes resistentes que incluyen *C*. «Goldfink», *C. verticillata* y *C. grandiflora*, si bien los jardineros cultivan la última como anual. *C. tinctoria* es una planta anual realmente resistente y muy útil para rellenar espacios en arriates mixtos.**

Con flores parecidas a las margaritas, son ideales para arriates de pradera, combinadas con hierbas ornamentales. Son apropiadas, también, para arriates mixtos normales junto a plantas puntiagudas como los delfinios. Las flores sirven para arreglos florales. Las variedades altas necesitan tutores. Deben cortarse las cabezuelas marchitas. Las anuales se cultivan por semillas en primavera; las perennes, en invernadero en invierno. Las perennes se multiplican por división en primavera. Son vulnerables a babosas y caracoles.

*Coreopsis verticillata «Moonbeam»*

| | PRIMAVERA | VERANO | OTOÑO | INVIERNO | altura (cm) | diámetro (cm) | temp. min. (°C) | humedad | sol/sombra | colores | |
|---|---|---|---|---|---|---|---|---|---|---|---|
| Coreopsis «Goldfink» | | | | | 25 | 30 | -17° | | | | Enana y compacta |
| C. grandiflora «Early Sunrise» | | | | | 45 | 45 | -17° | | | | Flores semidobles |
| C. tinctoria | | | | | 120 | 45 | -17° | | | | Necesita apoyo |
| C. verticillata | | | | | 60 | 45 | -17° | | | | Follaje como helecho elegante |
| C. verticillata «Grandiflora» | | | | | 60 | 45 | -17° | | | | Follaje como helecho; flores amarillo oscuro |
| C. verticillata «Moonbeam» | | | | | 45 | 45 | -17° | | | | Follaje como helecho; flores amarillo limón |

 pleno sol  semisombra ● sombra

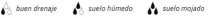

# Cortaderia

Plumeros,
cortaderia, ginerio,
carnizo de la pampa

c.: gineri, herba de la pampa

**Esta planta vivaz perenne se encuentra entre las hierbas ornamentales más grandes, y forma grandes macizos de hojas caducas arqueadas con bordes muy afilados. Los plumeros altos de flores se obtienen durante todo el verano.**

Cortaderia selloana

Los plumeros se solían usar en mitad del césped, pero en la actualidad se incluyen en arriates mixtos, combinados con perennes de flores con forma de margarita y arbustos que destacan por el color de sus hojas, y jardines de gravilla. A principios de primavera, deben recortarse las hojas y los tallos marchitos con cuidado con unos guantes de podar. Se multiplican por división en primavera. No sufren enfermedades ni plagas.

| | PRIMAVERA | VERANO | OTOÑO | INVIERNO | altura (cm) | diámetro (cm) | temp. mín. (°C) | humedad | sol/sombra | colores | |
|---|---|---|---|---|---|---|---|---|---|---|---|
| Cortaderia selloana «Pumila» | siembra siembra siembra | | floración floración floración | | 150 | 120 | -17° | buen drenaje | sol | | Ideal para jardines pequeños |
| C. selloana «Sunningdale Silver» | siembra siembra siembra | | floración floración floración | | 300 | 240 | -17° | suelo mojado | sol | | Flores resistentes a la lluvia |

# Corydalis

Tijerilla

**Planta perenne resistente enana de hábitos y necesidades diversos. *C. flexuosa* es recomendable para zonas con algo de sombra como un jardín de bosque o debajo de grandes arbustos de hoja caduca, mientras que *C. lutea* es ideal para jardines o bancos rocosos a pleno sol, o al frente de arriates mixtos.**

Corydalis solida

Corydalis flexuosa «China Blue»

La primera está en latencia en verano, mientras que la segunda es de hoja perenne, y ambas tienen un atractivo follaje con forma de helecho. Se multiplican por división en otoño y por semillas cuando maduran en un macizo de siembra. *C. lutea* se siembra por sí sola. Sus principales enemigos son las babosas y los caracoles.

| | PRIMAVERA | VERANO | OTOÑO | INVIERNO | altura (cm) | diámetro (cm) | temp. mín. (°C) | humedad | sol/sombra | colores | |
|---|---|---|---|---|---|---|---|---|---|---|---|
| Corydalis flexuosa «China Blue» | floración floración | | siembra siembra siembra | | 30 | 20 | -17° | suelo húmedo | sol/sombra | | Tierra rica en humus |
| C. lutea | floración floración floración floración floración | | siembra siembra | | 38 | 30 | -17° | buen drenaje | sol | | También soporta sombra parcial |
| C. solida | floración floración floración | | siembra siembra siembra | | 25 | 20 | -17° | buen drenaje | sol | | También soporta sombra parcial |

siembra    floración    buen drenaje    suelo húmedo    suelo mojado

*Cosmos atrosanguineus*

# Cosmos
Cosmos

c.: cosmos

**Hay cosmos anuales y perennes. *C. atrosanguineus* es una herbácea perenne tuberosa resistente a las heladas, mientras que *C. bipinnatus* y las variedades cultivadas de *C. sulphureus* son anuales semirresistentes y de interior, respectivamente.**

Todas poseen hojas parecidas al helecho y flores con forma de margarita. Se cultivan en arriates mixtos con hierbas ornamentales y otras plantas con flores con forma de margarita. *C. atrosanguineus* crece bien en terrazas. Deben cortarse las flores marchitas. Las raíces tuberosas de *C. atrosanguineus* deben conservarse en un invernadero en invierno. Se multiplican en primavera; las anuales por semillas en invernadero; *C. atrosanguineus* por esquejes basales. Son vulnerables a pulgones, moho gris, babosas y caracoles.

| | PRIMAVERA | VERANO | OTOÑO | INVIERNO | altura (cm) | diámetro (cm) | temp. mín. (°C) | humedad | sol/sombra | colores | |
|---|---|---|---|---|---|---|---|---|---|---|---|
| *Cosmos atrosanguineus* | | | | | 75 | 45 | -4° | | | | Flores con olor a chocolate |
| *C. bipinnatus* «Sea Shells» | | | | | 90 | 45 | 1° | | | | Pétalos enrollados |
| *C. bipinnatus* serie Sonata | | | | | 30 | 30 | 1° | | | | Buenas para jardines ventosos |
| *C. sulphureus* serie Ladybird | | | | | 30 | 20 | 5° | | | | Flores semidobles |
| *C. sulphureus* «Sunny Orange Red» | | | | | 60 | 30 | 5° | | | | Flores semidobles |

# Crocosmia

**Estas plantas vivaces perennes resistentes crecen a partir de cormos y son muy apreciadas por sus flores de colores brillantes de forma parecida a un embudo. Producen macizos de herbosas hojas erectas con forma de espada.**

Se cultivan en arriates mixtos con otras plantas perennes de floración tardía. Crecen bien en ambientes subtropicales, en especial *C.* «Lucifer», así como entre hierbas ornamentales. Las flores sirven para arreglos florales.

Deben disponer de un acolchado orgánico permanente en zonas con inviernos muy fríos. Algunas deben apoyar sus hojas en tutores para que no caigan al suelo en climas húmedos. Se multiplican por división en primavera. Normalmente no sufren enfermedades.

*Crocosmia «Lucifer»*

| | PRIMAVERA | VERANO | OTOÑO | INVIERNO | altura (cm) | diámetro (cm) | temp. mín. (°C) | humedad | sol/sombra | colores | |
|---|---|---|---|---|---|---|---|---|---|---|---|
| *Crocosmia x crocosmiiflora* | | | | | 60 | 8 | -17° | | | | Puede ser invasiva |
| *C. x crocosmiiflora* «Emily McKenzie» | | | | | 60 | 8 | -17° | | | | Pétalos anchos |
| *C.* «Emberglow» | | | | | 60 | 8 | -4° | | | | Tallos ramificados |
| *C.* «Lucifer» | | | | | 120 | 10 | -4° | | | | Espigas arqueadas |
| *C. masoniorum* | | | | | 120 | 10 | -17° | | | | Espigas arqueadas |

 pleno sol   semisombra  sombra

# Crocus
## Azafrán

**Los azafranes crecen de cormos y todos son de hábito pequeño, y la mayoría resistentes. Las flores son muy parecidas, con independencia de la especie, y tienen forma de copa y se abren mejor a pleno sol. Las hojas suelen aparecer con las flores o después de la floración y se hallan algo cubiertas de hierba. Algunas flores de azafrán florecen en otoño, mientras que otras lo hacen en primavera o invierno.**

Crocus «Jeanne d' Arc»

Todas crecen mejor si se plantan en grupos informales aislados. Se pueden cultivar en el frontal de arriates mixtos y en torno a la base de árboles de hoja caduca, en especial el azafrán holandés de grandes flores como
C. «Jeanne d'Arc» y C. «Pickwick». Los tipos de flor pequeña, como los híbridos C. Chrysanthus, incluido «Blue Pearl» y «E.A. Bowles», son adecuados para jardines de roca. Algunos se pueden utilizar como hierba corta, en especial C. speciosus y C. tommasinianus.
Se multiplican retirando y replantando los cormos mientras la planta madre está en latencia. Algunas especies se siembran por sí solas de forma prolífica, incluida C. speciosus y C. tommasinianus.
Los pájaros pueden picotear las flores amarillas y causarles daños; para protegerlas, extienda hebras de hilo negro grueso sobre las flores.
Los ratones y las ardillas pueden comerse los cormos. La raíz de cormo es otro problema mientras los cormos están almacenados.

Crocus «Cream Beauty»

Crocus tommasinianus

| | PRIMAVERA | VERANO | OTOÑO | INVIERNO | altura (cm) | diámetro (cm) | temp. mín. (°C) | humedad | sol/sombra | colores | |
|---|---|---|---|---|---|---|---|---|---|---|---|
| Crocus «Blue Pearl» (híbrido Chrysanthus) | ● ● ● | | ✂ ✂ ✂ | | 8 | 5 | -17° | 💧 | ☀ | ▮ | Floración temprana |
| C. «Cream Beauty» (híbrido Chrysanthus) | ● ● ● | | ✂ ✂ ✂ | | 8 | 5 | -17° | 💧 | ☀ | ▯ | Floración temprana |
| C. «E. A. Bowles» (híbrido Chrysanthus) | ● ● ● | | ✂ ✂ ✂ | | 8 | 5 | -17° | 💧 | ☀ | ▮ | Floración temprana |
| C. «Jeanne d'Arc» (holandés) | ● ● ● | | ✂ ✂ ✂ | | 10 | 8 | -17° | 💧 | ☀ | □ | Vigorosas y llamativas |
| C. «Ladykiller» (híbrido Chrysanthus) | ● ● ● | | ✂ ✂ ✂ | | 8 | 5 | -17° | 💧 | ☀ | ▮ | Floración temprana |
| C. x luteus «Golden Yellow» (holandés) | ● ● ● | | ✂ ✂ ✂ | | 10 | 8 | -17° | 💧 | ☀ | ▤ | Se puede cultivar en césped |
| C. «Pickwick» (holandés) | ● ● ● | | ✂ ✂ ✂ | | 10 | 8 | -17° | 💧 | ☀ | ▯ | Vigorosas y llamativas |
| C. «Remembrance» (holandés) | ● ● ● | | ✂ ✂ ✂ | | 10 | 8 | -17° | 💧 | ☀ | ▮ | Vigorosas y llamativas |
| C. «Snow Bunting» (híbrido Chrysanthus) | ● ● ● | | ✂ ✂ ✂ | | 8 | 5 | -17° | 💧 | ☀ | ▯ | Floración temprana |
| C. speciosus | | ✂ ✂ ✂ | ● ● ● | | 15 | 5 | -17° | 💧 | ☀ | ▦ | Estilos naranjas brillantes |
| C. tommasinianus | ● ● ● | | ✂ ✂ ✂ | ● | 10 | 2,5 | -17° | 💧 | ☀ | ▦ | Varias variedades cultivadas disponibles |
| C. «Zwanenburg Bronze» (híbrido Chrysanthus) | ● ● ● | | ✂ ✂ ✂ | | 8 | 5 | -17° | 💧 | ☀ | ▮ | Floración temprana |

✂ siembra    ● floración    💧 buen drenaje    💧 suelo húmedo    💧 suelo mojado

# Cuphea
Cúfea
c.: cúfea

**Estos subarbustos de interior suelen cultivarse como anuales. Son plantas prolijas tupidas que producen masas de flores tubulares de colores brillantes durante todo el verano.**

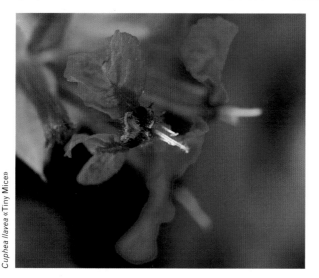

*Cuphea llavea «Tiny Mice»*

Se utilizan en esquemas florales de verano, incluidas presentaciones subtropicales, y en macetas en patios y alféizares; ofrecen un aspecto agradable durante muchos meses. Las cúfeas combinan bien con verbenas púrpura y con muchas otras plantas de macizos de verano. Las plantas se siembran por sí solas en invernaderos en primavera. También se pueden multiplicar en primavera por esquejes a partir de brotes jóvenes. Las cúfeas son vulnerables a los pulgones.

| | PRIMAVERA | VERANO | OTOÑO | INVIERNO | altura (cm) | diámetro (cm) | temp. mín. (°C) | humedad | sol/sombra | colores | |
|---|---|---|---|---|---|---|---|---|---|---|---|
| Cuphea ignea | 🌱🌱🌱 | ●●●● | ●● | | 75 | 90 | 5° | 💧💧 | ☀ | ▮ | Floración muy libre |
| C. llavea «Tiny Mice» | 🌱🌱🌱 | ●●●● | ●● | | 38 | 22 | 1° | 💧💧 | ☀ | ▮ | Arbustos bajos ordenados |

# Cyclamen
Ciclamen
c.: ciclamen

**Planta perenne tuberosa; aquí se ha incluido la especie resistente. Las flores de estas plantas en miniatura tienen pétalos que se enroscan hacia atrás, mientras que las hojas redondeadas o con forma de corazón suelen presentar un dibujo plateado, lo que crea un tapiz muy atractivo.**

Son ideales para los jardines rocosos, de bosque y para plantarlas entre sol y sombra bajo arbustos de hoja caduca. Para conseguir los mejores efectos deben plantarse en grupos. El ciclamen se puede cubrir permanentemente con acolchado de hojas mientras está en latencia. Se multiplica por semillas que se siembran tan pronto como están maduras y germinan en un macizo frío. *C. hederifolium* se siembra por sí sola. Son atacadas por ratones, ardillas y larvas de gorgojo de la vid.

*Cyclamen coum*

| | PRIMAVERA | VERANO | OTOÑO | INVIERNO | altura (cm) | diámetro (cm) | temp. mín. (°C) | humedad | sol/sombra | colores | |
|---|---|---|---|---|---|---|---|---|---|---|---|
| Cyclamen coum | ● | | 🌱🌱🌱 | ● | 8 | 10 | -17° | 💧💧 | ◐ | ▮ | Hojas con posible dibujo plateado |
| C. hederifolium | | 🌱🌱🌱 | ●●● | | 10 | 15 | -17° | 💧💧 | ◐ | ▮ | Flores antes que hojas |

☀ *pleno sol*   ◐ *semisombra*   ● *sombra*

# *Dahlia*
Dalia

**Las dalias son plantas vivaces perennes semirresistentes con raíces tuberosas que se cultivan por sus abundantes y grandes flores en verano y otoño. Las dalias se pueden agrupar en variedades cultivadas para arriates o macizos que se multiplican de forma vegetativa, mientras que las que se cultivan como anuales se multiplican a partir de semillas.**

Las dalias de arriate son altas, y lo ideal es que se utilicen para arriates mixtos, mientras que las variedades cultivadas son más cortas y se emplean en macizos de verano o en macetas en la terraza.

Las flores se clasifican de acuerdo con su forma; por ejemplo, flor de anémona, con flores parecidas a las de esta especie; flor en bola, con grandes flores en forma de bola; flor de cactus, con flores dobles espinosas; flor de collar, con un círculo o anillo interior de pétalos más cortos; decorativas, con flores dobles de pétalos anchos; flores liliput, con pequeñas flores en forma de bola; semicactus, cuyas flores dobles tienen pétalos puntiagudos; flor sencilla, con uno o dos círculos de pétalos; y nenúfar, con flores planas. Hay otro grupo de dalias que no se ajustan a estos grupos. Todas combinan bien con cañas de indias, crisantemos, gladiolos, petunias, salvias y verbenas. Las flores son excelentes para formar ramos. Las puntas de las plantas jóvenes deben

*Dahlia* «Snowstorm»

*Dahlia* «Dahlietta»

🖊 *siembra*  ☀ *floración*  |  💧 *buen drenaje*  💧 *suelo húmedo*  💧 *suelo mojado* cortarse para favorecer la ramificación. Los cultivares altos deben sujetarse con cañas o estacas de madera. Cuando la floración comienza, debe regarse cada semana con un fertilizante rico en potasa. También hay que mantener el suelo húmedo en climas secos. Corte las cabezuelas marchitas.

En otoño, si se ennegrecen por las heladas, retire las dalias de los arriates y los macizos, corte los tallos a 15 cm y guárdelos en un recipiente seco a resguardo de las heladas. La floración comienza a principios de la primavera y se multiplica por esquejes de tallo basal. También se pueden plantar los «tubérculos» en latencia a mediados de la primavera; los macizos grandes se pueden dividir si cada división tiene, al menos, una raíz tuberosa y una base de tallo. Los tipos anuales crecen a principios de primavera a partir de las semillas en invernadero. Son vulnerables a los pulgones, las orugas, las tijeretas, el mildiu polvoriento, el ácaro de araña roja, las babosas, los caracoles, la podredumbre de raíz tuberosa y los virus.

*Dahlia* «Bishop of Llandaff»

*Dahlia* «Stolze von Berlin»

*Dahlia* «Yellow Happiness»

| | PRIMAVERA | VERANO | OTOÑO | INVIERNO | altura (cm) | diámetro (cm) | temp. min. (°C) | humedad | sol/sombra | colores | |
|---|---|---|---|---|---|---|---|---|---|---|---|
| D. «Bishop of Llandaff» (otros) | | | | | 90 | 45 | 1° | | | | Follaje rojo oscuro |
| D. «Claire de Lune» (collar) | | | | | 90 | 60 | 1° | | | | Centro amarillo intenso |
| Híbridos de D. Coltness | | | | | 45 | 45 | 1° | | | | Cultivada como anual, flores sencillas |
| D. «Dahlietta» | | | | | 60 | 60 | 1° | | | | Dalia de cama enana |
| D. «David Howard» (decorativa) | | | | | 75 | 60 | 1° | | | | Flores pequeñas, follaje cobrizo |
| D. «Figaro» | | | | | 38 | 38 | 1° | | | | Cultivada como anual; flores dobles |
| D. «Gerrie Hoek» (nenúfar) | | | | | 120 | 60 | 1° | | | | Floración prolífica |
| D. «Glorie van Heemstede» (nenúfar) | | | | | 120 | 60 | 1° | | | | Floración prolífica |
| D. «Jeanette Carter» (decorativa) | | | | | 110 | 60 | 1° | | | | Flores en miniatura |
| D. «Jescot Julie» (otros) | | | | | 90 | 45 | 1° | | | | Cultivar parecido a orquídeas |
| D. «Moonfire» (otros) | | | | | 60 | 45 | 1° | | | | Follaje púrpura |
| D. «Moor Place» (pompon) | | | | | 110 | 60 | 1° | | | | Flores en miniatura |
| D. «My Love» (semicactus) | | | | | 100 | 60 | 1° | | | | Flores pequeñas |
| D. «Redskin» | | | | | 60 | 60 | 1° | | | | Cultivada como anual, buena para macizos |
| D. «Rigoletto» | | | | | 38 | 30 | 1° | | | | Cultivada como anual, buena para macizos |
| D. «Snowstorm» (decorativa) | | | | | 100 | 60 | 1° | | | | Excelente para cortar |
| D. «Stolze von Berlin» (bola) | | | | | 90 | 60 | 1° | | | | Flores en miniatura |
| D. «Yellow Happiness» (semicactus) | | | | | 90 | 60 | 1° | | | | Buena para cortar |

 pleno sol   semisombra  ● sombra

# Delphinium

Espuela de
caballero,
delfinio

**Los delfinios son, principalmente, plantas vivaces perennes resistentes, si bien algunas se cultivan como anuales resistentes. Se caracterizan por sus espigas de flores y se dividen en varios grupos. El grupo Elatum (que incluye «Blue Nile», «Bruce», el grupo Magic Fountains y «Mighty Atom»), con sus espigas gruesas de flores, es el más popular.**

El grupo Belladonna (como «Casablanca») tiene amplias espigas ramificadas. Las híbrido de Pacific (incluido el grupo Summer Skies) son parecidas a los delfinios Elatum, pero se cultivan como anuales. *D. grandiflorum* también suele cultivarse como anual y tiene cabezuelas abiertas de flores. Las hojas de todos los tipos suelen ser lobuladas. Los delfinios son ideales para arriates mixtos, incluidos arriates de jardines campestres, y combinan bien con muchas otras plantas, por ejemplo las rosas (en particular, los rosales arbustivos), y plantas con cabezuelas, como *Achillea*. Las flores resultan excelentes para

*Delphinium «Casablanca»*

Delphinium «Blue Nile»

arreglos florales. Los delfinios altos necesitan cañas para sostenerse, una caña por tallo. Los cultivares más cortos se pueden sujetar con tutores. Deben regarse cada dos semanas durante la estación del crecimiento y regarse bien con tiempo seco. Las espigas de flores marchitas se deben podar a fin de que los brotes laterales desciendan, y se han de cortar todos los tallos en otoño. Las anuales se cultivan a principios de la primavera a partir de semillas en invernadero. Los cultivares Belladonna y Elatum se multiplican a partir de esquejes de tallo basal en primavera. Son vulnerables a la mancha de la hoja, el mildiu polvoriento, las babosas, los caracoles y el virus mosaico.

*Delphinium «Sunkissed»*

| | PRIMAVERA | VERANO | OTOÑO | INVIERNO | altura (cm) | diámetro (cm) | temp. mín. (°C) | humedad | sol/sombra | colores |
|---|---|---|---|---|---|---|---|---|---|---|
| *Delphinium* «Blue Nile» (grupo Elatum) | 🌱🌱🌱 | floración | | | 150 | 60 | -17° | buen drenaje | sol | Flores semidobles |
| *D.* «Bruce» (grupo Elatum) | 🌱🌱🌱 | floración | | | 180 | 60 | -17° | buen drenaje | sol | Flores semidobles |
| *D.* «Casablanca» (grupo Belladonna) | 🌱🌱🌱 | floración | | | 120 | 45 | -17° | buen drenaje | sol | Espigas ramificadas amplias |
| *D. grandiflorum* «Blue Butterfly» | 🌱🌱🌱 | floración | | | 45 | 30 | -17° | buen drenaje | sol | Espigas ramificadas |
| *D.* grupo Magic Fountains (grupo Elatum) | 🌱🌱🌱 | floración | | | 90 | 60 | -17° | buen drenaje | sol | Espigas de buena calidad |
| *D.* grupo Summer Skies (híbrido de Pacific) | 🌱🌱🌱 | floración | | | 150 | 75 | -17° | buen drenaje | sol | Flores semidobles |
| *D.* «Sunkissed» (grupo Elatum) | 🌱🌱🌱 | floración | | | 150 | 60 | -17° | buen drenaje | sol | Espigas de buena calidad |

 siembra     floración    buen drenaje    suelo húmedo    suelo mojado

# Dianthus
## Clavel

**Grupo abundante de perennes, anuales y bianuales que proporcionan plantas para distintas partes del jardín. Las que se mencionan a continuación son resistentes. Las minutisas o macetillas (*Dianthus barbatus*) son las bianuales más apreciadas y se usan mucho en jardines campestres.**

*Dianthus chinensis «Strawberry Parfait»*

Los claveles que se cultivan como anuales, *D. caryophyllus* y *D. chinensis*, constituyen una buena elección para arriates mixtos o macetas. Respecto al clavel perenne, todos con hoja perenne (a menudo con follaje grisáceo), algunos son alpinos y apropiados para jardines rocosos, por ejemplo, *D. alpinus* y «La Bourboule». Entre los tradicionales se incluyen «Dad's Favourite» y «Mrs Sinkins», muy adecuados en arriates de jardines campestres. Entre los modernos están «Doris», «Haytor White», «Joy» y «Laced Monarch» y los claveles para arriates como «Lavender Clove», mejores para arriates mixtos modernos.

Todos los claveles son apropiados para arriates y combinan bien con las rosas, en especial con los rosales arbustivos, y con arbustos de hoja grisácea o plateada y perennes como el abrótano hembra y las artemisas, respectivamente. También van bien con asperillas olorosas de flor blanca.

Las flores resultan excelentes para arreglos florales y muchas son muy fragantes. Todos los claveles son buenos en terrenos alcalinos. Los altos pueden necesitar un apoyo de tutores. Las flores marchitas deben recortarse con regularidad. Los anuales se cultivan a partir de la semilla a principios de la primavera a cubierto; las minutisas de semillas se cultivan en un semillero en el exterior en primavera o a principios de verano. Se multiplican por esquejes en verano. Son vulnerables a pulgones, mancha de hoja, babosas y caracoles.

| | altura (cm) | diámetro (cm) | temp. mín. (°C) | colores |
|---|---|---|---|---|
| *Dianthus alpinus* (rosa pálido) | 8 | 10 | -17° | Rosa o rojo intenso de vida corta |
| *D. barbatus* «Giant Auricula-eyed» (bienal) | 60 | 30 | -17° | Rosa y rojo bicolor |
| *D. caryophyllus* serie Luminette (anual) | 25 | 15 | -17° | Fragante, también rosa y rojo |
| *D. chinensis* «Fire Carpet» (anual) | 20 | 15 | -17° | Flores sencillas |
| *D. chinensis* «Strawberry Parfait» (anual) | 15 | 15 | -17° | Flores sencillas grandes |
| *D.* «Dad's Favourite» (rosa clásico) | 30 | 30 | -17° | Semidobles fragantes blancas y rojas |
| *D.* «Doris» (rosa moderno) | 30 | 30 | -17° | Flores dobles fragantes |
| *D.* «La Bourboule» (rosa pálido) | 8 | 20 | -17° | Flores sencillas fragantes |
| *D.* «Laced Monarch» (rosa moderno) | 45 | 30 | -17° | Flores dobles también rosa y rojo |
| *D.* «Mrs Sinkins» (rosa clásico) | 30 | 30 | -17° | Dobles flequillo fragantes |

PRIMAVERA · VERANO · OTOÑO · INVIERNO · humedad · sol/sombra

pleno sol  semisombra  sombra

# Diascia

**Planta herbácea perenne resistente a las heladas con un hábito bastante ancho. Produce masas de flores tubulares lobuladas en tallos erguidos durante un largo período de tiempo.**

Diascia «Lilac Belle»

Excelente en el frontal de arriates mixtos, bancos y macetas en patios o ventanas. Las diascias combinan bien con *Alchemilla*, ceriflores, cardos, lavandas y pequeños arbustos o rosales tapizantes. Deben sacarse las flores marchitas para prolongar la floración. Se multiplican por división en primavera o de esquejes semimaduros en el verano. En zonas frías, las plantas jóvenes deben estar en un invernadero de protección al principio del invierno. Son vulnerables a babosas y caracoles.

| | PRIMAVERA | VERANO | OTOÑO | INVIERNO | altura (cm) | diámetro (cm) | temp. mín. (°C) | humedad | sol/sombra | colores | |
|---|---|---|---|---|---|---|---|---|---|---|---|
| *Diascia barberae* «Ruby Field» | ⚘⚘⚘ | ●●● | ●●● | | 25 | 60 | -4° | ◐ | ☼ | ▨ | Floración muy libre |
| *D.* «Coral Belle» | ⚘⚘⚘ | ●●● | ●●● | | 45 | 40 | -4° | ◐ | ☼ | ▨ | Floración muy libre |
| *D.* «Lilac Belle» | ⚘⚘⚘ | ●●● | ●●● | | 45 | 40 | -4° | ◐ | ☼ | ▢ | Floración muy libre |
| *D. rigescens* | ⚘⚘⚘ | ●●● | | | 30 | 45 | -4° | ◐ | ☼ | ▨ | Espigas densas de flores |

# Dicentra

Corazoncillo

*c.:* cor de Maria

**Plantas vivaces perennes resistentes con atractivas hojas divididas con forma de helecho y flores con forma de corazón que cuelgan. Los corazoncillos se encuentran entre las mejores plantas para sombras poco densas de los jardines de bosque, pero también se pueden plantar en condiciones similares en torno a arbustos de hoja caduca en arriates mixtos.**

Dicentra spectabilis «Alba»

Combinan bien con los arbustos que florecen en primavera o a principios del verano, así como con perennes de jardín de bosque y que prefieren la sombra, como las búgulas menores, tijerillas, epimedios y *Hosta*. Deben tener acolchado para asegurar que el suelo retiene la humedad. Se multiplican por división tan pronto como la planta entra en latencia en otoño. Son vulnerables a babosas y caracoles.

Dicentra spectabilis

| | PRIMAVERA | VERANO | OTOÑO | INVIERNO | altura (cm) | diámetro (cm) | temp. mín. (°C) | humedad | sol/sombra | colores | |
|---|---|---|---|---|---|---|---|---|---|---|---|
| *Dicentra* «Bountiful» | ●● | ● | ⚘⚘⚘ | | 30 | 45 | -17° | ◑ | ☼ | ▨ | Hojas pinadas |
| *D. formosa* | ●● | ● | ⚘⚘⚘ | | 45 | 60 | -17° | ◑ | ☼ | ▨ | Siembra prolífica por sí sola |
| *D. spectabilis* | ●● | ● | ⚘⚘⚘ | | 90 | 45 | -17° | ◑ | ☼ | ▢ | Tallos de flores arqueados |
| *D. spectabilis* «Alba» | ●●● | ●●● | ⚘⚘⚘ | | 90 | 45 | -17° | ◑ | ☼ | ▢ | Hábito vigoroso |

  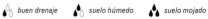

⚘ siembra　　● floración　　｜　　◐ buen drenaje　　◑ suelo húmedo　　● suelo mojado

# *Digitalis*

## Dedalera, digital

*c.*: digital; *e.*: kukuprraka;
*g.*: dedaleira

**Estas plantas se cultivan como bianuales resistentes, si bien algunas viven algo más. La digital se distingue por sus espigas de largas flores en forma de campana. Es una planta de jardín de bosque, por lo que se encuentra cómoda en la sombra de estos jardines.**

Como alternativa, la digital se puede cultivar en condiciones similares a un arbusto o arriate mixto, entre grandes arbustos de hoja caduca, donde causará un efecto impactante. Las flores marchitas deben retirarse para evitar que se siembren por sí solas. Se multiplican por semilla en macetas en una cajonera fría a finales de primavera. Son vulnerables a la mancha de la hoja y el mildiu polvoriento.

*Digitalis purpurea* híbrido de Excelsior

| | PRIMAVERA | VERANO | OTOÑO | INVIERNO | altura (cm) | diámetro (cm) | temp. mín. (°C) | humedad | sol/sombra | colores | |
|---|---|---|---|---|---|---|---|---|---|---|---|
| Digitalis grandiflora | 🌱🌱🌱 | ● | 🌱🌱🌱 | | 90 | 45 | -17° | ▲▲ | semisombra | | Hojas brillantes |
| D. lutea | 🌱🌱🌱 | ● | 🌱🌱🌱 | | 60 | 30 | -17° | ▲▲ | semisombra | | Hojas brillantes verde oscuro |
| D. x mertonensis | 🌱🌱●● | ● | 🌱🌱🌱 | | 90 | 30 | -17° | ▲▲ | semisombra | | Hojas brillantes verde oscuro |
| D. purpurea | 🌱🌱🌱 | ● | 🌱🌱🌱 | | 150 | 60 | -17° | ▲▲ | semisombra | | Se siembra sola libremente |
| D. purpurea híbrido de Excelsior | 🌱🌱🌱 | ● | 🌱🌱🌱 | | 150 | 60 | -17° | ▲▲ | semisombra | | Flores miran hacia afuera |
| D. purpurea híbrido de Foxy | 🌱🌱🌱 | ● | 🌱🌱🌱 | | 90 | 60 | -17° | ▲▲ | semisombra | | Flores con manchas llamativas |

# *Dimorphotheca*

## Dimorfoteca

**Esta planta anual semirresistente es una planta tupida de crecimiento lento. Produce flores con forma de margarita que necesitan del sol directo para seguir abiertas.**

Con un largo período de floración, es ideal para patios, alféizares y esquemas florales de verano. Combina bien con otras plantas de flores con forma de margarita como las margaritas, esplendores púrpura, *Gazania* y matacabras, y con ceriflores y abanicos. Deben retirarse las flores marchitas con regularidad. Las plantas se cultivan en invernadero a partir de semillas a principios de primavera. También se pueden cultivar en posiciones de floración a mediados o finales de primavera. Son vulnerables al moho gris en la flores.

*Dimorphotheca sinuata*

| | PRIMAVERA | VERANO | OTOÑO | INVIERNO | altura (cm) | diámetro (cm) | temp. mín. (°C) | humedad | sol/sombra | colores | |
|---|---|---|---|---|---|---|---|---|---|---|---|
| D. pluvialis «Glistening White» | 🌱🌱🌱 | ●●● | | | 38 | 30 | 1° | ▲▲ | pleno sol | | Follaje verde oscuro aromático |
| D. sinuata (sin. D. aurantiaca) | 🌱🌱🌱 | ●●● | | | 30 | 30 | 1° | ▲▲ | pleno sol | | Follaje verde medio aromático |

 *pleno sol*    *semisombra*   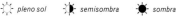 *sombra*

# Doronicum

*Doronicum orientale «Magnificum»*

**Planta herbácea perenne resistente apreciada por sus tempranos colores. Posee flores con forma de margarita de un alegre color amarillo sobre hojas con forma de corazón.**

Básicamente, es una planta para arriates mixtos, pero también para zonas de semisombra en jardines de bosque, y combina muy bien con plantas perennes con flores azules como pulmonaria y *Corydalis*, y con bianuales como nomeolvides (*Myosotis*). Otras buenas compañeras son los corazoncillos, así como los arbustos que florecen en primavera, como kerrias amarillas y varias *Spiraea* de flor blanca. Se multiplican por división en otoño, preferentemente a principios de la estación. Son vulnerables a la mancha de la hoja y al mildiu polvoriento. Los suelos demasiado húmedos hacen que sus raíces se pudran.

| | PRIMAVERA | VERANO | OTOÑO | INVIERNO | altura (cm) | diámetro (cm) | temp. mín. (°C) | humedad | sol/sombra | colores | |
|---|---|---|---|---|---|---|---|---|---|---|---|
| *Doronicum x excelsum «Harpur Crewe»* | ● ● ● | | ✎ ✎ ✎ | | 60 | 60 | -17° | ◗◗ | ☀ | ▣ | Flores sencillas |
| *D. «Frühlingspracht» (sin. «Spring Beauty»)* | ● ● ● | | ✎ ✎ ✎ | | 38 | 60 | -17° | ◗◗ | ☀ | ▢ | Flores dobles |
| *D. «Miss Mason»* | ● ● ● | | ✎ ✎ ✎ | | 45 | 60 | -17° | ◗◗ | ☀ | ▢ | Flores sencillas |
| *D. orientale «Magnificum»* | ● ● ● | | ✎ ✎ ✎ | | 45 | 60 | -17° | ◗◗ | ☀ | ▢ | Flores sencillas grandes |

# Dorotheanthus

**Planta anual semirresistente tapizante con hojas y tallos suculentos. Está cubierta por flores con forma de margarita brillantes y se cultiva con facilidad.**

*Dorotheanthus bellidiformis «Lunette»*

El único inconveniente de esta planta es que las flores sólo se abren a pleno sol y el resto del tiempo permanecen cerradas. Se usan en los frontales de arriates mixtos, en las grietas del pavimento, en bancos soleados o en macetas en el patio, como cuencos poco profundos. *Dorotheanthus* es ideal para suelos pobres. Las flores marchitas deben retirase con regularidad. Esta planta crece a partir de semillas sembradas en primavera a cubierto. Son vulnerables a pulgones, podredumbre de pie, babosas y caracoles.

| | PRIMAVERA | VERANO | OTOÑO | INVIERNO | altura (cm) | diámetro (cm) | temp. mín. (°C) | humedad | sol/sombra | colores | |
|---|---|---|---|---|---|---|---|---|---|---|---|
| *D. bellidiformis «Lunette» (sin. «Yellow Ice»)* | ✎ ✎ ✎ | ● ● ● | | | 10 | 30 | 1° | ◗◗ | ☀ | ▢ | Florece libremente |
| *D. bellidiformis «Magic Carpet»* | ✎ ✎ ✎ | ● ● ● | | | 10 | 30 | 1° | ◗◗ | ☀ | ◧ | Florece libremente |

 siembra    floración    buen drenaje   suelo húmedo   suelo mojado

# Echinacea
Equinácea

**Planta herbácea perenne resistente alta y erguida; posee grandes flores con forma de margarita con un centro en forma de cono de color marrón llamativo y tallos rojizos.**

Es una planta ideal para los arriates modernos de estilo pradera. Combina bien con hierbas ornamentales, ásters, *Helium* tardío, girasoles, bergamotas, rudbeckias y varas de oro (*Solidago*). También van bien con arbustos conocidos por el color de sus hojas en otoño como rhus (*Zumaque*). Cuando la floración ha terminado, deben recortarse los tallos para que salgan más flores. Se multiplican por división en primavera o por esquejes de raíz en invierno. No sufren enfermedades ni plagas.

Echinacea purpurea «White Swan»

| | PRIMAVERA | VERANO | OTOÑO | INVIERNO | altura (cm) | diámetro (cm) | temp. mín. (°C) | humedad | sol/sombra | colores | |
|---|---|---|---|---|---|---|---|---|---|---|---|
| *Echinacea purpurea* | | | | | 150 | 60 | -17° | | | | Follaje velludo áspero |
| *E. purpurea «Magnus»* | | | | | 150 | 60 | -17° | | | | Flores grandes |
| *E. purpurea «White Swan»* | | | | | 60 | 60 | -17° | | | | Flores grandes |

# Echinops
Cardo yesquero

*c.:* parical blau

Echinops ritro

**Planta herbácea perenne resistente muy valorada por sus características cabezuelas de flores en forma de bola. El follaje espinoso verde grisáceo suele estar recortado profundamente y le añade atractivo.**

Excelente para arriates mixtos, pues combina bien con arbustos de todo tipo, perennes como las del género *Achillea* de cabeza plana y con hierbas ornamentales, incluidas variedades de *Miscanthus*. *Echinops* también es adecuado para los lugares más naturales del jardín y crece en suelos poco fértiles. Las flores se pueden secar para preparar arreglos florales de invierno. Deben retirarse las cabezuelas marchitas. Se multiplica por división en primavera y por esquejes de raíz durante el invierno. Es vulnerable a los pulgones.

| | PRIMAVERA | VERANO | OTOÑO | INVIERNO | altura (cm) | diámetro (cm) | temp. mín. (°C) | humedad | sol/sombra | colores | |
|---|---|---|---|---|---|---|---|---|---|---|---|
| *Echinops bannaticus «Blue Globe»* | | | | | 90 | 60 | -17° | | | | Grandes cabezuelas |
| *E. bannaticus «Taplow Blue»* | | | | | 150 | 60 | -17° | | | | Una de las variedades más altas |
| *E. ritro* | | | | | 60 | 60 | -17° | | | | Cabezuelas jóvenes de azul acero |
| *E. ritro «Veitch's Blue»* | | | | | 90 | 60 | -17° | | | | Floración recurrente |

 *pleno sol*    *semisombra*    *sombra*

E

Flores

# *Echium*
## Viborera

**Especie bianual resistente de hábito ramificado, con espigas de flores con forma de cuenco rodeadas de un llamativo cáliz verde. El azul es su color más popular, pero hay cultivares en otros colores.**

*Echium vulgare* «Blue Bedder»

Muy adecuada para rellenar huecos de arriates mixtos, combina bien con muchas flores anuales o perennes, incluidas las amapolas (*Papaver*). También se puede utilizar en macetas en patios y alféizares. Se cultiva a partir de la semilla sembrada en invernadero a principios del verano; se ponen las plantas jóvenes en invernaderos protegidos contra las heladas y se planta en primavera. Son vulnerables a babosas y caracoles.

| | PRIMAVERA | VERANO | OTOÑO | INVIERNO | altura (cm) | diámetro (cm) | temp. mín. (°C) | humedad | sol/sombra | colores | |
|---|---|---|---|---|---|---|---|---|---|---|---|
| *Echium vulgare* «Blue Bedder» | 🌱🌱🌱 🌱 | ☀ | | | 45 | 30 | -17° | 💧 | ☼ | ▢ | Hojas hirsutas |
| *E. vulgare* híbrido de Dwarf | 🌱🌱🌱 🌱 | ☀ | | | 45 | 30 | -17° | 💧 | ☼ | ▦ | Hojas hirsutas |

# *Epimedium*
## Epimedio

**Planta herbácea resistente o perenne de hoja caduca de hábito enano que se extiende con vigor por rizomas. Las hojas con forma de corazón pueden cambiar de color en otoño en algunas especies, mientras que el follaje suele enrojecerse en un tono cobrizo.**

Grupos de pequeñas flores con forma de cuenco o taza y de distintos colores aparecen entre las hojas. El epimedio es excelente como planta cobertora en jardines de bosque, bajo árboles de hoja caduca o en torno a grandes arbustos de hoja caduca en arriates mixtos. Es aconsejable que disponga de acolchado orgánico permanente en zonas con inviernos duros. Se deben recortar las hojas antiguas de las especies vivaces a finales de invierno. Se multiplican por separación de las matas de rizomas en otoño, o se toman esquejes de rizoma en invierno. Es vulnerable al mildiu polvoriento.

| | PRIMAVERA | VERANO | OTOÑO | INVIERNO | altura (cm) | diámetro (cm) | temp. mín. (°C) | humedad | sol/sombra | colores | |
|---|---|---|---|---|---|---|---|---|---|---|---|
| *Epimedium grandiflorum* | ● ● ● | | 🌱 🌱 🌱 | | 30 | 30 | -17° | 💧💧 | ☼ | ▦ | Herbácea |
| *E. grandiflorum* «Snow Queen» | ● ● ● | | 🌱 🌱 🌱 | | 30 | 30 | -17° | 💧💧 | ☼ | ▢ | Herbácea |
| *E. x rubrum* | ● ● ● | | 🌱 🌱 🌱 | | 30 | 30 | -17° | 💧💧 | ☼ | ▦ | Herbácea |
| *E. x versicolor* «Sulphureum» | ● ● ● | | 🌱 🌱 | | 30 | 90 | -17° | 💧💧 | ☼ | ▦ | De hoja caduca |
| *E. x youngianum* «Niveum» | ● ● ● | | 🌱 🌱 🌱 | | 30 | 30 | -17° | 💧💧 | ☼ | ▢ | Herbácea |

🌱 *siembra*    ✺ *floración*  |  💧 *buen drenaje*   💧 *suelo húmedo*   💧 *suelo mojado*

# Eranthis
## Acónito de invierno

**Planta herbácea perenne resistente enana que se obtiene de raíces tuberosas. Es muy apreciada por sus tempranas flores amarillas.**

*Eranthis hyemalis* debe plantarse en grandes grupos debajo o en torno a un arbusto o árbol de hoja caduca con bulbos de primavera y verano, como las campanillas de invierno (*Galanthus*). Va bien como césped. Es buena para suelos alcalinos. Se multiplica por separación de macizos en primavera. Es propensa a sufrir daños por babosas.

*Eranthis hyemalis*

# Erigeron
## Vitadinia

*Erigeron karvinskianus*

**Planta herbácea perenne resistente con llamativas flores en forma de margarita de varios colores. Es ideal para el frontal de arriates mixtos. Las flores se pueden cortar para arreglos florales y deben retirarse con regularidad si se marchitan.**

Se propaga por división en primavera. La división cada dos años mantiene la planta joven y vigorosa. De forma alternativa propague a partir de esquejes en primavera. Vigile el mildiu, los caracoles y las babosas.

| | PRIMAVERA | VERANO | OTOÑO | INVIERNO | altura (cm) | diámetro (cm) | temp. mín. (°C) | humedad | sol/sombra | colores | |
|---|---|---|---|---|---|---|---|---|---|---|---|
| Erigeron «Charity» | 🌱🌱🌱 | ●●●● | | | 60 | 45 | -17° | 💧💧 | ☼ | ▨ | Evite que la tierra se seque |
| E. «Dignity» | 🌱🌱🌱 | ●●●● | | | 45 | 45 | -17° | 💧💧 | ☼ | ▨ | Evite que la tierra se seque |
| E. «Dunkelste Aller» (sin. «Darkest of All») | 🌱🌱🌱 | ●●●● | | | 60 | 45 | -17° | 💧💧 | ☼ | ▨ | Evite que la tierra se seque |
| E. karvinskianus | 🌱🌱🌱 | ●●●● | | | 30 | 90 | -17° | 💧💧 | ☼ | ☐ | Buena para las grietas del pavimento |

# Eryngium
## Cardo

*c.*: parical; *e.*: armika;
*g.*: cardo-rolador

**Esta planta perenne herbácea o de hoja caduca de hábito distintivo posee varias atractivas formas de follaje espinoso, igual que las cabezuelas ramificadas de flores de forma característica.**

Se cultiva en arriates mixtos o en zonas de gravilla con hierbas ornamentales y ejemplares de *Achillea*. Las flores se pueden cortar. Se multiplica por esquejes de raíz en invierno. Es vulnerable a la podredumbre negra de raíz, al mildiu polvoriento, a babosas y caracoles.

*Eryngium proliferum*

| | PRIMAVERA | VERANO | OTOÑO | INVIERNO | altura (cm) | diámetro (cm) | temp. mín. (°C) | humedad | sol/sombra | colores | |
|---|---|---|---|---|---|---|---|---|---|---|---|
| Eryngium alpinum | 🌱🌱🌱 | ●●● ● | | | 75 | 45 | -17° | 💧💧 | ☼ | ▨ | Brácteas de llamativas flores espinosas |
| E. giganteum | 🌱🌱🌱 | ●●●●● | | | 90 | 30 | -17° | 💧💧 | ☼ | ☐ | Brácteas de flores espinosas grises |
| E. planum | 🌱🌱🌱 | ●●● ● | | | 90 | 45 | -17° | 💧💧 | ☼ | ☐ | Brácteas de flores espinosas azuladas |
| E. tripartitum | 🌱🌱🌱 | ●●● ● | | | 90 | 45 | -17° | 💧💧 | ☼ | ▨ | Brácteas de flores azuladas |

# Erysimum

## Alhelí

*c.*: erísim; *e.*: ahuntz-praka;
*g.*: alelí

**Los cultivares de *E. x allionii* y *E. cheiri* son plantas perennes de hoja caduca resistentes enanas que se cultivan como bianuales. Florecen libremente y se encuentran en muchos colores pastel y fuertes. El alhelí se usa de forma tradicional en esquemas de macizo de primavera combinado con tulipanes y nomeolvides (*Myosotis*).**

Esta planta también es útil para rellenar huecos en arriates mixtos y es un ingrediente esencial de los arriates de jardines campestres. Los tipos compactos enanos son adecuados para macetas en patios y alféizares. Resultan perfectos para

*Erysimum cheiri* serie Fair Lady

*Erysimum* «Apricot Twist»

a finales de primavera o principios de verano. Las plántulas se trasplantan a un vivero. Las plantas jóvenes se plantan en posiciones de florecimiento en otoño. Debe vigilarse la mancha de la hoja, el mildiu polvoriento, las babosas, los caracoles y el virus mosaico. El alhelí también es propenso a enfermedades de raíz de la familia de la calabaza, que hace que las raíces se hinchen y detiene el crecimiento. Las plantas afectadas deben retirarse. Hay más probabilidades de que esto ocurra en suelos ácidos.

*E. cheiri* «Harlequin»

suelos alcalinos, pero deben evitarse las condiciones muy húmedas, pues se pueden pudrir las raíces. Se cultivan a partir de las semillas sembradas en el exterior en semilleros

| | PRIMAVERA | VERANO | OTOÑO | INVIERNO | altura (cm) | diámetro (cm) | temp. mín. (°C) | humedad | sol/sombra | colores | |
|---|---|---|---|---|---|---|---|---|---|---|---|
| *Erysimum x allionii* | | | | | 60 | 30 | -17° | | | | Flores fragantes |
| *E.* «Apricot Twist» | | | | | 60 | 60 | -17° | | | | Perenne de corta vida |
| *E. cheiri* serie Bedder | | | | | 30 | 30 | -17° | | | | Flores fragantes |
| *E. cheiri* «Blood Red» | | | | | 45 | 45 | -17° | | | | Flores fragantes |
| *E. cheiri* «Cloth of Gold» | | | | | 45 | 45 | -17° | | | | Flores fragantes |
| *E. cheiri* serie Fair Lady | | | | | 45 | 45 | -17° | | | | Flores fragantes |
| *E. cheiri* «Harlequin» | | | | | 30 | 30 | -17° | | | | Flores fragantes |
| *E. cheiri* «Persian Carpet» | | | | | 38 | 30 | -17° | | | | Flores fragantes |
| *E. cheiri* Prince Series | | | | | 20 | 20 | -17° | | | | Floración muy libre |

 siembra     floración     buen drenaje     suelo húmedo    suelo mojado

# Erythronium
## Diente de perro

**Planta bulbosa resistente enana que produce flores con forma parecida a la de los lirios orientadas hacia abajo y pétalos hacia arriba. Sus hojas largas y anchas resultan muy atractivas y en algunas especies el follaje es un impactante color bronce marmolado.**

Debido a que a estos bulbos les gusta la semisombra, crecen bien en jardines de bosque o debajo de arbustos de hoja caduca o de árboles en un arriate mixto. *E. dens-canis* (diente de perro) se puede utilizar como césped siempre que no se deje crecer demasiado ni muy denso. Se multiplica por división de mata en verano y otoño mientras está en latencia. Presenta pocos problemas, pero hay que tener cuidado con babosas y caracoles.

*Erythronium californicum «White Beauty»*

| | PRIMAVERA | VERANO | OTOÑO | INVIERNO | altura (cm) | diámetro (cm) | temp. mín. (°C) | humedad | sol/sombra | colores | |
|---|---|---|---|---|---|---|---|---|---|---|---|
| Erythronium dens-canis | ● ● ● | | ⚘ ⚘ ⚘ | | 15 | 10 | -17° | 💧💧 | ◐ | ▧ | Hojas con marcas púrpura |
| E. californicum «White Beauty» | ● ● ● | | ⚘ ⚘ ⚘ | | 30 | 10 | -17° | 💧💧 | ◐ | ▢ | Flores color crema, marcas naranjas oscuras |

# Eschscholzia
## Escolzia, amapola de California
*c.*: rosella de Califòrnia

Híbridos de *Eschscholzia californica*

**Esta planta anual resistente tiene flores de colores brillantes con forma de cuenco y un follaje con forma de helecho de color verde claro o grisáceo. Las flores sólo se abren cuando reciben la luz directa del sol. Esta fina planta enana se puede utilizar para cubrir huecos en un arriate mixto o en las zonas con gravilla y en jardines rocosos.**

Sus flores combinan bien con pequeñas hierbas ornamentales, ejemplares de *Brachyscome*, *Cerinthe* y *Felicia*. Son muy adecuadas en suelos secos poco fértiles. Se multiplican por semillas sembradas en posiciones definitivas en primavera o principios de otoño. Deben hacerse varias siembras en distintas semanas para que duren más tiempo. Son vulnerables a babosas y caracoles.

| | PRIMAVERA | VERANO | OTOÑO | INVIERNO | altura (cm) | diámetro (cm) | temp. mín. (°C) | humedad | sol/sombra | colores | |
|---|---|---|---|---|---|---|---|---|---|---|---|
| Eschscholzia caespitosa «Sundew» | ⚘ ⚘ ⚘ | ● ● ● | ⚘ ⚘ ⚘ | | 15 | 15 | -17° | 💧 | ☀ | ▢ | Follaje como helecho fino |
| E. californica | ⚘ ⚘ ⚘ | ● ● ● | ⚘ ⚘ ⚘ | | 30 | 15 | -17° | 💧 | ☀ | ▨ | Follaje con forma de helecho |
| E. californica «Monarch Art Shades» | ⚘ ⚘ ⚘ | ● ● ● | ⚘ ⚘ ⚘ | | 30 | 15 | -17° | 💧 | ☀ | ▦ | Flores dobles |
| E. californica serie Thai Silk | ⚘ ⚘ ⚘ | ● ● ● | ⚘ ⚘ ⚘ | | 20 | 15 | -17° | 💧 | ☀ | ▦ | Flores sencillas o semidobles |

☼ *pleno sol*  ☀ *semisombra*  ● *sombra*

# Euphorbia

Euforbia, ésula, lechetrezna

c: lleteresa, lleteresa vesquera; e.: aunt-kurrumiga

**Existen muchas plantas vivaces perennes o de hoja perenne resistentes, si bien _E. characias_ y _E. mellifera_ son plantas arbustivas resistentes de hoja perenne. Todas las euforbias son plantas de un gran carácter; los ejemplares más grandes marcan la diferencia en muchos jardines y se pueden utilizar como especímenes aislados.**

Las euforbias producen grandes cabezuelas, pero son las brácteas de color que rodean las llamativas flores las que aportan color a la planta. Las mayoría se puede utilizar en bordes mixtos. Por ejemplo, _E. amygdaloides_ combina bien con el género Carex y juncias. _E. dulcis_ se puede combinan con cebollino francés, geranios y tulipanes tardíos. _E._ x _martinii_ presenta un aspecto excelente con arbustos de hoja verde y hierbas glaucas enanas. La anual resistente _E. marginata_ se podría incluir en un esquema de color verde y blanco. _E. characias_ es excelente como espécimen y se puede cultivar

_Euphorbia amygdaloides var. robbiae_

_Euphorbia mellifera_

_Euphorbia characias_

en macetones. _E. polychroma_ combina bien con perennes de floración temprana como ejemplares de _Doronicum_ y pulmonarias. La postrada _E. myrsinites_ es adecuada para un jardín rocoso, agrupada con _Aubrieta_ y _Aurinia_. Las perennes se multiplican por división o por esquejes del tallo basal en primavera. Los tipos arbustivos se multiplican por esquejes de punta de tallo en primavera o verano. Las anuales se cultivan a partir de las semillas sembradas en posiciones de floración durante la primavera. Son vulnerables a pulgones, moho gris y, algunas especies, a roya.

| | PRIMAVERA | VERANO | OTOÑO | INVIERNO | altura (cm) | diámetro (cm) | temp. min. (°C) | humedad | sol/sombra | colores | |
|---|---|---|---|---|---|---|---|---|---|---|---|
| Euphorbia amygdaloides var. robbiae | | | | | 75 | 30 | -17° | | | | Hoja perenne, se extiende vigorosa |
| E. characias | | | | | 120 | 120 | -4° | | | | Tallos bianuales, hoja perenne |
| E. characias subsp. wulfenii | | | | | 120 | 120 | -4° | | | | Tallos bianuales, hoja perenne |
| E. dulcis «Chameleon» | | | | | 30 | 30 | -17° | | | | Follaje púrpura, herbácea |
| E. marginata (anual) | | | | | 90 | 30 | -17° | | | | Hojas variegadas o blancas |
| E. x martinii | | | | | 90 | 90 | -17° | | | | Hoja perenne, hojas jóvenes púrpuras |
| E. mellifera | | | | | 180 | 240 | -4° | | | | Flores fragantes, hoja perenne |
| E. myrsinites | | | | | 10 | 30 | -17° | | | | Follaje gris hoja perenne |
| E. polychroma | | | | | 38 | 60 | -17° | | | | Herbácea |

 siembra   floración   buen drenaje  suelo húmedo   suelo mojado

_Euphorbia amygdaloides var. robbiae_

# Felicia

Áster
de África

Felicia amelloides «Santa Anita»

La anual semirresistente y el subarbusto sensible que se cultiva como anual, **F. amelloides, son plantas cobertoras y tupidas, respectivamente. Producen masas de flores con forma de margarita de color azul u otros colores.**

Estas plantas son muy populares para grupos de verano y macetas en combinación con otras plantas de macizos con forma de margarita como las gazanias. La anual se multiplica por semillas en primavera a cubierto y los subarbustos por esquejes semimaduros a finales de verano. No sufren enfermedades.

| | PRIMAVERA | VERANO | OTOÑO | INVIERNO | altura (cm) | diámetro (cm) | temp. mín. (°C) | humedad | sol/sombra | colores | |
|---|---|---|---|---|---|---|---|---|---|---|---|
| Felicia amelloides | 🖐🖐🖐 | ●●● | ●● | | 30 | 30 | 5° | ◌ | ☼ | ■ | Tolera suelos pobres |
| F. amelloides «Santa Anita» | 🖐🖐🖐 | ●●● | ●● | | 30 | 30 | 5° | ◌ | ☼ | ■ | Flores extra grandes |
| F. amelloides variegada | 🖐🖐🖐 | ●●● | ●● | | 30 | 30 | 5° | ◌ | ☼ | ■ | Follaje blanco-variegado |
| F. bergeriana | 🖐🖐🖐 | ●●● | | | 30 | 30 | 1° | ◌ | ☼ | ■ | Tolera suelos pobres |
| F. heterophylla «Blue and Rose Mixed» | 🖐🖐🖐 | ●●● | | | 25 | 25 | 1° | ◌ | ☼ | ▨ | Tolera suelos pobres |

# Freesia

Fresia

Se suele considerar una planta de maceta de invernadero semirresistente en climas propensos a las heladas. Puede obtenerse como cormos tratados con calor (para estimular la producción de flores) para la floración en exteriores en verano.

Existen cultivares populares con flores fragantes de variados colores y sus flores son buenas para arreglos florales. Se deben plantar en una zona protegida en un margen o macetón y en alféizares. Después de la floración se deben desechar los cormos. Son vulnerables a los pulgones.

Freesia «Striped Jewel»

# Fritillaria

Corona imperial,
fritilaria

c.: fritil·lària

Fritillaria imperialis «Maxima Lutea»

La fritilaria es una planta bulbosa resistente con flores colgantes en forma de campana. **F. imperialis (corona imperial) se puede plantar en arriates mixtos, aunque huele bastante mal, mientras que F. meleagris (cabeza de serpiente) puede naturalizarse como césped.**

La corona imperial combina bien con arbustos, incluidos los rododendros, y debe disponer de un drenaje muy bueno. Se multiplica por hijuelos o por bulbillos cuando está en latencia. Es vulnerable a babosas y caracoles.

| | PRIMAVERA | VERANO | OTOÑO | INVIERNO | altura (cm) | diámetro (cm) | temp. mín. (°C) | humedad | sol/sombra | colores | |
|---|---|---|---|---|---|---|---|---|---|---|---|
| Fritillaria imperialis | | ● | 🖐🖐🖐 | | 120 | 30 | -17° | ◌ | ☼ | ■ | Cultivo fácil, olor fuerte |
| F. imperialis «Maxima Lutea» | | ● | 🖐🖐🖐 | | 120 | 30 | -17° | ◌ | ☼ | □ | Cultivo fácil |
| F. meleagris | ●●● | | 🖐🖐🖐 | | 30 | 8 | -17° | ◌ | ☼ | ▨ | Cabeza de serpiente, cultivo fácil |

 ☼ pleno sol   ◑ semisombra  ● sombra

# Fuchsia

**Son arbustos de hoja perenne o caduca resistentes o sensibles a las heladas pero los que tratamos aquí se cultivan como plantas de macizos de verano. Son plantas tupidas, y en algunos cultivares, trepadoras, y florecen profusamente. Producen una sucesión de flores dobles o sencillas con forma de campana colgante normalmente, que suelen tener los pétalos hacia atrás y en combinaciones de azul, rojo, rosa y blanco.**

Florecen durante un largo período de tiempo. Son muy apropiados para macetas, y los cultivares trepadores son especialmente adecuados para cestas colgantes. Pero las formas arbustivas también pueden cultivarse en cestas como piezas centrales. Las fucsias de arbusto también son buenas plantas aisladas en esquemas florales de verano y combinan bien con una gran variedad

*Fuchsia «Red Spider»*

*Fuchsia «Eva Boerg»*

de plantas de macizo de verano como las begonias y las alegrías. También se pueden utilizar para rellenar un arriate mixto. Las plantas se multiplican mediante esquejes semimaduros a finales del verano, y en invierno las plantas jóvenes deben conservarse en un invernadero. Las plantas madres antiguas deben desecharse al final de la temporada. Las plantas jóvenes se deben despuntar para que la planta se mantenga compacta y también se deben retirar los brotes laterales. Son vulnerables a pulgones, moho gris, ácaro de araña roja, roya y larvas del gorgojo de la vid.

| | PRIMAVERA | VERANO | OTOÑO | INVIERNO | altura (cm) | diámetro (cm) | temp. min. (C) | humedad | sol/sombra | colores |
|---|---|---|---|---|---|---|---|---|---|---|
| Fuchsia «Annabel» | siembra | floración | floración | | 60 | 60 | 1° | buen drenaje | | Flores dobles |
| F. «Ballet Girl» | siembra | floración | floración | | 45 | 60 | 1° | buen drenaje | | Flores dobles |
| F. «Cascade» (trepador) | siembra | floración | floración | | 15 | 45 | 1° | buen drenaje | | Flores sencillas |
| F. «Checkerboard» | siembra | floración | floración | | 90 | 75 | 1° | buen drenaje | | Flores sencillas |
| F. «Dollar Princess» | siembra | floración | floración | | 45 | 45 | 1° | buen drenaje | | Flores dobles |
| F. «Eva Boerg» (trepador) | siembra | floración | floración | | 15 | 45 | 1° | buen drenaje | | Flores semidobles |
| F. «Golden Marinka» (trepador) | siembra | floración | floración | | 15 | 45 | 1° | buen drenaje | | Follaje variegado dorado y verde |
| F. «Leonora» | siembra | floración | floración | | 75 | 60 | 1° | buen drenaje | | Flores sencillas |
| F. «Red Spider» (trepador) | siembra | floración | floración | | 15 | 60 | 1° | buen drenaje | | Flores sencillas |
| F. «Thalia» | siembra | floración | floración | | 90 | 90 | 1° | buen drenaje | | Flores tubulares largas |
| F. «Voodoo» | siembra | floración | floración | | 45 | 45 | 1° | suelo húmedo | | Flores dobles gigantes |
| F. «Winston Churchill» | siembra | floración | floración | | 60 | 60 | 1° | buen drenaje | | Flores dobles |

siembra | floración | buen drenaje | suelo húmedo | suelo mojado

# Gaillardia

Gallardía

c.: gallardia

**Gaillardia pulchella es una anual resistente con un hábito bien ramificado. Las demás son vivaces perennes resistentes pero de vida corta.**

Se cultivan por sus brillantes flores con forma de margarita, y son adecuadas para arriates de tipo pradera combinadas con hierbas ornamentales. Los ásters la acompañan bien. Sirven para arreglos florales. Se multiplican por semilla en primavera a cubierto. Las perennes también se pueden dividir en primavera. Son vulnerables a babosas y caracoles. Deben retirarse las flores marchitas.

Gaillardia «Kobold»

| | PRIMAVERA | VERANO | OTOÑO | INVIERNO | altura (cm) | diámetro (cm) | temp. mín. (°C) | humedad | sol/sombra | colores | |
|---|---|---|---|---|---|---|---|---|---|---|---|
| Gaillardia «Burgunder» | | | | | 60 | 45 | -17° | ◖ | ☀ | ■ | Buena para suelos pobres |
| G. «Dazzler» | | | | | 60 | 45 | -17° | ◖ | ☀ | ▮ | Buena para suelos pobres |
| G. «Kobold» (sin. «Goblin») | | | | | 30 | 30 | -17° | ◖ | ☀ | ▯ | Buena para suelos pobres |
| G. pulchella serie Plume | | | | | 30 | 30 | -17° | ◖ | ☀ | ▤ | Flor doble, vivaz |

---

# Galanthus

Campanilla de invierno

**Planta bulbosa enana resistente apreciada por sus flores tempranas, que suelen salir entre invierno y primavera. Crecen en torno a arbustos en arriates mixtos, bajo árboles de hoja caduca y en jardines de bosque.**

Las flores colgantes con forma de campana son blancas con manchas verdes. Se multiplican por división de la mata y se replantan tan pronto como la floración ha terminado, momento también adecuado para plantar estas flores. Son vulnerables al moho gris y a la mosca del narciso.

Galanthus nivalis

| | PRIMAVERA | VERANO | OTOÑO | INVIERNO | altura (cm) | diámetro (cm) | temp. mín. (°C) | humedad | sol/sombra | colores | |
|---|---|---|---|---|---|---|---|---|---|---|---|
| Galanthus «Atkinsii» | | | | ● | 20 | 8 | -17° | ◗ | ◑ | ▯ | Crece rápidamente |
| G. nivalis | | | | ● | 10 | 10 | -17° | ◗ | ◑ | ▯ | Flores fragantes |
| G. nivalis «Flore Pleno» | | | | ● | 10 | 10 | -17° | ◗ | ◑ | ▯ | Flores dobles |

---

# Gaura

Gaura lindheimeri

**Esta planta herbácea perenne resistente de hábito tupido, G. lindheimeri, produce ramilletes etéreos de flores con forma de estrella en un período de tiempo increíblemente largo.**

Es ideal para arriates de estilo pradera en combinación con hierbas ornamentales como *Stipa gigantea*. Se multiplica por división en primavera o por esquejes de tallo basal. No sufre enfermedades ni plagas.

| | PRIMAVERA | VERANO | OTOÑO | INVIERNO | altura (cm) | diámetro (cm) | temp. mín. (°C) | humedad | sol/sombra | colores | |
|---|---|---|---|---|---|---|---|---|---|---|---|
| Gaura lindheimeri | | | | | 120 | 90 | -17° | ◖ | ☀ | ▯ | Flores cambian a rosa con el tiempo |
| G. lindheimeri «Siskiyou Pink» | | | | | 120 | 90 | -17° | ◖ | ☀ | ▤ | Tolera la escasez de agua |

 ☀ *pleno sol*     ◑ *semisombra*    ● *sombra*

# Gazania

**Perenne de hoja caduca semirresistente que se cultiva como una anual, estas plantas cobertoras enanas suelen tener hojas de un verde oscuro con el reverso blanco, pero también se encuentran grises.**

Las flores, con forma de margarita grande, sólo se abren con sol directo, si bien los cultivares también admiten los climas nublados. Se cultivan en esquemas florales de verano o en maceteros o maceta de alféizar con otras plantas con flores con forma de margarita. Son apropiadas para jardines cerca del mar. Las flores marchitas deben cortarse. Se cultivan por semilla en primavera a cubierto. También se pueden tomar esquejes semimaduros a finales del verano y dejar las flores en invierno en un invernadero protegido. Es vulnerable al moho gris.

*Gazania «Daybreak Red Stripe»*

| | PRIMAVERA | VERANO | OTOÑO | INVIERNO | altura (cm) | diámetro (cm) | temp. mín. (°C) | humedad | sol/sombra | colores | |
|---|---|---|---|---|---|---|---|---|---|---|---|
| *Gazania* serie Chansonette | siembra | floración | | | 20 | 20 | 1° | buen drenaje | sol | | Flores divididas en zonas |
| *G.* serie Daybreak | siembra | floración | | | 20 | 20 | 1° | buen drenaje | sol | | Flores divididas en zonas |
| *G.* serie Mini-star | siembra | floración | | | 20 | 20 | 1° | buen drenaje | sol | | Algunas flores en zonas |
| *G.* serie Sundance | siembra | floración | | | 25 | 25 | 1° | buen drenaje | sol | | Floración muy libre |

# Gentiana

## Genciana

*c.*: genciana; *e.*: errosta;
*g.*: xensá

*Gentiana «Multiflora»*

**Un género variable de perennes resistentes apreciadas en general, por sus flores azul brillante con forma de trompeta.**

Es una planta que forma mata baja perfecta para jardines de rocalla, incluida la variedad de hoja caduca *G.acaulis*, *G. sino-ornata* de hoja semiperenne, que necesita terrenos ácidos, y *G. verna* de hoja perenne, que puede ser de corta duración. Las especies más altas se utilizan para arriates o en jardines de bosque que incluyen la herbácea *G. asclepiadea*. La gentiana necesita estar resguardada del sol más fuerte. Se multiplica por división en primavera. Es vulnerable a babosas y caracoles.

| | PRIMAVERA | VERANO | OTOÑO | INVIERNO | altura (cm) | diámetro (cm) | temp. mín. (°C) | humedad | sol/sombra | colores | |
|---|---|---|---|---|---|---|---|---|---|---|---|
| *Gentiana acaulis* | siembra | floración | | | | 8 | 25 | -17° | buen drenaje | sol parcial | | Forma matas de crecimiento |
| *G. «Multiflora»* | siembra | | floración | | | 8 | 30 | -17° | buen drenaje | sol parcial | | Necesita suelo ácido |
| *G. sino-ornata* | siembra | | floración | | | 8 | 30 | -17° | buen drenaje | sol parcial | | Necesita suelo de ácido a neutro |
| *C. verna* | siembra | floración | | | | 5 | 10 | -17° | buen drenaje | sol parcial | | Puede ser de vida corta |

 siembra  floración    buen drenaje    suelo húmedo    suelo mojado

# Geranium
## Geranio

**Un extenso género de plantas vivaces de hoja perenne. Es una planta casi siempre baja y tupida conocida por sus flores con forma de cuenco o platillo, en color azul, magenta y rosa, además de blanco. Las hojas suelen ser lobuladas con forma de mano.**

Las hojas de algunos geranios son aromáticas y pueden tener marcas de color marrón o bronce, mientras que las hojas de otras especies adoptan tintes otoñales. Los geranios más pequeños incluyen *G. cinereum*, excelente para jardines de rocalla. Los demás son ideales para arriates mixtos, en los que combinan bien con muchas otras plantas, como los arbustos de rosas tradicionales y modernos, con rosas cobertoras, con arbustos de flor y follaje, plantas perennes

Geranium «Johnson's Blue»

Geranium x oxonianum «Wargrave Pink»

como los delfinios, *Alchemilla* y *Hosta*, y hierbas ornamentales enanas. Los geranios se desarrollan especialmente bien en jardines campestres con anuales y perennes tradicionales. Algunos, incluido *G. macrorrhizum* y sus cultivares, son adecuados para jardines de bosque. Los geranios necesitan pocas atenciones, aparte de retirar los tallos de las flores cuando termina la floración y el follaje viejo. Se multiplican por división o por esquejes basales en primavera. Son vulnerables a orugas, mildiu polvoriento, babosas, caracoles, larvas del gorgojo de la vid y virus.

| | PRIMAVERA | VERANO | OTOÑO | INVIERNO | altura (cm) | diámetro (cm) | temp. min. (°C) | humedad | sol/sombra | colores |
|---|---|---|---|---|---|---|---|---|---|---|
| Geranium cinereum «Ballerina» | | | | | 15 | 30 | -17° | | | Follaje verde grisáceo |
| G. endressii | | | | | 45 | 60 | -17° | | | Admite semisombra |
| G. «Johnson's Blue» | | | | | 45 | 60 | -17° | | | Admite semisombra. Flores azul brillante |
| G. macrorrhizum | | | | | 45 | 60 | -17° | | | Admite semisombra. Flores rosas |
| G. macrorrhizum «Album» | | | | | 45 | 60 | -17° | | | Admite semisombra |
| G. x oxonianum «A.T. Johnson» | | | | | 30 | 60 | -17° | | | Admite semisombra |
| G. x oxonianum «Wargrave Pink» | | | | | 60 | 75 | -17° | | | Admite semisombra |
| G. psilostemon | | | | | 120 | 60 | -17° | | | Admite semisombra. Flores originales |

 pleno sol  semisombra ☀ sombra

# Geum

## Hierba de san Benito

*c.*: herba de sant Benet;
*e.*: san Benito belarra;
*g.*: herba de san Benito

**Geum es una planta herbácea perenne resistente con grandes hojas pinadas y flores de vivos colores con forma de cuenco o platillo que salen de tallos delgados durante una largo período de tiempo.**

*Geum «Lady Stratheden»*

Es una planta ideal para colocar al frente de arriates mixtos y queda muy bien en arriates de jardines campestres. Combina bien con plantas perennes resistentes como ejemplares de *Achillea* y geranios, y con rosales arbustivos antiguos y modernos. Debe evitarse en suelos húmedos, ya que las raíces pueden pudrirse. Se multiplican por división en primavera. Las orugas encuentran sus hojas apetecibles, por lo que hay que proteger la planta contra ellas.

| | PRIMAVERA | VERANO | OTOÑO | INVIERNO | altura (cm) | diámetro (cm) | temp. mín. (°C) | humedad | sol/sombra | colores | |
|---|---|---|---|---|---|---|---|---|---|---|---|
| *Geum* «Borisii» | 🌱🌱🌱 | ●●●● | | | 45 | 30 | -17° | ◐ | ☀ | ■ | Hojas velludas pinadas |
| *G.* «Fire Opal» | 🌱🌱🌱 | ●●●● | | | 75 | 60 | -17° | ◐ | ☀ | ■ | Flores semidobles |
| *G.* «Lady Stratheden» | 🌱🌱🌱 | ●●●● | | | 60 | 60 | -17° | ◐ | ☀ | ☐ | Flores semidobles |
| *G.* «Mrs J. Bradshaw» | 🌱🌱🌱 | ●●●● | | | 60 | 60 | -17° | ◐ | ☀ | ■ | Flores semidobles |
| *G. rivale* «Leonard's Variety» | 🌱🌱🌱 | ●●●● | | | 45 | 60 | -17° | ◐ | ☀ | ▨ | Florece profusamente |

# Gladiolus

## Gladiolo

*c.*: gladiol; *e.*: gladioloa;
*g.*: gladíolo

**Estas plantas semirresistentes crecen a partir de cormos y producen llamativas flores en espiga con forma de embudo en una gran variedad de colores. Las hojas tienen forma de espada. Hay varios grupos, como el popular grandiflora o gladiolos de flores grandes, apreciados por sus densas espigas, una por cormo, y el tamaño de sus flores, desde gigantes a miniatura.**

El gladiolo Butterfly presenta flores muy juntas y abiertas, algunas con pétalos arrugados por los bordes, manchados en la garganta. Las flores se utilizan mucho en los ramos, por lo que los gladiolos se pueden cultivar en línea en invernaderos. También se pueden plantar en grupos en arriates mixtos. Combinan bien con rosales arbustivos modernos, otros cormos como *Crocosmia*, o *Canna* y dalias. A partir de que las espigas empiecen a desarrollarse, cada 15 días deben regarse con un fertilizante líquido con un alto contenido en potasa; además deben seguirse fertilizando unas semanas después de que haya

*Gladiolus «May Bride»*

*Gladiolus «Early Yellow»*

 🌱 *siembra*    ● *floración*    ◇ *buen drenaje*   ◐ *suelo húmedo*   ● *suelo mojado* florecido. Si hay heladas, extraiga los cormos en otoño, cuando el follaje esté amarilleando y corte los cormos de los tallos. Séquelos y separe los cormos nuevos. Almacénelos en un lugar seco y protegido de las heladas durante el invierno. Se multiplican por cormos; siémbrelos como semillas en primavera en el exterior. Son vulnerables a los pulgones, la podredumbre del cormo y las babosas.

| | PRIMAVERA | VERANO | OTOÑO | INVIERNO | altura (cm) | diámetro (cm) | temp. mín. (°C) | humedad | sol/sombra | colores | |
|---|---|---|---|---|---|---|---|---|---|---|---|
| *Gladiolus* Butterfly Hybrids | | | | | 75 | 15 | 1° | | | | Flores con gargantas manchadas |
| G. «Early Yellow» (Grandiflorus) | | | | | 90 | 15 | 1° | | | | Flores con volantes arrugados |
| G. «Green Woodpecker» (Grandiflorus) | | | | | 150 | 15 | 1° | | | | Flores con volantes arrugados |
| G. «Jester» (Grandiflorus) | | | | | 90 | 15 | 1° | | | | Flores con forma de trompeta |
| G. «May Bride» (Grandiflorus) | | | | | 90 | 15 | 1° | | | | Flores con forma de trompeta |
| G. «Violetta» (Grandiflorus) | | | | | 90 | 15 | 1° | | | | Flores con forma de trompeta |

# Gypsophila

Nebulosa, Gipsófla

c.: nebulosa gran

**Gypsophila elegans es una planta anual con nubes de pequeñas flores. Los cultivares de *G. paniculata* son plantas vivaces perennes resistentes con flores parecidas. *G. repens*, una planta perenne de hoja caduca, forma matas de crecimiento que se llenan de flores estrelladas.**

*Gypsophila paniculata «Flamingo»*

La segunda es adecuada para jardines de rocalla, y las otras resultan ideales para arriates mixtos, combinadas con plantas como *Dianthus* (clavelinas y claveles) y rosas. Las flores de los especímenes más grandes son muy apreciadas como flores cortadas. Las anuales se cultivan en primavera a partir de las semillas en sus posiciones definitivas. Las perennes se multiplican en primavera. Normalmente no presentan problemas.

| | PRIMAVERA | VERANO | OTOÑO | INVIERNO | altura (cm) | diámetro (cm) | temp. mín. (°C) | humedad | sol/sombra | colores | |
|---|---|---|---|---|---|---|---|---|---|---|---|
| *Gypsophila elegans* «Covent Garden» | | | | | 60 | 30 | -17° | | | | Prefieren el suelo alcalino. Anuales |
| G. paniculata «Bristol Fairy» | | | | | 90 | 90 | -17° | | | | Flores dobles |
| G. paniculata «Flamingo» | | | | | 90 | 90 | -17° | | | | Flores dobles |

 *pleno sol*  *semisombra* ☀ *sombra*

# Helenium
## Helenio

*Helenium «Moerheim Beauty»*

**Estas plantas vivaces perennes resistentes tienen flores con forma de margarita con llamativos centros en forma de cúpula de color marrón o amarillo. Tiene una floración muy larga.**

Los helenios son apropiados para arriates mixtos en combinación con plantas perennes como la rudbeckia, el girasol, la dalia, el áster y hierbas ornamentales como *Miscanthus* y *Stipa*. Sus flores son apreciadas como flores cortadas. Los cultivares altos necesitan apoyo, como tutores. Las flores marchitas deben cortarse con regularidad. Se multiplican en primavera, por división, cada dos años o por esquejes basales. Son vulnerables a la mancha de la hoja.

| | PRIMAVERA | VERANO | OTOÑO | INVIERNO | altura (cm) | diámetro (cm) | temp. mín. (°C) | humedad | sol/sombra | colores | |
|---|---|---|---|---|---|---|---|---|---|---|---|
| *Helenium «Bruno»* | siembra | | | | 120 | 60 | -17° | buen drenaje | sol | | Centro marrón |
| *H. «Butterpat»* | siembra | | | | 90 | 60 | -17° | buen drenaje | sol | | Centro marrón amarillento |
| *H. «Moerheim Beauty»* | siembra | | | | 90 | 60 | -17° | buen drenaje | sol | | Centro marrón; cabezuela rojo cobrizo |
| *H. «Wyndley»* | siembra | | | | 75 | 60 | -17° | buen drenaje | sol | | Centro marrón; cabezuela radial amarilla |

# Helianthemum
## Jarilla
*c.*: heliantem

**Arbusto de hoja caduca resistente de hábito cobertor postrado que durante un largo período de tiempo produce flores de brillantes colores semejantes a pequeñas rosas aisladas. En algunos cultivares, el follaje es grisáceo.**

Suelen encontrarse en jardines de rocalla en combinación con otras plantas de rocalla, como *Iberis sempervirens*, *Sedum*, saxífragas y *Euphorbia myrsinites*. También son apropiadas para cubrir el suelo. Se desarrollan en suelos calcáreos. Cuando termina la floración, deben cortarse todos los tallos a 2,5 cm del tallo antiguo. Se multiplican por esquejes tiernos en primavera y a principios de verano. No sufren enfermedades ni plagas.

*Helianthemum «Wisley Primrose»*

| | PRIMAVERA | VERANO | OTOÑO | INVIERNO | altura (cm) | diámetro (cm) | temp. mín. (°C) | humedad | sol/sombra | colores | |
|---|---|---|---|---|---|---|---|---|---|---|---|
| *Helianthemum «Fire Dragon»* | siembra | | | | 30 | 30 | -17° | buen drenaje | sol | | Follaje grisáceo |
| *H. «Jubilee»* | siembra | | | | 30 | 30 | -17° | buen drenaje | sol | | Flores dobles |
| *H. «Rhodanthe Carneum»* | siembra | | | | 30 | 45 | -17° | buen drenaje | sol | | Follaje gris |
| *H. «Wisley Primrose»* | siembra | | | | 30 | 45 | -17° | buen drenaje | sol | | Follaje verde grisáceo |

siembra  floración  buen drenaje  suelo húmedo suelo mojado

# Helianthus

## Girasol

*c.*: gira-sol; *e.*: ekhilili, iguzkilsre; *g.*: girasol

**Helianthus annuus y sus cultivares constituyen la popular planta anual resistente que puede alcanzar grandes alturas y producir flores gigantescas. Las demás variedades descritas aquí son plantas vivaces resistentes. Todas producen grandes flores con forma de margarita y llamativos centros, normalmente más oscuros.**

El color principal es el amarillo, pero hoy día están apareciendo otros colores. Los girasoles son indicados para arriates mixtos o de estilo pradera, en especial en combinaciones con hierbas ornamentales altas como *Miscanthus* y otras plantas perennes con flores con forma de margarita como los ásters, *Echinacea purpurea* y rudbeckias. Los ejemplares de *Solidago* combinan igualmente

*Helianthus annuus «Giant Yellow»*

bien. Los arbustos que se llenan de color en otoño, como *Rhus* y *Cotinus*, crean un fondo perfecto. Los cultivares anuales enanos se pueden cultivar en macetones. Las flores son perfectas como flores cortadas. Prefieren los suelos calcáreos y secos. Los girasoles altos necesitan apoyos.

Las variedades perennes necesitan acolchado permanente de materia orgánica gruesa, como el compost de jardín, para evitar que la tierra se seque rápido. Se multiplican en primavera, las perennes por división cada dos años o por esquejes basales, y las anuales a partir de semillas sembradas a cubierto o en su lugar definitivo. Respecto a las plagas, debe prestarse atención al mildiu polvoriento, las babosas y los caracoles.

*Helianthus annuus «Double Shine»*

*Helianthus «Lemon Queen»*

| | PRIMAVERA | VERANO | OTOÑO | INVIERNO | altura (cm) | diámetro (cm) | temp. mín. (°C) | humedad | sol/sombra | colores | |
|---|---|---|---|---|---|---|---|---|---|---|---|
| *Helianthus annuus* «Double Shine» | 🌱🌱🌱 | ● ● ● | | | 120 | 45 | -17° | 💧 | ☀ | ▨ | Flores dobles |
| *H. annuus* «Giant Yellow» | 🌱🌱🌱 | ● ● ● | | | 500 | 60 | -17° | 💧 | ☀ | ▨ | Grandes flores sencillas amarillas |
| *H. annuus* «Ruby Sunset» | 🌱🌱🌱 | ● ● ● | | | 150 | 60 | -17° | 💧 | ☀ | ▨ | Flores sencillas medianas |
| *H. annuus* «Russian Giant» | 🌱🌱🌱 | ● ● ● | | | 300 | 60 | -17° | 💧 | ☀ | ▨ | Flores sencillas grandes |
| *H. annuus* «Teddy Bear» | 🌱🌱🌱 | ● ● ● | | | 90 | 45 | -17° | 💧 | ☀ | ▨ | Flores dobles |
| *H.* «Capenoch Star» | 🌱🌱🌱 | | ● ● ● | | 150 | 90 | -17° | 💧 | ☀ | ▨ | Flores sencillas |
| *H.* «Lemon Queen» | 🌱🌱🌱 | | ● ● ● | | 150 | 120 | -17° | 💧 | ☀ | ▨ | Flores sencillas |
| *H.* «Loddon Gold» | 🌱🌱🌱 | | ● ● ● | | 150 | 90 | -17° | 💧 | ☀ | ▨ | Flores dobles |

☀ *pleno sol*   ☀ *semisombra*   ● *sombra*

# Heliotropium

Heliotropo, vainilla

c.: heliotrop de jardí

**Este arbusto de hoja caduca semirresistente se suele cultivar como una planta de macizo de verano anual en los climas proclives a las heladas. Los cultivares tienen fragantes flores de color azul con tintes violeta, blanco o púrpura, y florecen continuamente durante un largo período de tiempo.**

Se puede utilizar como ejemplar aislado en esquemas florales de verano, así como en maceteros y macetas de alféizar, donde combinan bien con muchas otras plantas de macizo de verano, como geranios, begonias, alegrías, petunias, claveles y *Salvia splendens*. Se multiplica por esquejes semimaduros a finales del verano, y en invierno las plantas jóvenes deben conservarse en un invernadero fresco libre de heladas. Las plantas viejas deben desecharse al final de la estación. Normalmente no sufren enfermedades.

*Heliotropium «Nagano»*

| | PRIMAVERA | VERANO | OTOÑO | INVIERNO | altura (cm) | diámetro (cm) | temp. mín. (°C) | humedad | sol/sombra | colores | |
|---|---|---|---|---|---|---|---|---|---|---|---|
| *Heliotropium «Marine»* | | | | | 45 | 45 | 1° | | | | Grandes cabezuelas |
| *H. «Nagano»* | | | | | 60 | 60 | 1° | | | | Buena para camas |

# Helleborus

Eléboro

c.: el·lèbor; e.: otsababa; g.: héboro

*Helleborus niger*

**Planta de hoja perenne anual o herbácea perenne con hojas lobuladas o divididas y cabezuelas de flores con forma de bol. *H. niger* o rosa de Navidad es la primera en florecer.**

Las demás, como los cultivares *H.* x *hybridus*, son plantas más altas. En arriates mixtos, plántelas en torno a arbustos de invierno o primavera, con bergenias y bulbos enanos como *Galanthus* y narcisos de floración temprana. Necesitan un acolchado permanente de materia orgánica gruesa. Se multiplican por división en primavera después de la floración, y *H. argutifolius* y *H. foetidus* por semillas, cuando están maduras, en un macizo de siembra. Son vulnerables a pulgones, podredumbre negra de la raíz, mancha de la hoja, babosas y caracoles.

*Helleborus x hybridus*

| | PRIMAVERA | VERANO | OTOÑO | INVIERNO | altura (cm) | diámetro (cm) | temp. mín. (°C) | humedad | sol/sombra | colores | |
|---|---|---|---|---|---|---|---|---|---|---|---|
| *Helleborus argutifolius* | | | | | 120 | 90 | -17° | | | | Suelo neutral o alcalino |
| *H. foetidus* | | | | | 75 | 45 | -17° | | | | Suelo neutral o alcalino |
| *H.* x *hybridus* cultivares | | | | | 45 | 45 | -17° | | | | Suelo neutral o alcalino |
| *H. niger* | | | | | 30 | 45 | -17° | | | | Nombre común, rosa de Navidad |
| *H. niger* «Potter's Wheel» | | | | | 30 | 45 | -17° | | | | Suelo neutral o alcalino |
| *H.* x *sternii* | | | | | 30 | 30 | -17° | | | | Suelo neutral o alcalino; admite pleno sol |

siembra    floración    buen drenaje    suelo húmedo    suelo mojado

# Hemerocallis

Lirio de la mañana,
flor de un día,
azucena efímera

**Planta herbácea perenne o de hoja perenne resistente con grandes flores con forma de lirio que se presenta en una gran variedad de colores y tiene un follaje amplio arqueado y cubierto de hierba. Cada flor dura sólo un día, pero los brotes se repiten durante un largo período de tiempo.**

Hemerocallis es esencial en arriates mixtos, con Agapanthus, Crocosmia, Kniphofia, rosales arbustivos antiguos y modernos y con hierbas ornamentales. Necesitan una capa de acolchado permanente de materia orgánica. Debe añadirse un fertilizante cada 15 días durante el período de floración. Se dividen cada dos años en primavera. Son vulnerables a pulgones, roya, babosas y caracoles.

Hemerocallis «Golden Chimes»

| | PRIMAVERA | VERANO | OTOÑO | INVIERNO | altura (cm) | diámetro (cm) | temp. mín. (°C) | humedad | sol/sombra | colores | |
|---|---|---|---|---|---|---|---|---|---|---|---|
| H. «Catherine Woodbery» | | | | | 75 | 60 | -17° | | | | Hoja perenne; flores de estrella |
| H. «Golden Chimes» | | | | | 90 | 45 | -17° | | | | Hoja perenne; flores de estrella |
| H. «Hyperion» | | | | | 90 | 75 | -17° | | | | Hoja perenne; floración nocturna; fragante |
| H. «Pink Damask» | | | | | 90 | 60 | -17° | | | | Flores con forma de estrella |
| H. «Stafford» | | | | | 75 | 60 | -17° | | | | Hoja perenne; flores de estrella |
| H. «Stella de Oro» | | | | | 30 | 45 | -17° | | | | Hoja perenne; flores circulares |

# Heuchera

Caralito

Heuchera «Palace Purple»

**Planta perenne de hoja caduca o parcialmente de hoja caduca resistente que produce grupos bajos de hojas lobuladas bastante grandes y cabezuelas de pequeñas flores en tallo erguidos y delgados. En los últimos años, han aparecido muchos cultivares con follaje lleno de color.**

Heuchera es una excelente cobertora del suelo en torno a arbustos en arriates mixtos o jardines de bosque. Las flores son buenas flores cortadas. Necesitan un acolchado permanente de materia orgánica gruesa que cubra la superficie cada año. Es recomendable dividir las plantas cada pocos años a principios del otoño. Las raíces pueden ser atacadas por larvas de gorgojo de la vid.

| | PRIMAVERA | VERANO | OTOÑO | INVIERNO | altura (cm) | diámetro (cm) | temp. mín. (°C) | humedad | sol/sombra | colores | |
|---|---|---|---|---|---|---|---|---|---|---|---|
| H. micrantha var. diversifolia «Palace Purple» | | | | | 60 | 60 | -17° | | | | Follaje rojo broncíneo; admite semisombra |
| H. «Pewter Moon» | | | | | 45 | 30 | -17° | | | | Hojas gris marmóreo; admite semisombra |
| H. «Red Spangles» | | | | | 45 | 30 | -17° | | | | Flores grandes llamativas; admite semisombra |

 pleno sol     semisombra    sombra

# Hosta
## Hermosa

**Esta planta herbácea perenne resistente se cultiva, sobre todo, por sus grandes hojas, y a pesar de que la mayoría florece bastante bien, algunas producen flores particularmente bellas, así como un atractivo follaje.**

Las flores tienen forma de campana o tubular. Se emplea como cobertora del suelo en torno a arbustos, en jardines de bosque y alrededor de estanques. También crece bien en terrazas y macetones. El suelo siempre debe estar húmedo, ya que no tolera las condiciones secas. Debe acolcharse de forma regular materia orgánica como mantillo, o compost de jardín o sustituto de turba. Se multiplica por división en primavera. Es muy vulnerable a babosas y caracoles, así como a la larva del gorgojo de la vid.

Hosta «Ground Master»

| | PRIMAVERA | VERANO | OTOÑO | INVIERNO | altura (cm) | diámetro (cm) | temp. mín. (°C) | humedad | sol/sombra | colores | |
|---|---|---|---|---|---|---|---|---|---|---|---|
| Hosta «Ground Master» | siembra | floración | | | 50 | 60 | -17° | suelo húmedo | sol/sombra | | Follaje con bordes crema |
| H. «Honeybells» | siembra | floración | | | 90 | 90 | -17° | suelo húmedo | sol/sombra | | Fragante; follaje verde claro |
| H. lancifolia | siembra | floración | | | 60 | 75 | -17° | suelo húmedo | sol/sombra | | Follaje verde oscuro |
| H. «Royal Standard» | siembra | floración | | | 90 | 90 | -17° | suelo húmedo | sol/sombra | | Fragante; follaje verde claro |
| H. ventricosa | siembra | floración | | | 90 | 90 | -17° | suelo húmedo | sol/sombra | | Follaje verde oscuro |

# Hyacinthoides
## Jacinto español

**El jacinto es un bulbo resistente con espigas de flores con forma de campana, principalmente de color azul, y grupos de hojas anchas con forma de correa. *H. non-scripta* es el jacinto inglés y *H. hispanica*, el jacinto español.**

El jacinto presenta su mejor aspecto en surcos en torno a arbustos, en jardines de bosque y en terrenos amplios con césped donde se puede naturalizar. Se extiende rápidamente a partir de semillas, por lo que hay que cortar las cabezas si se quiere evitar que se reproduzca solo. Se multiplica cortando y replantando los hijuelos cuando están en latencia, en verano u otoño. No le suele afectar ninguna enfermedad ni plaga, pero los conejos se comen las hojas.

Hyacinthoides non-scripta en un bosque

| | PRIMAVERA | VERANO | OTOÑO | INVIERNO | altura (cm) | diámetro (cm) | temp. mín. (°C) | humedad | sol/sombra | colores | |
|---|---|---|---|---|---|---|---|---|---|---|---|
| Hyacinthoides hispanica | floración | | siembra | | 38 | 10 | -17° | suelo húmedo | sol | | Crecimiento vigoroso |
| H. non-scripta | floración | | siembra | | 30 | 10 | -17° | suelo húmedo | sol | | Crece rápidamente por semillas |

 siembra  floración  buen drenaje | suelo húmedo | suelo mojado

# Hyacinthus

Jacinto

*c.:* jacint; *e.:* hyazintho, moredina; *g.:* xacinto

**Los cultivares de *H. orientalis* son bulbos resistentes con espigas pesadas, gruesas y cortas de flores fragantes que se suelen plantar en macizos de primavera en combinación con *Bellis perennis* (margarita menor), violetas o pensamientos, y tulipanes.**

También es adecuado para macetas de alféizar, pero en ellos los bulbos pueden resultar dañados en caso de heladas. Cuando se marchiten, se pueden extraer los bulbos para dejar sitio a los macizos de verano y replantar los arriates mixtos. Tras la floración, debe añadirse un fertilizante líquido una vez a la semana hasta que las hojas se marchiten. Se multiplica por eliminación de los hijuelos cuando están en latencia. No sufren enfermedades ni plagas.

*Hyacinthus orientalis «Pink Pearl»*

| | PRIMAVERA | VERANO | OTOÑO | INVIERNO | altura (cm) | diámetro (cm) | temp. min. (°C) | humedad | sol/sombra | colores | |
|---|---|---|---|---|---|---|---|---|---|---|---|
| Hyacinthus orientalis «City of Haarlem» | ● | | 🌱🌱🌱 | | 20 | 8 | -17° | ◌ | ☼ | ☐ | Admite semisombra |
| H. orientalis «Delft Blue» | ● | | 🌱🌱🌱 | | 20 | 8 | -17° | ◌ | ☼ | ☐ | Admite semisombra |
| H. orientalis «L'Innocence» | ● | | 🌱🌱🌱 | | 20 | 8 | -17° | ◌ | ☼ | ☐ | Admite semisombra |
| H. orientalis «Ostara» | ● | | 🌱🌱🌱 | | 20 | 8 | -17° | ◌ | ☼ | ■ | Admite semisombra |
| H. orientalis «Pink Pearl» | ● | | 🌱🌱🌱 | | 20 | 8 | -17° | ◌ | ☼ | ■ | Admite semisombra |

# Iberis

Carraspique, cestillo de plata

*c.:* carraspic sempreverd

***I. amara* y *I. umbellata* son plantas anuales resistentes con cabezuelas de flores abombadas o planas. Pueden cultivarse en la parte frontal de arriates mixtos, entre rosas o en maceteros.**

***I. sempervirens* es una planta arbustiva de hoja caduca enana resistente para los jardines de rocalla; combina bien con plantas como *Helianthemum* y las saxífragas.**

Después de la floración, recorte *I. sempervirens* para asegurar un hábito compacto. Las anuales se cultivan por semillas en primavera u otoño, y se siembran en sus posiciones definitivas.

*I. sempervirens se* multiplica por esquejes semimaduros en verano. Arráiguelas en un macizo frío o con un poco de calor inferior en un invernadero. Es vulnerable a orugas, babosas y caracoles.

*Iberis amara*

| | PRIMAVERA | VERANO | OTOÑO | INVIERNO | altura (cm) | diámetro (cm) | temp. min. (°C) | humedad | sol/sombra | colores | |
|---|---|---|---|---|---|---|---|---|---|---|---|
| Iberis amara «Giant Hyacinth Flowered» | 🌱🌱 | ●●● | 🌱🌱🌱 | | 30 | 15 | -17° | ◌ | ☼ | ☐ | Buena para suelos alcalinos |
| I. sempervirens | 🌱🌱 | ●● | | | 30 | 30 | -17° | ◌ | ☼ | ☐ | Buena para suelos alcalinos |
| I. umbellata serie Fairy | 🌱● | ●●● | 🌱🌱 | | 15 | 15 | -17° | ◌ | ☼ | ▦ | Flores multicolor |

☼ *pleno sol*   ☀ *semisombra*   ● *sombra*

# Impatiens
## Alegría

Los cultivares de *Impatiens walleriana* (alegría) y los híbridos de **N**ueva **G**uinea son plantas perennes sensibles a las heladas que se suelen cultivar como anuales. La alegría es una planta enana tupida que produce flores planas salpicadas de una gran variedad de colores brillantes y pasteles durante un largo período. Los híbridos de **N**ueva **G**uinea suelen ser más grandes, si bien las plantas tienen muchas ramas, con flores parecidas de vivos colores y un follaje más atractivo que puede ser variegado o broncíneo.

*Impatiens walleriana* serie Super Elfin

La alegría es una planta importante entre las principales plantas de macizo de verano; combina bien con muchas otras plantas de este tipo, como *Fuchsia*, begonias, *Ageratum*, lobelia, heliotropo, *Canna*, celosías, *Nicotiana*, geranio, petunias, *Scaevola* y verbena. Se planta mucho en jardineras y macetas de alféizar, y también se puede utilizar como pieza central de las cestas colgantes.

Otra alternativa es llenar las cestas con alegrías para crear una bola de color muy llamativa. También quedan bien alrededor de arbustos en arriates mixtos. Son especialmente indicadas para cultivar en semisombra, pero

*Impatiens* grupo New Guinea

 siembra  floración  buen drenaje  suelo húmedo  suelo mojado

*I. walleriana «Mosaic Rose»*

también prosperan a pleno sol si no es muy fuerte y el suelo permanece húmedo. Deben protegerse del viento. Hay que regarlas bien y añadir nutrientes líquidos cada tres o cuatro semanas. Las plantas se cultivan a partir de semillas en primavera bajo cristal. También se pueden multiplicar por esquejes tiernos en primavera y verano. Los capullos y las flores pueden verse afectados por el moho gris si el verano es húmedo. Las plántulas necesitan espacio para crecer.

| | PRIMAVERA | VERANO | OTOÑO | INVIERNO | altura (cm) | diámetro (cm) | temp. mín. (°C) | humedad | sol/sombra | colores | |
|---|---|---|---|---|---|---|---|---|---|---|---|
| *Impatiens* grupo New Guinea «Tango» | | ● ● ● | ● ● ● | | 30 | 30 | 5° | ◆◆ | ☼ | | Follaje encarnado broncíneo |
| *I. walleriana* serie Accent | | ● ● ● | ● ● ● | | 20 | 20 | 5° | ◆◆ | ☼ | | Hábito compacto |
| *I. walleriana* serie Carousel | | ● ● ● | ● ● ● | | 30 | 30 | 5° | ◆◆ | ☼ | | Flores dobles |
| *I. walleriana* serie Confection | | ● ● ● | ● ● ● | | 30 | 30 | 5° | ◆◆ | ☼ | | Flores dobles |
| *I. walleriana* serie Expo | | ● ● ● | ● ● ● | | 20 | 20 | 5° | ◆◆ | ☼ | | Incluye bicolores |
| *I. walleriana* «Mega Orange Star» | | ● ● ● | ● ● ● | | 25 | 25 | 5° | ◆◆ | ☼ | | Flores muy grandes |
| *I. walleriana* «Mosaic Lilac» | | ● ● ● | ● ● ● | | 20 | 20 | 5° | ◆◆ | ☼ | | Floración muy temprana |
| *I. walleriana* «Mosaic Rose» | | ● ● ● | ● ● ● | | 20 | 20 | 5° | ◆◆ | ☼ | | Efecto poco usual |
| *I. walleriana* «Stardust Mixed» | | ● ● ● | ● ● ● | | 25 | 25 | 5° | ◆◆ | ☼ | | Flores moteadas con blanco |
| *I. walleriana* serie Super Elfin | | ● ● ● | ● ● ● | | 15 | 15 | 5° | ◆◆ | ☼ | | Muy compacta |

# Ipomoea
## Campanilla
*c.:* flor de luna

**Esta trepadora de rápido crecimiento sensible a las heladas, y que puede crecer enrollada, se cultiva como una anual. Las flores grandes con forma de trompeta o de embudo se desarrollan contra un fondo de grandes hojas lobuladas, a menudo con forma de corazón.**

Las campanillas crecen bien en las pérgolas, muros o cercas, en arriates mixtos, entre arbustos grandes. Se pueden combinar con *Tropaeolum peregrinum*. Estas trepadoras necesitan un lugar resguardado porque no aguantan bien los viento fríos. Se pueden sembrar las semillas en primavera bajo cristal, tras empapar primero las semillas durante un día en agua tibia para reblandecer la capa dura exterior. Son vulnerables al mildiu polvoriento y a los virus.

*Ipomoea tricolor* «Heavenly Blue»

| | PRIMAVERA | VERANO | OTOÑO | INVIERNO | altura (cm) | diámetro (cm) | temp. mín. (°C) | humedad | sol/sombra | colores | |
|---|---|---|---|---|---|---|---|---|---|---|---|
| *Ipomoea nil* «Scarlett O'Hara» | | ● ● ● | ● ● ● | | 500 | 90 | 7° | ◆ | ☼ | | Hábito vigoroso |
| *I. tricolor* «Flying Saucers» | | ● ● ● | ● ● ● | | 360 | 60 | 7° | ◆◆ | ☼ | | Hábito vigoroso |
| *I. tricolor* «Heavenly Blue» | | ● ● ● | ● ● ● | | 360 | 60 | 7° | ◆◆ | ☼ | | Hábito vigoroso |

 *pleno sol*    *semisombra*    *sombra*

# Iris
## Lirio

**Grupo de plantas muy extenso y diverso con flores compuestas por tres pétalos interiores erguidos y tres pétalos horizontales o torcidos. Las variedades más populares son las perennes rizomatosas resistentes que crecen de rizomas gruesos o de tallos horizontales. Los lirios alemanes, variedad herbácea con rizomas superficiales y abanicos de hojas con forma de espada erectos, se incluyen en este grupo.**

Las flores del lirio alemán son de muy distintos colores y tienen una «barba» de pelo central. Los cultivares se clasifican de acuerdo con la altura y el tamaño, de enano barbado a alto barbado. El lirio rizomatoso no barbado incluye los cultivares herbáceos *I. sibirica,* con follaje cubierto de hierba, de hoja perenne, e *I. unguicularis* que florece en invierno.

Existe un grupo grande de lirios que crecen a partir de bulbos de tamaños desde miniatura, como *I. danfordiae* e *I. reticulata,* hasta los lirios holandeses cuyas flores son especialmente apreciadas como flores cortadas. Los lirios rizomatosos son plantas indispensables para

 siembra　 floración　│　 buen drenaje　 suelo húmedo　 suelo mojado

*Iris reticulata*

mitad superior de los rizomas del lirio alemán debe quedar por encima del nivel del suelo, pero los rizomas de lirios no alemanes se deben cubrir con sustrato. Cada tres años deben extraerse y dividirse a principios del verano, después de la floración. Utilice acolchado sólo en los lirios alemanes, que se multiplican por división de los macizos abarrotados de bulbos en otoño. Los lirios son vulnerables al moho gris, la mancha de hoja, la podredumbre de rizoma, las babosas y los caracoles.

*Iris «Jane Phillips»*

arriates mixtos y entre las más importantes en los arriates de jardines campestres. Se asocian bien con otras plantas vivaces resistentes de floración temprana, incluida la peonía, la amapola oriental (*Papaver orientale*) y el altramuz. También quedan bien con rosas de floración temprana, en especial rosales arbustivos. Los bulbos de tamaño miniatura se cultivan, en general, en jardines de rocalla, mientras que los lirios holandeses se pueden situar en arriates mixtos o en filas en invernaderos, en especial si se van a cortar. Cuando se plantan, la

| | altura (cm) | diámetro (cm) | temp. mín. (C) | colores |
|---|---|---|---|---|
| Iris «Arctic Fancy» | 50 | 45 | -17° | Barbada, barba azul |
| I. confusa | 90 | 30 | -4° | Flores con crestas amarillas |
| I. danfordiae | 15 | 8 | -17° | Bulbo, uno de los primeros |
| I. Dutch «Golden Harvest» | 70 | 10 | -17° | Bulbo, buena para cortar |
| I. Dutch «Wedgewood» | 70 | 10 | -17° | Bulbo, buena para cortar |
| I. «Frost and Flame» | 70 | 60 | -17° | Barbada , barba naranja |
| I. «Gingerbread Man» | 35 | 30 | -17° | Barbada , barba azul |
| I. «Jane Phillips» | 70 | 60 | -17° | Barbada , variedad antigua pero atractiva |
| I. «Pigmy Gold» | 40 | 60 | -17° | Barbada , buena para frontal de arriates |
| I. reticulata | 15 | 8 | -17° | Bulbo, buena para jardín de rocalla |
| I. reticulata «Cantab» | 15 | 8 | -17° | Bulbo, cresta amarilla en hojas caídas |
| I. reticulata «Harmony» | 15 | 8 | -17° | Bulbo, mancha amarilla en hojas caídas |
| I. sibirica «Dreaming Yellow» | 75 | 60 | -17° | No barbada, hojas caídas arrugadas |
| I. sibirica «Perry's Blue» | 75 | 60 | -17° | No barbada, variedad antigua pero atractiva |
| I. «Staten Island» | 75 | 60 | -17° | Barbuda, flores llamativas |
| I. unguicularis | 30 | 60 | -17° | No barbada, fragante, buena en suelo alcalino |

Las estaciones de floración se indican bajo: PRIMAVERA, VERANO, OTOÑO, INVIERNO.

 *pleno sol*   *semisombra*   *sombra*

# Kniphofia

Tritomo rojo

c.: tritoma

**Planta herbácea perenne resistente que se distingue por sus hojas con macizos de follaje cubierto de hierba y espigas anchas de flores tubulares.**

En arriates mixtos, estas plantas combinan bien con hierbas ornamentales como la cortaderia, *Miscanthus* y *Stipa*, y con plantas perennes resistentes como *Agapanthus*, *Achillea* de cabeza plana y *Crocosmia*. También quedan bien en zonas de gravilla en asociación con la arquitectura y el pavimento. Las plantas jóvenes se deben cubrir con mantillo de paja seca en invierno para proteger las raíces de las heladas.

Se multiplican por división en primavera. Sin embargo, no les gusta que se las moleste, por lo que sólo hay que extraer las plantas que haya que dividir. No suelen sufrir enfermedades ni plagas.

| | PRIMAVERA | VERANO | OTOÑO | INVIERNO | altura (cm) | diámetro (cm) | temp. mín. (°C) | humedad | sol/sombra | colores | |
|---|---|---|---|---|---|---|---|---|---|---|---|
| *Kniphofia* «Little Maid» | 🌱🌱🌱 | ● | ● | | 60 | 45 | -17° | 💧 | ☀ | | Espigas de flores delgadas |
| K. «Percy's Pride» | 🌱🌱🌱 | ● | ● | | 120 | 60 | -17° | 💧 | ☀ | | Capullos teñidos de verde |
| K. «Royal Standard» | 🌱🌱🌱 ● | | | | 90 | 60 | -17° | 💧 | ☀ | | Capullos rojos |
| K. «Samuel's Sensation» | 🌱🌱🌱 | ● | ● | | 150 | 75 | -17° | 💧 | ☀ | ■ | Las flores se tiñen de amarillo con el tiempo |

# Lagurus

Rabo de liebre

*Lagurus ovatus*

**Hierba anual resistente con matas de hojas verde claro y cabezuelas peludas con forma de huevo sobre tallos finos.**

Las flores de esta planta son buenas como flores de corte y secado, pero deben cortarse mientras aún son jóvenes. *Lagurus ovatus* se puede cultivar en arriates mixtos con plantas anuales que tengan flores con forma de margarita como la centáurea, la caléndula, el coreopsis y *Bracteantha*, así como otras plantas anuales como la arañuela (*Nigella*), *Limnanthes* y *Cerinthe*. Es ideal para suelos arenosos y jardines cerca del mar. Las plantas se cultivan por semillas en primavera, que se siembran en la posición definitiva. No suelen afectarles plagas ni enfermedades.

 siembra     floración     buen drenaje     suelo húmedo     suelo mojado

# Lamium

## Chuchameles

c.: ortiga fétida;
e.: asun borta

Lamium maculatum «Pink Pearls»

**Lamium es una planta perenne tapizante resistente con un follaje atractivo y verticilos de flores bilabiales. Se puede plantar para cubrir el suelo en sitios con sombra, como en torno a arbustos o en jardines de bosque, y también para cubrir bancos sombríos.**

La variedad *L. galeobdolon* es muy vigorosa, pero los cultivares herbáceos de *L. maculatum* son mucho más lentos en crecer. Asegúrese de que *L. galeobdolon* no asfixia a otras plantas, aunque se puede arrancar fácilmente, en ese caso. Se multiplica por división en otoño o primavera. Es vulnerable a babosas y caracoles, que pueden estropear su follaje.

| | PRIMAVERA | VERANO | OTOÑO | INVIERNO | altura (cm) | diámetro (cm) | temp. mín. (°C) | humedad | sol/sombra | colores | |
|---|---|---|---|---|---|---|---|---|---|---|---|
| *Lamium galeobdolon* «Hermann's Pride» | | ● ● ● | | | 60 | 180 | -17° | | | | Follaje salpicado plateado |
| *L. maculatum* «Aureum» | | ● ● ● | | | 20 | 60 | -17° | | | | Follaje amarillo |
| *L. maculatum* «Beacon Silver» | | ● ● ● | | | 20 | 60 | -17° | | | | Follaje plateado |
| *L. maculatum* «Pink Pearls» | | ● ● ● | | | 20 | 60 | -17° | | | | Hojas marcadas en plateado |

# Lathyrus

## Guija de hoja ancha, guisante de olor

**L. latifolius es una planta herbácea perenne resistente, mientras que los cultivares L. odoratus son anuales resistentes. Son, principalmente, trepadores, a pesar de que la variedad enana de la segunda ha sido cultivada. Muchos cultivares resultan muy fragantes.**

Se trata de una de las plantas preferidas para los jardines campestres y queda muy bien si se mezcla con arbustos. Se puede cultivar en *wigwams* u obeliscos en arriates mixtos. *L. odoratus* enana es ideal para jardineras en terrazas. Proporciona excelentes flores cortadas. Debe regarse cada 15 días con un fertilizante líquido y se han de cortar las flores muertas de forma regular. Las semillas se siembran en otoño o a principios de primavera en macizo frío o en su posición definitiva a mediados de primavera. Las perennes se multiplican por división en primavera. Son vulnerables a pulgones, podredumbre negra de raíz, podredumbre de raíz, mildiu polvoriento, babosas, caracoles y virus.

Lathyrus latifolius

| | PRIMAVERA | VERANO | OTOÑO | INVIERNO | altura (cm) | diámetro (cm) | temp. mín. (°C) | humedad | sol/sombra | colores | |
|---|---|---|---|---|---|---|---|---|---|---|---|
| *Lathyrus latifolius* | | ● ● ● ● | | | 180 | 120 | -17° | | | | Follaje verde azulado |
| *L. odoratus* «Beaujolais» | | ● ● ● ● | | | 180 | 15 | -17° | | | | Flores grandes |
| *L. odoratus* «Noel Sutton» | | ● ● ● ● | | | 180 | 15 | -17° | | | | Tallos largos firmes |
| *L. odoratus* Old-fashioned Scented Mix | | ● ● ● ● | | | 180 | 15 | -17° | | | | Flores pequeñas pero muy fragantes |
| *L. odoratus* «Pink Cupid» | | ● ● ● ● | | | 15 | 45 | -17° | | | | Buena para macetas |
| *L. odoratus* «Winston Churchill» | | ● ● ● ● | | | 180 | 15 | -17° | | | | Flores con flecos |

 *pleno sol*    *semisombra*   ● *sombra*

# Laurentia

**También conocida como *Isotoma* o *Solenopsis*, *Laurentia axillaris* es una planta perenne tierna pequeña con hojas con cortes profundos y abundantes flores con forma de estrella que florecen durante mucho tiempo.**

Se utiliza para macizos de verano, en especial en macetas de terraza o alféizar. También es un buen espécimen adecuado para cestas colgantes. Intente combinarla con *Bidens ferulifolia*, *Brachyscome*, calceolarias, *Diascia* y *Gazania*. Deben retirarse las flores muertas de forma regular para prolongar la floración. Se multiplica por semillas en primavera debajo de cristal o por esquejes tiernos en verano. En invierno deben conservarse en un invernadero frío. Son vulnerables a los pulgones.

*Laurentia axillaris*

| | PRIMAVERA | VERANO | OTOÑO | INVIERNO | altura (cm) | diámetro (cm) | temp. mín. (°C) | humedad | sol/sombra | colores | |
|---|---|---|---|---|---|---|---|---|---|---|---|
| *Laurentia axillaris* | 🌱🌱🌱 | ●●● ●●● | ●●● ●●● | | 30 | 30 | 5° | 💧 | ☀ | ◼ | Floración muy libre |
| *L. axillaris* serie Charm | 🌱🌱🌱 | ●●● ●●● | ●●● ●●● | | 30 | 30 | 5° | 💧 | ☀ | ◼ | Floración muy libre |
| *L. axillaris* «Fantasy Blue» | 🌱🌱🌱 | ●●● ●●● | ●●● ●●● | | 30 | 30 | 5° | 💧 | ☀ | ◼ | Floración muy libre |

# Lavatera
Malva

*Lavatera trimestris* «Silver Cup»

**Los cultivares de *Lavatera trimestris* son anuales resistentes con hojas lobuladas y flores abiertas en forma de trompeta de color rosa o blanco.**

Resulta excelente en jardines campestres o en arriates mixtos modernos, en especial combinada con rosales arbustivos, pero combina igualmente bien con otras anuales como *Clarkia* y *Salvia viridis*. Esta planta también queda bien con plantas de hojas grisáceas como la lavanda y el ajenjo. Las flores aguantan bien en arreglos florales. Debe protegerse del viento. Las plantas se cultivan por semillas en primavera bajo cristal o en los lugares definitivos. Son vulnerables a la mancha de la hoja, la podredumbre de raíz y la roya.

| | PRIMAVERA | VERANO | OTOÑO | INVIERNO | altura (cm) | diámetro (cm) | temp. mín. (°C) | humedad | sol/sombra | colores | |
|---|---|---|---|---|---|---|---|---|---|---|---|
| *Lavatera trimestris* «Loveliness» | 🌱🌱🌱 | ●●● | | | 90 | 45 | -17° | 💧 | ☀ | ◼ | Variedad antigua pero aún popular |
| *L. trimestris* «Mont Blanc» | 🌱🌱🌱 | ●●● | | | 45 | 30 | -17° | 💧 | ☀ | ☐ | Hojas verde oscuro |
| *L. trimestris* «Silver Cup» | 🌱🌱🌱 | ●●● | | | 75 | 45 | -17° | 💧 | ☀ | ◼ | Flores grandes |

🌱 siembra    ✹ floración    💧 buen drenaje    💧 suelo húmedo    💧 suelo mojado

Flores

# Leucanthemum
## Margarita

**Los cultivares de *Leucanthemum x superbum* son plantas vivaces perennes resistentes de gran valor por sus grandes flores blancas, sencillas o dobles.**

*Leucanthemum x superbum «Snowcap»*

Planta vigorosa que forma grandes macizos; combina bien con otras perennes resistentes, en especial con las de colores fuertes como *Lychnis chalcedonica* y amapolas orientales (*Papaver orientale*). Las flores son buenas como flores cortadas. Los cultivares altos necesitan apoyo. Se multiplican por división en primavera u otoño. Para que las plantas sigan jóvenes y vigorosas, deben dividirse cada dos o tres años. Pueden sufrir ataques de pulgones, tijeretas, mancha de la hoja, babosas y caracoles.

| | PRIMAVERA | VERANO | OTOÑO | INVIERNO | altura (cm) | diámetro (cm) | temp. mín. (°C) | humedad | sol/sombra | colores | |
|---|---|---|---|---|---|---|---|---|---|---|---|
| *Leucanthemum x superbum* «Esther Read» | 🌱🌱🌱 | ●●● | ●🌱🌱 | | 60 | 60 | -17° | 💧 | ◐ | ☐ | Flores dobles |
| *L. x superbum* «Snowcap» | 🌱🌱🌱 | ●●● | ●🌱🌱 | | 45 | 45 | -17° | 💧 | ◐ | ☐ | Flores sencillas |
| *L. x superbum* «Wirral Supreme» | 🌱🌱🌱 | ●●● | ●🌱🌱 | | 90 | 70 | -17° | 💧 | ◐ | ☐ | Flores dobles |

# Leucojum
## Campanilla
*c.:* assa

**Bulbo resistente bastante parecido a la campanilla de invierno (*Galanthus*), con flores en forma de campana, principalmente en blanco, y con hojas herbosas o con forma de tirante.**

*Leucojum* varía en tamaño: los más grandes, *L. aestivum* y *L. vernum,* también son los más apropiados para arriates mixtos, en los que presentan un buen aspecto agrupados entre arbustos, o naturalizados como hierba, mientras que el pequeño *L. autumnale* es adecuado para los jardines de rocalla. Se multiplica por división de mata, ya sea en primavera o en otoño; y *L. autumnale* en verano, mientras está en latencia. Son vulnerables a la mosca del bulbo del narciso, las babosas y los caracoles.

*Leucojum aestivum «Gravetye Giant»*

| | PRIMAVERA | VERANO | OTOÑO | INVIERNO | altura (cm) | diámetro (cm) | temp. mín. (°C) | humedad | sol/sombra | colores | |
|---|---|---|---|---|---|---|---|---|---|---|---|
| *Leucojum aestivum* | ●●🌱 | | 🌱🌱🌱 | | 60 | 8 | -17° | 💧 | ☀ | ☐ | Follaje verde oscuro |
| *L. aestivum* «Gravetye Giant» | ●●🌱 | | 🌱🌱🌱 | | 90 | 10 | -17° | 💧 | ☀ | ☐ | Vigorosa |
| *L. autumnale* | | 🌱🌱🌱 | ● | | 10 | 5 | -17° | 💧 | ☀ | ☐ | Follaje herboso |
| *L. vernum* | ●🌱🌱 | | 🌱🌱🌱 | | 20 | 8 | -17° | 💧 | ☀ | ☐ | Follaje verde intenso |

# Liatris

**La planta herbácea perenne resistente *L. spicata* es muy apreciada por las grandes espigas de flores rosas o blancas que produce a finales de la estación entre masas de follaje herboso. *Liatris* crece a partir de tallos hinchados que parecen cormos.**

Las flores de esta planta, que atraen a las abejas, son adecuadas como flores cortadas. Se cultivan en arriates mixtos con hierbas ornamentales, en especial *Stipa gigantea*, y con plantas perennes de floración tardía como *Solidago*, ásters, equináceas y rudbeckias. No soporta el suelo húmedo en invierno. Se multiplica por división de mata en primavera. Es vulnerable a babosas y caracoles, que aparecen en el follaje joven.

Liatris spicata

Flores

| | PRIMAVERA | VERANO | OTOÑO | INVIERNO | altura (cm) | diámetro (cm) | temp. mín. (°C) | humedad | sol/sombra | colores | |
|---|---|---|---|---|---|---|---|---|---|---|---|
| *Liatris spicata* | 🌱🌱🌱 | ✹ ✹ | | | 120 | 45 | -17° | 💧 | ☀️ | ⬛ | Flores se abren desde arriba de espiga |
| *L. spicata* «Kobold» | 🌱🌱🌱 | ✹ ✹ | | | 45 | 30 | -17° | 💧 | ☀️ | ⬛ | Cabezuelas de púrpura intenso |

# Ligularia

Ligularia przewalskii

**Planta herbácea perenne resistente vigorosa con grandes hojas redondeadas o lobuladas y espigas de flores amarillas y naranjas con forma de margarita. Es excelente para lugares húmedos del jardín, incluido el margen de jardines de bosque, y sobre todo se plantan en torno a estanques o bordes de riachuelos.**

Se cultiva con arbustos en arriates mixtos, siempre que el suelo sea lo suficientemente húmedo. Le acompañan bien *Rodgersia*, *Hemerocallis*, *Carex*, lirios de agua y helechos. Debe estar protegida del frío. Se multiplica por división en primavera. Las babosas y los caracoles atacan el follaje joven.

| | PRIMAVERA | VERANO | OTOÑO | INVIERNO | altura (cm) | diámetro (cm) | temp. mín. (°C) | humedad | sol/sombra | colores | |
|---|---|---|---|---|---|---|---|---|---|---|---|
| *Ligularia dentata* «Desdemona» | 🌱🌱🌱 | ✹ ✹ ✹ | ✹ | | 90 | 90 | -17° | 💧 | ☀️ | ⬜ | Follaje rojo tostado, debajo púrpura |
| *L.* «Gregynog Gold» | 🌱🌱🌱 | ✹ ✹ | ✹ | | 180 | 90 | -17° | 💧 | ☀️ | ⬜ | Hojas grandes redondeadas |
| *L. przewalskii* | 🌱🌱🌱 | ✹ | | | 180 | 90 | -17° | 💧 | ☀️ | ⬜ | Hojas con forma de mano; corte profundo |

 siembra   floración   buen drenaje   suelo húmedo   suelo mojado

# Lilium

## Azucena

c.: lliri de sant Antoni, lliri;
e.: azuzena; g.: azucena

**Un grupo amplio de bulbos resistentes de diversos hábitos, con flores que pueden tener pétalos flexionados o con forma de trompeta, embudo, cuenco o estrella. Muchos presentan fragantes flores. Se clasifican en 9 divisiones.**

Muchas especies e híbridos son fáciles de cultivar, mientras que otras son un verdadero reto. Los lirios quedan fantásticos en jardines de bosque o en arriates de arbustos, combinados con rododendros, pieris, arces japoneses, magnolias y otros arbustos. Es aconsejable que sus raíces estén a la sombra de arbustos bajos y de plantas perennes de bosque, pero las cabezuelas prefieren el sol. También son apropiados para macetas de terraza (también con las raíces a la sombra). Sus flores cortadas son muy apreciadas.

Los lirios requieren un terreno rico en humus, de ácido a neutro, a pesar de que algunos prefieren los suelos alcalinos. Si alguno produce raíces en la base de los tallos, plántelo más profundo de lo normal, al menos a tres veces la altura del bulbo. Se multiplican por hijuelos o bulbitos cuando están en latencia. Entre las enfermedades y plagas que les afectan están los pulgones, pulgones de bulbo, podredumbre de raíz, moho gris, babosas, caracoles y virus.

*Lilium* «Star Gazer»

Flores

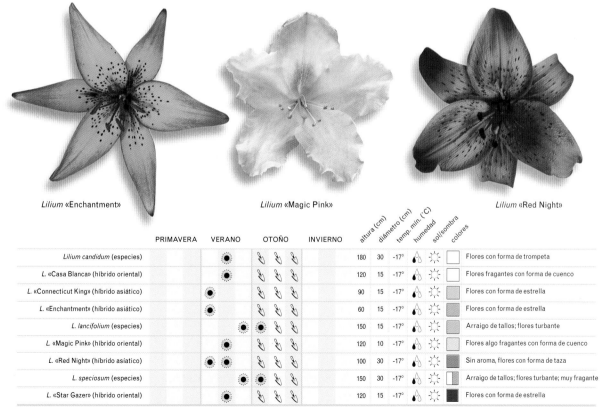

*Lilium* «Enchantment»          *Lilium* «Magic Pink»          *Lilium* «Red Night»

| | PRIMAVERA | VERANO | OTOÑO | INVIERNO | altura (cm) | diámetro (cm) | temp. mín. (°C) | humedad | sol/sombra | colores | |
|---|---|---|---|---|---|---|---|---|---|---|---|
| Lilium candidum (especies) | | ● | ✎ ✎ ✎ | | 180 | 30 | -17° | 💧💧 | ☀ | ⬜ | Flores con forma de trompeta |
| L. «Casa Blanca» (híbrido oriental) | | ● | ✎ ✎ ✎ | | 120 | 15 | -17° | 💧💧 | ☀ | ⬜ | Flores fragantes con forma de cuenco |
| L. «Connecticut King» (híbrido asiático) | ● | | ✎ ✎ ✎ | | 90 | 15 | -17° | 💧 | ☀ | ◻ | Flores con forma de estrella |
| L. «Enchantment» (híbrido asiático) | ● | | ✎ ✎ ✎ | | 60 | 15 | -17° | 💧 | ☀ | ▦ | Flores con forma de estrella |
| L. lancifolium (especies) | | ● ● | ✎ ✎ | | 150 | 15 | -17° | 💧 | ☀ | ▦ | Arraigo de tallos; flores turbante |
| L. «Magic Pink» (híbrido oriental) | | ● | ✎ ✎ ✎ | | 120 | 10 | -17° | 💧 | ☀ | ◻ | Flores algo fragantes con forma de cuenco |
| L. «Red Night» (híbrido asiático) | ● | ● | ✎ ✎ ✎ | | 100 | 30 | -17° | 💧 | ☀ | ▨ | Sin aroma, flores con forma de taza |
| L. speciosum (especies) | | ● ● | ✎ ✎ | | 150 | 30 | -17° | 💧💧 | ☀ | ▯ | Arraigo de tallos; flores turbante; muy fragante |
| L. «Star Gazer» (híbrido oriental) | | ● | ✎ ✎ ✎ | | 120 | 15 | -17° | 💧💧 | ☀ | ⬛ | Flores con forma de estrella |

 *pleno sol*    *semisombra*   ● *sombra*

# Limnanthes

**Limnanthes douglasii es una planta anual resistente que tiene flores que recuerdan a huevos escalfados, lo que atrae a las abejas.**

*Limnanthes douglasii* es una planta muy atractiva y alegre para los arriates mixtos, y una compañera ideal de ejemplares de *Nigella*, *Echium*, *Tagetes* y hierbas enanas, como *Festuca glauca* (festuca azul). También es una planta anual que se puede sembrar sin problemas en un jardín de rocalla. Se multiplica por siembra de semillas en su lugar definitivo durante la primavera o el otoño. En invierno debe cubrirse con una campana de cristal. Es una planta muy prolífica que se siembra a sí misma. No sufre enfermedades ni plagas.

*Limnanthes douglasii*

# Limonium

Cultivar de *Limonium sinuatum*

**Los cultivares de *Limonium sinuatum* son perennes resistentes a las heladas que suelen cultivarse como anuales. Las cabezuelas de brillantes colores, producidas sobre tallos alados, son adecuadas como flores cortadas o secas.**

Se cultiva en arriates mixtos con *Eryngium*, *Echinops*, cultivares de *Gypsophila paniculata*, *Osteospermum*, *Gazania* y *Argyranthemum*, o en línea en terrenos especiales para flores cortadas. Es muy recomendable para jardines cerca del mar y prefiere los suelos arenosos. Se multiplica por semillas a principios de primavera debajo de cristal. Las plantas sufren mildiu polvoriento.

| | PRIMAVERA | VERANO | OTOÑO | INVIERNO | altura (cm) | diámetro (cm) | temp. mín. (°C) | humedad | sol/sombra | colores | |
|---|---|---|---|---|---|---|---|---|---|---|---|
| *Limonium sinuatum* serie Forever | 🌱🌱🌱 | ●●●● | | | 38 | 30 | -4° | 💧 | ☀ | | Espigas de flores densas |
| *L. sinuatum* serie Fortress | 🌱🌱🌱 | ●●●● | | | 60 | 30 | -4° | 💧 | ☀ | | Hábito ramificado |
| *L. sinuatum* serie Sunburst | 🌱🌱🌱 | ●●●● | | | 70 | 30 | -4° | 💧 | ☀ | | Crea un efecto «cálido» |

 siembra    floración    💧 buen drenaje   💧 suelo húmedo   💧 suelo mojado

# Linaria

**Los cultivares de *Linaria maroccana* son delicadas plantas anuales resistentes con masas de pequeñas flores bilabiales en una gran variedad de colores brillantes. Se cultiva en arriates mixtos o en zonas de gravilla.**

Pruebe a plantarla en las grietas del pavimento. Es una buena elección para los jardines campestres y puede quedar muy bien en los alféizares de ventanas y en terrazas. Entre sus mejores compañeras se encuentran las clavelinas y los claveles (*Dianthus*), así como plantas con follaje plateado o grisáceo como las artemisas, hierba de los gatos (*Nepeta*) y lavanda. Es muy adecuada para suelos arenosos. Se multiplica por semillas en primavera en su posición definitiva. También se siembra por sí misma de manera prolífica. Es vulnerable a pulgones y mildiu polvoriento.

*Linaria maroccana «Fairy Bouquet»*

| | PRIMAVERA | VERANO | OTOÑO | INVIERNO | altura (cm) | diámetro (cm) | temp. mín. (°C) | humedad | sol/sombra | colores | |
|---|---|---|---|---|---|---|---|---|---|---|---|
| *Linaria maroccana* «Fairy Bouquet» | 🌱🌱🌱 | ●●● | | | 20 | 15 | -17° | 💧 | ☀ | ▨ | Floración muy libre |
| *L. maroccana* «Fairy Lights» | 🌱🌱🌱 | ●●● | | | 30 | 15 | -17° | 💧 | ☀ | ▨ | Centros blancos en contraste |
| *L. marocanna* «Northern Lights» | 🌱🌱🌱 | ●●● | | | 38 | 15 | -17° | 💧 | ☀ | ▨ | Incluye variedades bicolores |

# Liriope

**Planta perenne de hoja caduca resistente que crece a partir de raíces tuberosas. Las espigas de esta planta son de color violeta claro o blancas y salen de un abundante follaje a finales de año.**

Planta excelente para lugares sombríos de jardines de bosque o arriates con arbustos, donde se plantan en grandes grupos para cubrir el terreno. Se pueden acompañar con otras plantas cobertoras como la hiedra, *Pachysandra terminalis* y vincas. Los bulbos de primavera e invierno, como de *Galanthus*, también quedan bien entre el follaje. Prefieren suelos ácidos o no limosos. Se multiplican por división en primavera. Las babosas y los caracoles atacan las hojas jóvenes.

*Liriope muscari «John Burch»*

| | PRIMAVERA | VERANO | OTOÑO | INVIERNO | altura (cm) | diámetro (cm) | temp. mín. (°C) | humedad | sol/sombra | colores | |
|---|---|---|---|---|---|---|---|---|---|---|---|
| *Liriope muscari* | 🌱🌱🌱 | | ●●● | | 30 | 45 | -17° | 💧 | ● | ▨ | Follaje verde intenso |
| *L. muscari* «John Burch» | 🌱🌱🌱 | | ●●● | | 30 | 45 | -17° | 💧 | ● | ▨ | Hojas variegadas doradas |

 *pleno sol*    *semisombra*    *sombra*

# Lobelia

Lobelia

c.: lobèlia

**Los cultivares _L. erinus_ son las lobelias más populares, cultivados como anuales semirresistentes. Son plantas tupidas bajas o trepadoras que se utilizan en macizos de verano, con frecuencia en arriates de borde, pero queden igualmente bien en macetas; los tipos trepadores son sobre todo adecuados para cestas colgantes.**

Estas plantas producen masas de flores bilabiales muy pequeñas durante un período muy largo y combinan bien con muchas otras plantas de macizo de verano, incluidas begonias, geranios, _Tagetes_ y salvias escarlatas. El color tradicional es el azul, pero existen otros colores. Son muy variadas en hábito, si bien las vivaces resistentes resultan ideales para plantar en el borde de un estanque o en arriates mixtos si el terreno es lo suficientemente húmedo, donde presentan su mejor aspecto en

*Lobelia erinus «Mrs Clibran»*

*Lobelia erinus «Crystal Palace»*

L

Flores

combinación con arbustos y hostas. Incluyen _L. cardinalis_ y _L._ «Queen Victoria», ninguna de vida muy larga; cultivares _L._ x _speciosa_, que suele cultivarse como anual, y _L. siphilitica_ (flor cardenal azul), muy apropiada para jardines de bosque o arriates con arbustos. A las anuales debe añadírseles un fertilizante líquido bajo en nitrógeno cuando ya han arraigado bien. Éstas se cultivan a partir de semillas debajo de cristal en invierno o de esquejes de tallo en verano. Son vulnerables a babosas y caracoles.

*Lobelia erinus «Cascade Mixed»*

| | PRIMAVERA | VERANO | OTOÑO | INVIERNO | altura (cm) | diámetro (cm) | temp. min. (C) | humedad | sol/sombra | colores | |
|---|---|---|---|---|---|---|---|---|---|---|---|
| Lobelia cardinalis | siembra | floración | floración | | 90 | 30 | -17° | suelo húmedo | sol/sombra | | Follaje rojizo broncíneo |
| L. erinus «Cambridge Blue» | siembra | floración | floración | siembra | 15 | 15 | 1° | suelo húmedo | sol/sombra | | Hábito tupido compacto |
| L. erinus serie Cascade | siembra | floración | floración | siembra | 15 | 30 | 1° | suelo húmedo | sol/sombra | | Trepadora |
| L. erinus «Crystal Palace» | siembra | floración | floración | siembra | 15 | 15 | 1° | suelo húmedo | sol/sombra | | Hábito tupido compacto |
| L. erinus serie Fountain | siembra | floración | floración | siembra | 15 | 30 | 1° | suelo húmedo | sol/sombra | | Trepadora |
| L. erinus «Mrs Clibran» | siembra | floración | floración | siembra | 15 | 15 | 1° | suelo húmedo | sol/sombra | | Hábito tupido compacto |
| L. erinus serie Riviera | siembra | floración | floración | | 15 | 15 | 1° | suelo húmedo | sol/sombra | | Hábito tupido compacto |
| L. «Queen Victoria» | siembra | floración | floración | | 90 | 30 | -17° | suelo húmedo | sol/sombra | | Follaje color remolacha |
| L. siphilitica | siembra | floración | floración | | 90 | 30 | -17° | suelo húmedo | sol/sombra | | Follaje verde pálido |
| L. x speciosa serie Fan | siembra | floración | floración | siembra | 60 | 20 | -17° | suelo húmedo | sol/sombra | | Follaje teñido de rojo broncíneo o verde intenso |

 siembra  floración  buen drenaje · suelo húmedo · suelo mojado

# Lobularia

**Los cultivares de *L. maritima* son anuales resistentes cobertoras bajos cubiertos con cabezas de pequeñas y fragantes flores de cuatro pétalos. Suelen ser blancos, aunque existen otros colores.**

Se utilizan en macizos de verano, con frecuencia en borduras, y son adecuadas para macetas, así como cestas colgantes. Tradicionalmente se combinan con lobelia de macizo y muchas otras plantas de arriate, y resultan especialmente útiles como complemento de colores fuertes o cálidos. Pueden plantarse en jardines junto a la costa. Las flores marchitas deben cortarse. Se multiplican por semillas en primavera, bajo cristal o en su lugar definitivo. Son vulnerables a babosas y caracoles.

*Cultivar de Lobularia marítima*

| | PRIMAVERA | VERANO | OTOÑO | INVIERNO | altura (cm) | diámetro (cm) | temp. mín. (°C) | humedad | sol/sombra | colores | |
|---|---|---|---|---|---|---|---|---|---|---|---|
| Lobularia marítima «Carpet of Snow» | | | | | 10 | 30 | -17° | | | | Buena cobertura de suelo |
| L. marítima serie Easter Bonnet | | | | | 10 | 20 | -17° | | | | Florece pronto |
| L. marítima «Oriental Night» | | | | | 10 | 20 | -17° | | | | Hábito compacto |
| L. marítima «Rosie O'Day» | | | | | 10 | 20 | -17° | | | | Hábito compacto |
| L. marítima «Snow Crystals» | | | | | 22 | 30 | -17° | | | | Hábito en forma de cúpula |

# Lunaria
## Moneda de plata

**Lunaria annua es una planta bianual resistente, mientras que *L. rediviva* es una herbácea perenne resistente. Ambas producen cabezuelas de flores con cuatro pétalos sobre hojas de borde dentado con forma de corazón.**

*Lunaria annua «Variegata»*

Las vainas de semillas de color beige o plateadas translúcidas que siguen a las flores se pueden secar. Ambas especies son ideales para jardines silvestres o de bosque, pero también en arriates mixtos plantados en torno a arbustos y entre plantas perennes como hostas y astilbes. También es una buena elección para jardines campestres. Las plantas se siembran a finales de primavera en vivero y las perennes se dividen en primavera. Ambas se siembran por sí solas. Son vulnerables a los virus. Las plantas que muestran síntomas de tener virus se deben arrancar y desechar si no hay cura.

*Lunaria rediviva*

| | PRIMAVERA | VERANO | OTOÑO | INVIERNO | altura (cm) | diámetro (cm) | temp. mín. (°C) | humedad | sol/sombra | colores | |
|---|---|---|---|---|---|---|---|---|---|---|---|
| Lunaria annua «Variegata» | | | | | 90 | 30 | -17° | | | | Hojas variegadas blancas |
| L. rediviva | | | | | 90 | 30 | -17° | | | | Flores fragantes |

 *pleno sol*   *semisombra*   *sombra*

# Lupinus

## Altramuz

c.: tramusser, llobí;
e.: eskuzur; g.: chícharo
de raposo

**Los híbridos *Lupinus* de son plantas perennes resistentes que producen gruesas espigas de flores sobre macizos de hojas con forma de mano.**

Son plantas esenciales en los arriates mixtos y muy apreciadas para combinarlas con otras plantas perennes de florecimiento temprano como amapolas orientales (*Papaver orientale*), peonías, lirios alemanes y delfinios. El cebollino francés (*Allium*) también es un buen compañero, igual que los rosales arbustivos antiguos y modernos. *Lupinus* prefiere los suelos ácidos y arenosos. Los híbridos perennes se multiplican mejor por esquejes basales en primavera. Sufren el ataque de la mancha de la hoja, el mildiu polvoriento, las babosas, los caracoles y los virus.

*Lupinus* «The Page»

*Lupinus* «Polar Princess»

| | PRIMAVERA | VERANO | OTOÑO | INVIERNO | altura (cm) | diámetro (cm) | temp. mín. (°C) | humedad | sol/sombra | colores | |
|---|---|---|---|---|---|---|---|---|---|---|---|
| *Lupinus* «Chandelier» | siembra | floración | | | 90 | 70 | -17° | buen drenaje | sol | | Largo período de floración |
| *L.* «Noble Maiden» | siembra | floración | | | 90 | 70 | -17° | buen drenaje | sol | | Largo período de floración |
| *L.* «Polar Princess» | siembra | floración | | | 90 | 70 | -17° | buen drenaje | sol | | Largo período de floración |
| *L.* «The Governor» | siembra | floración | | | 90 | 70 | -17° | buen drenaje | sol | | Largo período de floración |
| *L.* «The Page» | siembra | floración | | | 90 | 70 | -17° | buen drenaje | sol | | Largo período de floración |

# Lychnis

## Cruz de Malta

c.: creu de Malta

Lychnis coronaria

**Género diverso de plantas resistentes que suelen tener colores brillantes o fuertes y flores planas lobuladas o con forma de estrella.**

*L. chalcedonica* (cruz de Malta o de Jerusalén) es una popular planta herbácea perenne que se puede aprovechar en combinaciones deslumbrantes, en especial con ejemplares de *Achillea* de cabeza plana o *Hemerocallis*. *L. coronaria* es una planta perenne de vida corta que se suele cultivar a partir de semillas. Combina bien con otras perennes de hojas plateadas como la artemisia, así como con rosales arbustivos. *L. flos-cuculi* (flor de cuchillo) es una herbácea perenne para jardines de bosque o silvestres. Se multiplica en primavera a partir de semillas a cubierto, por división o por esquejes basales. Es vulnerable a babosas y caracoles.

| | PRIMAVERA | VERANO | OTOÑO | INVIERNO | altura (cm) | diámetro (cm) | temp. mín. (°C) | humedad | sol/sombra | colores | |
|---|---|---|---|---|---|---|---|---|---|---|---|
| *Lychnis chalcedonica* | siembra | floración | | | 90 | 30 | -17° | suelo húmedo | sol | | Necesita apoyo |
| *L. coronaria* | siembra | floración | | | 75 | 30 | -17° | buen drenaje | sol | | Follaje gris plateado |
| *L. flos-cuculi* | siembra floración | floración | | | 75 | 60 | -17° | suelo húmedo | sol/sombra | | Pétalos de corte profundo |

 siembra     floración     buen drenaje     suelo húmedo     suelo mojado

Flores

# Lysimachia

## Hierba de la moneda

c.: lisimàquia;
g.: erva moedeira

Lysimachia nummularia

**Se trata de unas plantas herbáceas resistentes, a excepción de *L. nummularia*, que es de hoja perenne.**

La segunda es una planta cobertora postrada que puede ser invasiva, pero las otras son plantas de arriates con espigas de flores con forma de copa o estrella. Se cultiva en jardines de bosque o arriates mixtos; combina bien con búgulas menores. Las perennes más altas son adecuadas para arriates mixtos, zonas junto a estanques o jardines silvestres, donde combinan con ejemplares de *Hemerocallis*, *Ligularia* y *Rodgersia*. Se multiplican por división en primavera. Son vulnerables a babosas y caracoles.

Lysimachia punctata

L

M

Flores

| | PRIMAVERA | VERANO | OTOÑO | INVIERNO | altura (cm) | diámetro (cm) | temp. mín. (°C) | humedad | sol/sombra | colores | |
|---|---|---|---|---|---|---|---|---|---|---|---|
| *Lysimachia ciliata* «Firecracker» | 🌱🌱🌱 | ● | | | 70 | 60 | -17° | ◐ | ☀ | ▢ | Follaje marrón rojizo |
| *L. clethroides* | 🌱🌱🌱 | ● | | | 90 | 60 | -17° | ◐ | ☀ | ▢ | Espigas de flores curvadas |
| *L. nummularia* | 🌱🌱🌱 | ●●● | | | 5 | 90 | -17° | ◐ | ☀ | ▢ | Hábito muy vigoroso |
| *L. punctata* | 🌱🌱🌱 | ● | | | 90 | 60 | -17° | ◐ | ☀ | ▢ | Hábito vigoroso |

# Malcomia

## Prado de Mahón

Malcolmia maritima

**Planta anual resistente que produce una larga sucesión de flores de cuatro pétalos fragantes. Se cultiva al frente de arriates mixtos, en jardines campestres, entre grietas del pavimento o zonas de gravilla.**

Tiene preferencia por jardines cerca de la costa. Se cultiva junto a otras anuales resistentes, o con hierbas ornamentales anuales. Se multiplica a partir de semillas en primavera en su lugar definitivo. Se siembra cada 5 o 6 semanas para asegurar un período de floración largo. Las plantas se siembran a sí mismas. No suelen sufrir enfermedades ni plagas, pero no le gusta el clima muy húmedo y cálido.

 *pleno sol*    *semisombra*    *sombra*

# Matthiola

Alhelí

c.: violer; e.: barasña; g.: alelí

**Los cultivares resistentes de _M. incana_, que se cultivan como anuales o bianuales para macizos y macetas, son muy apreciados por sus fragantes espigas de flores, que son buenas como flores cortadas. Es ideal para arriates mixtos y también para jardines campestres.**

Las plantas madre de Brompton y la serie Legacy se cultivan como bianuales; la serie Cinderella y las plantas madre Ten Week se tratan como anuales. _M. longipetala_ subsp. _bicornis_ es una anual resistente útil para rellenar espacios en arriates. Todas prefieren suelos alcalinos. Las anuales se siembran a mediados de verano en macizo frío o de semillas, que se trasplantan al exterior en otoño protegidas por campanas de cristal o pasan el invierno en un macizo frío antes de trasplantarlas al exterior en primavera. La variedad, que desprende su aroma por la noche, se siembra en su posición definitiva. Es vulnerable a pulgones, podredumbre de raíz (_véase Erysimum_, pág. 76), moho gris y virus.

_Matthiola incana_ Brompton Mixed

| | PRIMAVERA | VERANO | OTOÑO | INVIERNO | altura (cm) | diámetro (cm) | temp. mín. (°C) | humedad | sol/sombra | colores | |
|---|---|---|---|---|---|---|---|---|---|---|---|
| _Matthiola incana_ Brompton Mixed | | | | | 45 | 30 | -17° | | | | Flores fragantes dobles o sencillas |
| _M. incana_ serie Cinderella | | | | | 25 | 20 | -17° | | | | Flores dobles |
| _M. incana_ serie Legacy | | | | | 45 | 30 | -17° | | | | Flores dobles |
| _M. incana_ Ten Week Mixed | | | | | 30 | 20 | -17° | | | | Flores dobles fragantes |
| _M. longipetala_ subsp. _bicornis_ | | | | | 30 | 20 | -17° | | | | Fragantes de noche |

 siembra  floración  buen drenaje suelo húmedo  suelo mojado

_Matthiola incana_ Brompton Mixed

# Mimulus

Mímulo

c.: mímulo

**Varios híbridos resistentes se suelen cultivar como anuales para macizos de verano o macetas. Poseen flores de colores brillantes, tubulares, abiertas y a menudo manchadas con otro color.**

Estas plantas también presentan un buen aspecto en el suelo húmedo junto a estanques, por ejemplo, con hostas y astilbes. *M. cardinalis* es una herbácea perenne resistente para bordes de estanques o jardines de ciénaga. Todas estas plantas prefieren un terreno con mucho contenido en humus. Hay que regarlas bien en climas secos. Cuando crecen en macetas en terrazas o alféizares, el sustrato nunca debe secarse, puesto que esto limitaría el crecimiento y la floración. Las anuales se cultivan a partir de semillas en primavera bajo cristal. Las perennes se multiplican en primavera, por división o por esquejes tiernos. Son vulnerables al mildiu polvoriento, las babosas y los caracoles.

Mímulus «Puck»

| | PRIMAVERA | VERANO | OTOÑO | INVIERNO | altura (cm) | diámetro (cm) | temp. mín. (°C) | humedad | sol/sombra | colores | |
|---|---|---|---|---|---|---|---|---|---|---|---|
| Mimulus «Calypso» | 🌱🌱🌱 | ●●● | | | 20 | 30 | -17° | 💧💧 | ☼ | | Flores con manchas y bicolores |
| M. cardinalis | 🌱🌱🌱 | ●●● | | | 90 | 60 | -17° | 💧💧 | ☼ | | Follaje verde claro |
| M. serie Magic | 🌱🌱🌱 | ●●● | | | 20 | 30 | -17° | 💧💧 | ☼ | | Flores pequeñas, a menudo de dos colores |
| M. «Puck» | 🌱🌱🌱 | ●●● | | | 20 | 30 | -17° | 💧💧 | ☼ | | Tono crema asalmonado |

# Miscanthus

Eulalia

**Estas hierbas vivaces resistentes son muy apreciadas por sus hojas con flores de ligeras espigas que salen a finales de la estación.**

Las hojas y flores muertas conservan su atractivo todo el invierno. La eulalia es perfecta junto con muchas plantas perennes resistentes en arriates mixtos, incluidas algunas de floración tardía, y con arbustos, en especial los que tienen hojas que cambian de color en otoño o producen frutos. Quedan bien en zonas con gravilla y junto a estanques. Se multiplican por división en primavera. No sufren enfermedades ni plagas.

Miscanthus sinensis «Silberfeder»

| | PRIMAVERA | VERANO | OTOÑO | INVIERNO | altura (cm) | diámetro (cm) | temp. mín. (°C) | humedad | sol/sombra | colores | |
|---|---|---|---|---|---|---|---|---|---|---|---|
| Miscanthus sinensis «Rotsilber» | 🌱🌱🌱 | ● ● | | | 120 | 90 | -17° | 💧💧 | ☼ | | Hojas con una tira blanca central |
| M. sinensis «Silberfeder» | 🌱🌱🌱 | | ● | | 240 | 120 | -17° | 💧💧 | ☼ | | Florecen libremente |

 *pleno sol*  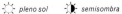 *semisombra*  ● *sombra*

M

Flores

# Molucella

*Molucella laevis*

**Una anual semirresistente, *M. laevis* tiene flores bastante llamativas, cada una rodeada de un gran cáliz verde ligero. Cuando se forman las semillas, estos cálices se vuelven como de papel y, en este punto, las cabezas de semillas se pueden secar bien.**

*Molucella* es apropiada para arriates mixtos soleados y queda bien combinada con hierbas ornamentales enanas o rosales arbustivos. También se puede combinar con ejemplares de *Nigella* (arañuela) y *Nemophila menziesii*.

Las plantas se cultivan a partir de semillas en primavera bajo cristal o en sus lugares definitivos a finales de primavera. Esta planta no sufre enfermedades ni plagas.

# Monarda
## Bergamota

**La bergamota herbácea perenne resistente tiene un aromático follaje y cabezuelas en espiral de flores tubulares, muy atractivas para las abejas, en tallos erguidos y duros.**

Estas plantas son especialmente indicadas para arriates mixtos con estilo pradera combinadas con hierbas ornamentales como *Miscanthus* y con perennes de floración tardía, incluido *Aster* x *frikartii* «Mönch», rudbeckias, *Echinacea*, *Helianthus* y *Solidago*. La bergamota no se siente

*Monarda «Violet Queen»*

*Monarda «Beauty of Cobham»*

a gusto en suelo muy húmedo durante invierno o seco en verano. Se multiplica en primavera, por división o por esquejes basales. El mildiu polvoriento, las babosas y los caracoles son sus principales enemigos, a pesar de que ya se pueden encontrar cultivares resistentes al mildiu.

| | PRIMAVERA | VERANO | OTOÑO | INVIERNO | altura (cm) | diámetro (cm) | temp. mín. (°C) | humedad | sol/sombra | colores | |
|---|---|---|---|---|---|---|---|---|---|---|---|
| *Monarda* «Beauty of Cobham» | siembra siembra siembra | ● ● ● | ● ● ● | | 90 | 60 | -17° | ◐ | ☼ | | Hojas púrpura enrojecidas |
| *M.* «Cambridge Scarlet» | siembra siembra siembra | ● ● ● | ● ● ● | | 90 | 60 | -17° | ◐ | ☼ | | Cultivar antiguo pero aún válido |
| *M.* «Croftway Pink» | siembra siembra siembra | ● ● ● | ● ● ● | | 90 | 60 | -17° | ◐ | ☼ | | Cultivar antiguo pero aún válido |
| *M.* «Violet Queen» | siembra siembra siembra | ● ● ● | ● ● ● | | 90 | 60 | -17° | ◐ | ☼ | | Cultivar moderno de valor |

 siembra   floración   buen drenaje  ◐ suelo húmedo  ◆ suelo mojado

M

Flores

## Muscari

Jacinto racemoso,
nazareno

c.: calabruixa

**Los nazarenos son bulbos enanos resistentes.
M. armeniacum tiene follaje herboso
y espigas de flores tubulares cortas y anchas.
Es un bulbo muy robusto que se extiende
con rapidez, y por ello se ha incluido aquí.**

Los nazarenos se sienten cómodos a media
sombra, por lo que lo recomendable es
plantarlos en torno a arbustos en arriates mixtos,
en grupos destacados o surcos, con otros bulbos
pequeños de primavera como los narcisos en
miniatura y *Erythroniums*. También son adecuados
para jardines de bosque, para naturalizar como
hierba y para jardines de rocalla. Se multiplican
por división y se replantan las matas establecidas
cuando están en latencia, durante el verano o el
otoño. Aparte de algún virus, no tienen problemas.

## Myosotis

Nomeolvides

**Los cultivares *Myosotis sylvatica* son plantas bianuales enanas resistentes que producen
una nube de pequeñas flores, sobre todo en tonos azules, en primavera. Suelen utilizarse,
principalmente, para esquemas florales de primavera, en particular como base de tulipanes
de macizo, y combinan bien con alhelíes (*Erysimum*) y margaritas (*Bellis*).**

En las macetas de la terraza
y el alféizar se podrían
utilizar combinaciones
similares. Son deliciosos
cuando se plantan
en surcos informales en
torno a arbustos de hoja
caduca de floración en
primavera, como *Forsythia*
o *Spiraea*, o en jardines
de bosque. Las plantas se
cultivan a partir de semillas
en semilleros en el exterior
a principios del verano
y se trasplantan en otoño.
Son vulnerables al mildiu
polvoriento, las babosas
y los caracoles.

Myosotis sylvatica «Blue Ball»

| | PRIMAVERA | VERANO | OTOÑO | INVIERNO | altura (cm) | diámetro (cm) | temp. mín. (°C) | humedad | sol/sombra | colores | |
|---|---|---|---|---|---|---|---|---|---|---|---|
| *Myosotis sylvatica* «Blue Ball» | ● ● ● ● | ● 🌱 | 🌱 🌱 🌱 | | 15 | 15 | -17° | 💧💧 | ☀️ | | Hábito muy compacto |
| *M. sylvatica* «Royal Blue» | ● ● ● ● | ● 🌱 | 🌱 🌱 | | 30 | 20 | -17° | 💧💧 | ☀️ | | Más alta que las demás |
| *M. sylvatica* «Spring Symphony Mixed» | ● ● ● ● | ● 🌱 | 🌱 🌱 | | 20 | 20 | -17° | 💧💧 | ☀️ | | Hábito muy compacto |

 *pleno sol*    *semisombra*    *sombra*

# Narcissus

Narciso

c.: narcís

**Uno de los heraldos clásicos de la primavera es el narciso dorado, que se cultiva en cualquier lugar, desde en prados cerca de la costa hasta en montañas. Hoy en día existen más de cincuenta especies de narcisos y miles de cultivares.**

Los narcisos son unos de los bulbos resistentes más populares. Poseen un hábito variable, desde especies miniatura e híbridos hasta cultivares altos con grandes flores. Las hojas pueden tener forma de tirante o, en las especies miniatura, ser algo herbosas. Básicamente, las flores consisten en una corona con forma de trompeta o taza rodeadas por pétales planos o flexionados.

Los narcisos se clasifican en 12 divisiones (indicadas entre paréntesis en la tabla de la página opuesta). Los jardineros no prestan mucha atención a las divisiones, pues tienen suficiente con saber que las más populares son: los narcisos trompeta, cuya corona tiene forma de trompeta grande; de taza grande, con una corona en forma de taza grande; dobles, con flores dobles; Cyclamineus, con pétalos flexionados y largas coronas; Triandrus, Jonquilla y Tazetta con grupos de flores pequeñas; y corona dividida, cuya corona plana está profundamente dividida (como si fuera una huevo frito).

*Narcissus «Dove Wings»*

*Narcissus «Geranium»*

*Narcissus «Tête-à-Tête»*

Los narcisos se pueden aprovechar de muchas maneras, pero en general lo mejor es plantarlos de forma irregular antes que en esquemas formales de macizo. Por ejemplo, plante abundantes grupos o surcos entre arbustos de un arriate mixto o jardín de bosque. Puede plantarlos en el césped debajo de árboles de hoja caduca. Los más altos se pueden plantar entre hierbas altas. Los narcisos miniatura son adecuados para jardines de rocalla, agrupados en torno a arbustos pequeños o incluso para naturalizar como hierba baja.

 siembra     floración     buen drenaje     suelo húmedo     suelo mojado

Para conseguir el mejor efecto con estas flores, plántelas con árboles que florezcan en primavera y con arbustos, siempre que sea posible, como los cerezos y *Forsythia*. Los narcisos son también adecuados para macetas en terrazas y alféizares. Sus flores cortadas son particularmente buenas. Si el terreno es ligero o va a plantar en el césped, coloque los bulbos algo más profundos. El suelo ácido es el mejor para los Cyclamineus y Triandrus, y el suelo algo alcalino para los cultivares Jonquilla y Tazetta.

Después de la floración, corte las flores marchitas y añada un fertilizante elevado en potasa cada semana hasta que las hojas empiecen a amarillear. Nunca retire el follaje hasta que esté completamente marchito. Extraiga y divida las matas abigarradas cuando estén en latencia. Se multiplican por retirada de los hijuelos cuando están en latencia. Son vulnerables a la podredumbre de raíz, la mosca del bulbo del narciso, las babosas y los caracoles, y los virus. Si se toca la savia del narciso, la piel se puede irritar.

*Narcissus* «February Gold»

*Narcissus* «Beryl»

*Narcissus* «Minnow»

*Narcissus* «Actaea»

| | PRIMAVERA | VERANO | OTOÑO | INVIERNO | altura (cm) | diámetro (cm) | temp. mín. (°C) | humedad | sol/sombra | colores | |
|---|---|---|---|---|---|---|---|---|---|---|---|
| *Narcissus* «Actaea» (Poeticus) | ● | | 🌱 🌱 🌱 | | 45 | 15 | -17° | 💧💧 | 🔆 | ◻ | Muy fragante |
| N. «Belcanto» (Corona partida) | ● | | 🌱 🌱 🌱 | | 45 | 15 | -17° | 💧💧 | 🔆 | ◻ | Flores grandes |
| N. «Beryl» (Cyclamineus) | ● | | 🌱 🌱 🌱 | | 20 | 8 | -17° | 💧💧 | 🔆 | ◧ | Prefiere condiciones frescas |
| N. «Bobbysoxer» (Jonquilla) | ● | | 🌱 🌱 🌱 | | 15 | 8 | -17° | 💧💧 | ☀ | ◻ | Dos flores por tallo |
| N. «Dove Wings» (Cyclamineus) | ● | | 🌱 🌱 🌱 | | 30 | 8 | -17° | 💧💧 | 🔆 | ◻ | Prefiere condiciones frescas |
| N. «February Gold» (Cyclamineus) | ● | | 🌱 🌱 🌱 | | 30 | 8 | -17° | 💧💧 | 🔆 | ▦ | Prefiere condiciones frescas |
| N. «Geranium» (Tazetta) | ● | | 🌱 🌱 🌱 | | 38 | 8 | -17° | 💧💧 | ☀ | ◻ | Flores fragantes |
| N. «Golden Ducat» (Doble) | ● | | 🌱 🌱 🌱 | | 38 | 15 | -17° | 💧 | 🔆 | ▦ | Flores grandes |
| N. «Ice Follies» (Copa grande) | ● | | 🌱 🌱 🌱 | | 38 | 15 | -17° | 💧💧 | 🔆 | ◻ | Crecimiento robusto |
| N. «Minnow» (Tazetta) | ● | | 🌱 🌱 🌱 | | 15 | 8 | -17° | 💧💧 | 🔆 | ◻ | Hábito robusto |
| N. «Tête à Tête» (Otros) | ● | | 🌱 🌱 🌱 | | 15 | 8 | -17° | 💧💧 | 🔆 | ▦ | Varias flores por tallo |

 🔆 pleno sol   🔅 semisombra  ● sombra

# Nemesia

**Los cultivares de *Nemesia strumosa* son plantas anuales semirresistentes con cabezas de pequeñas flores bilabiadas en una gran variedad de colores brillantes, o, en ocasiones, dos colores. Se utiliza para macizos de verano, macetas en terrazas y alféizares. Quedan mejor si se plantan en masa.**

Los ejemplares ya resultan muy atractivos solos, pero si lo desea puede combinarlas con cultivares de *Salvia farinacea*, *Nemophila menziesii* y *Scaevola aemula*. El suelo que más les conviene es uno ácido, pero no les gustan las condiciones secas y calurosas, por lo que es necesario mantenerlos frescos y húmedos. Las plantas se cultivan a partir de semillas en primavera bajo cristal. La podredumbre negra de raíz y la podredumbre de raíz pueden ser un problema.

Cultivar de *Nemesia strumosa*

*Nemesia strumosa* «Sundrops Mixed»

N

Flores

| | PRIMAVERA | VERANO | OTOÑO | INVIERNO | altura (cm) | diámetro (cm) | temp. mín. (°C) | humedad | sol/sombra | colores | |
|---|---|---|---|---|---|---|---|---|---|---|---|
| *Nemesia strumosa* serie Carnival | 🖐🖐🖐 | ●●● | | | 20 | 15 | 1° | 💧 | ☀ | ▦ | Hábito de crecimiento compacto |
| *N. strumosa* «KLM» | 🖐🖐🖐 | ●●● | | | 25 | 15 | 1° | 💧 | ☀ | ▦ | Flores con garganta amarilla |
| *N. strumosa* «Sundrops Mixed» | 🖐🖐🖐 | ●●● | | | 25 | 15 | 1° | 💧 | ☀ | ▦ | Floración temprana |

# Nemophila

**Nemophila menziesii, la mejor especie, es una pequeña anual resistente con hojas pinadas de color verde grisáceo y flores con forma de cuenco poco profundo que florecen en verano. Es adecuada para arriates mixtos, macetas para terrazas y alféizares y para combinarla con plantas anuales de colores muy fuertes de Nemesia.**

Otras compañeras efectivas son *Argyranthemum* «Jamaica Primrose» y *Limnanthes douglasii*. Las semillas se pueden sembrar en primavera u otoño en su lugar definitivo. Una vez que se introduzcan en un jardín, las plantas se multiplicarán por sí solas. Aparte de los pulgones, no tienen problemas de enfermedades o plagas.

*Nemophila menziesii* «Snowstorm»

 siembra   floración  |   buen drenaje   suelo húmedo   suelo mojado

# Nepeta

## Hierba de los gatos

*Nepeta x faassenii*

Nepeta «Six Hills Giant»

**Perenne herbácea resistente, con un aromático follaje y espigas de flores bilabiadas, principalmente en azul y púrpura, que florecen durante un largo período de tiempo y atraen a las abejas. Se cultiva en arriates mixtos, incluidos arriates de jardines campestres.**

Combina particularmente bien con rosas de todo tipo (antiguas y modernas) y con geranios, peonías y altramuces. Después de la floración, deben recortarse las plantas un poco con una podadora a fin de favorecer la floración y el crecimiento compacto. Se multiplican por división en primavera y otoño. Les afecta el mildiu polvoriento, las babosas y los caracoles.

| | PRIMAVERA | VERANO | OTOÑO | INVIERNO | altura (cm) | diámetro (cm) | temp. min. (°C) | humedad | sol/sombra | colores |
|---|---|---|---|---|---|---|---|---|---|---|
| *Nepeta x faassenii* | | ● ● ● | ● ● ● | | 45 | 45 | -17° | 💧 | ☼ | | Hojas grisáceas aromáticas |
| *N. nervosa* | | ● ● ● | ● ● | | 60 | 30 | -17° | 💧 | ☼ | | Hojas grisáceas aromáticas |
| *N. sibirica «Souvenir d'André Chaudron»* | | ● ● ● | ● ● | | 45 | 45 | -17° | 💧 | ☼ | | Hojas grisáceas aromáticas |
| *N. «Six Hills Giant»* | | ● ● ● | ● | | 90 | 60 | -17° | 💧 | ☼ | | Hojas grisáceas aromáticas |

# Nerine

## Nerine

*c.: nerine*

**Planta bulbosa resistente, *Nerine bowdenii* es muy apreciada por sus cabezas de flores con forma de lirio con pétalos flexionados y hojas anchas de tirantes.**

Las flores cortadas son muy apreciadas. El mejor lugar para cultivar nerine es al pie de un muro que reciba mucho sol, junto a ejemplares de *Schizostylis* y *Sedum* de floración otoñal. Plante el bulbo a poca profundidad, con el ápice justo debajo de la superficie. En áreas con abundantes heladas, mantenga las raíces cubiertas por hojas secas o paja durante el invierno. Aplique un fertilizante universal en primavera. Se multiplica por división de mata durante el verano, cuando está en latencia. Es vulnerable a babosas y caracoles.

*Nerine bowdenii*

☼ *pleno sol*  ☼ *semisombra*  ● *sombra*

# Nicotiana

Planta del tabaco

c.: tabac; e.: tabako;
g.: tabaqueira

**Nicotiana se cultiva como una planta anual semirresistente y produce una larga flor tubular o muy abierta que se abre principalmente por la noche. Sin embargo, algunos cultivares, incluidos los de *N. x sanderae* y «Lime Green», se abren durante el día.**

Son plantas ideales para esquemas florales de verano, en los que combinan bien con muchas otras plantas de macizo, como las verbenas, petunias, *Cosmos bipinnatus*, *Salvia farinacea* y geranios. *N. alata* y *N. sylvestris*, más grandes, son efectivas en esquemas de macizo subtropical con plantas de follaje como *Canna*. Deben sujetarse con tutores. Las plantas se cultivan por semillas a cubierto en primavera. Son vulnerables a pulgones, moho gris y virus.

*Nicotiana x sanderae serie Domino*

| | PRIMAVERA | VERANO | OTOÑO | INVIERNO | altura (cm) | diámetro (cm) | temp. mín. (°C) | humedad | sol/sombra | colores | |
|---|---|---|---|---|---|---|---|---|---|---|---|
| *Nicotiana alata* (sin. *N. affinis*) | siembra siembra siembra | floración floración floración floración | | | 150 | 45 | 1° | suelo húmedo | sol | | Fragante de noche |
| *N. «Lime Green»* | siembra siembra siembra | floración floración floración floración | | | 60 | 30 | 1° | suelo húmedo | sol | | Color poco usual |
| *N. x sanderae* serie Domino | siembra siembra siembra | floración floración floración floración | | | 45 | 30 | 1° | suelo húmedo | sol | | Flores miran hacia arriba |
| *N. x sanderae* serie Havana | siembra siembra siembra | floración floración floración floración | | | 30 | 30 | 1° | suelo húmedo | sol | | Hábito de crecimiento compacto |
| *N. x sanderae* serie Merlin | siembra siembra siembra | floración floración floración floración | | | 30 | 30 | 1° | suelo húmedo | sol | | Ideal para macetas |
| *N. x sanderae* serie Nicki | siembra siembra siembra | floración floración floración floración | | | 38 | 30 | 1° | suelo húmedo | sol | | Flores fragantes |
| *N. x sanderae* «Sensation Mixed» | siembra siembra siembra | floración floración floración floración | | | 75 | 30 | 1° | suelo húmedo | sol | | Flores fragantes |
| *N. sylvestris* | siembra siembra siembra | floración floración floración floración | | | 150 | 60 | 1° | suelo mojado | sol | | Fragante; flores no se abren a pleno sol |

# Nigella

Arañuela

c.: flor d'aranya;
e.: katu-bixarra; g.: luceiros

**Nigella damascena es una planta anual resistente con un follaje verde brillante y flores aplanadas generalmente de color azul, pero también de otros colores, con un collar de hojas. Se planta en arriates mixtos con otras plantas anuales como las caléndulas y amapolas, junto a hierbas anuales.**

*Nigella damascena «Persian Jewels»*

Las flores quedan bien cortadas y las vainas de semillas con forma de balón se pueden secar para arreglos florales de invierno. Las plantas se cultivan por semillas en sus posiciones definitivas en otoño y florecen a principios del año siguiente; las plantas jóvenes deben protegerse con campanas de cristal durante el invierno. Una altenativa consiste en sembrar en primavera para una floración tardía. No le afectan plagas ni enfermedades.

| | PRIMAVERA | VERANO | OTOÑO | INVIERNO | altura (cm) | diámetro (cm) | temp. mín. (°C) | humedad | sol/sombra | colores | |
|---|---|---|---|---|---|---|---|---|---|---|---|
| *Nigella damascena* «Miss Jekyll» | siembra siembra siembra | floración floración floración | siembra siembra | | 45 | 20 | -17° | buen drenaje | sol | | Cultivar antiguo bueno |
| *N. damascena* «Persian Jewels» | siembra siembra siembra | floración floración floración | siembra siembra | | 38 | 20 | -17° | buen drenaje | sol | | Buena gama de colores modernos |

 siembra     floración     buen drenaje    suelo húmedo    suelo mojado

# Nymphaea
Nenúfar

**El nenúfar es la más popular de las plantas acuáticas para los estanques de jardín. Los que se incluyen aquí son plantas vivaces perennes resistentes. Los nenúfares tienen hojas redondeadas que flotan en el agua y producen unas flores con forma parecida a una estrella o a un cuenco justo por encima de la superficie del agua.**

Algunos nenúfares son plantas vigorosas invasoras, sólo aconsejables para estanques grandes y lagos, pero las que se describen aquí son no invasoras, por lo que pueden utilizarse

*Nymphaea «Escarboucle»*

*Nymphaea tetragona sin. pygmaea*

*Nymphaea «James Brydon»*

**Flores**

en estanques medianos o pequeños. *N.* «Pygmaea Helvola» es ideal para estanques pequeños. Los nenúfares se plantan en cestas acuáticas de plástico con un sustrato limoso o para plantas acuáticas cubierto con una capa de guijarros. Coloque la cesta sobre unos ladrillos a fin de que la corona de la planta quede sumergida

y haga descender la cesta a medida que la planta crece retirando los ladrillos hasta que la corona esté cubierta con 15 a 60 cm de agua, según el tamaño de la planta (cuanto más grande, más profunda debe estar). Se multiplica por división en primavera. Los nenúfares son vulnerables a la mancha de la hoja y la podredumbre de raíz.

| | PRIMAVERA | VERANO | OTOÑO | INVIERNO | altura (cm) | diámetro (cm) | temp. min. (°C) | humedad | sol/sombra | colores | |
|---|---|---|---|---|---|---|---|---|---|---|---|
| *Nymphaea* «Escarboucle» | 🌱🌱🌱 | ●●● | | | 60 | 150 | -17° | | ☀ | ▪ | Buena para estanque mediano a grande |
| *N.* «James Brydon» | 🌱🌱🌱 | ●●● | | | 45 | 120 | -17° | | ☀ | ▪ | Buena para estanque mediano a grande |
| *N.* «Pygmaea Helvola»» | 🌱🌱🌱 | ●●● | | | 15 | 38 | -4° | | ☀ | ▪ | Buena para estanque pequeño a grande |

☼ *pleno sol*  ◐ *semisombra*  ● *sombra*

# Oenothera

Onagra, borriquera

**Planta herbácea perenne resistente de grandes y llamativas flores amarillas con forma de cuenco que florecen durante un largo período de tiempo. Las flores individuales sólo florecen un día.**

*O. fruticosa* es apropiada para arriates mixtos combinada con arbustos como jara (*Cistus*), lavanda y romero, y con hierbas ornamentales, incluida *Stipa gigantea*.

Los cultivares de *O. speciosa* combinan igual de bien con hierbas ornamentales en arriates. Es una planta especialmente indicada para suelos pobres y en invierno no soporta el suelo muy húmedo. Se multiplica por división o por esquejes tiernos en primavera. Es vulnerable a la podredumbre de raíz, la mancha de la hoja y el mildiu polvoriento, y hay que tener cuidado con babosas y caracoles.

*Oenothera speciosa «Siskiyou»*

| | PRIMAVERA | VERANO | OTOÑO | INVIERNO | altura (cm) | diámetro (cm) | temp. mín. (°C) | humedad | sol/sombra | colores | |
|---|---|---|---|---|---|---|---|---|---|---|---|
| *Oenothera fruticosa «Fyrverkeri» («Fireworks»)* | 🌱🌱🌼 | ⚫⚫⚫ | | | 38 | 30 | -17° | 💧 | ☀ | | Follaje enrojecido con marrón |
| *O. speciosa «Siskiyou»* | 🌱🌱🌼 | ⚫⚫⚫⚫ | | | 30 | 30 | -17° | 💧 | ☀ | | Hábito espeso ordenado |

# Osteospermum

Matacabras

*c.:* matacabres

**Planta perenne y subarbusto resistente o semirresistente de hoja perenne, principalmente, que se suele cultivar como anual. Se trata de una planta tupida enana que produce masas de flores con forma de margarita durante un largo período de tiempo.**

Las flores son de colores variados. Últimamente se han asentado como plantas predilectas entre los macizos de verano y son excelentes para macetas de terraza o alféizar. Coloque grupos destacados al frente de arriates mixtos.

Se pueden incorporar en combinaciones muy atractivas junto con otras plantas de flor de verano, como ejemplares de *Argyranthemum*, en colores que contrasten, *Brachyscome*, *Diascia*, *Dimorphotheca*, *Felicia*, *Gazania*, *Nemophila*,

*Osteopermum «Pink whirls»*

*Osteospermum «Sunny Alex»*

 siembra     floración     buen drenaje     suelo húmedo    suelo mojado

Flores

O

*Pelargonium, Tagetes*, verbenas y plantas de follaje utilizadas para arriates como *Aeonium* «Zwartkop» y *Plectranthus argentatus*. Las flores muertas deben retirarse con regularidad para garantizar una floración prolongada. Se multiplican por esquejes semimaduros a finales del verano. Se colocan las plantas bajo cristal en invierno para trasplantarlas en la primavera siguiente, cuando hayan pasado las heladas. Las semillas se siembran bajo cristal en primavera. Únicamente son vulnerables a pulgones.

| | PRIMAVERA | VERANO | OTOÑO | INVIERNO | altura (cm) | diámetro (cm) | temp. mín. (°C) | humedad | sol/sombra | colores | |
|---|---|---|---|---|---|---|---|---|---|---|---|
| *Osteospermum* «Buttermilk» | | | | | 60 | 60 | 1° | | | | Centro azul intenso |
| *O. jucundum* | | | | | 30 | 60 | -4° | | | | Centro purpúreo |
| *O.* «Silver Sparkler» | | | | | 60 | 60 | 1° | | | | Centro púrpura; hojas variegadas |
| *O.* «Sunny Alex» | | | | | 50 | 60 | 1° | | | | Cultivar moderno bueno |
| *O.* «Weetwood» | | | | | 60 | 60 | -4° | | | | Centro amarillo |
| *O.* «Whirligig» | | | | | 60 | 60 | 1° | | | | Centro azul |

# Paeonia

Peonía

*c.:* peònia; *e.:* oinlodia

**Los cultivares de *Paeonia lactiflora* son plantas vivaces resistentes que producen grandes flores con forma de taza. Son buenos candidatos para jardines campestres, pero también para modernos arriates mixtos.**

*Paeonia lactiflora* «Bowl of Beauty»

Entre sus mejores compañeras se encuentran *Alchemilla mollis*, *Allium* ornamentales (cebollino francés), *Aquilegia* (aguileñas), *Delfinium*, lirios alemanes altos, *Lupinus* y amapolas orientales (*Papaver orientale*). Las peonías son perfectas combinar con rosales arbustivos, en particular con cultivares antiguos o con la rosa New English, y con arbustos de hoja plateada o gris como la lavanda y las santolinas. La peonía prefiere un suelo rico que contenga mucho humus. Necesita tutores de caña de bambú para los tallos con flor para evitar que la lluvia los aplaste. Tiene una vida muy larga, pero una vez plantada no le gusta que la molesten, por lo que es aconsejable arrancar sólo cuando se vaya a multiplicar por división en primavera. Es vulnerable a la enfermedad de la peonía (los tallos se marchitan y se vuelven marrones en la base) y a los virus.

| | PRIMAVERA | VERANO | OTOÑO | INVIERNO | altura (cm) | diámetro (cm) | temp. mín. (°C) | humedad | sol/sombra | colores | |
|---|---|---|---|---|---|---|---|---|---|---|---|
| *Paeonia lactiflora* «Bowl of Beauty» | | | | | 90 | 90 | -17° | | | | Flores con forma de anémona |
| *P. lactiflora* «Duchess de Nemours» | | | | | 75 | 75 | -17° | | | | Flores dobles perfumadas |
| *P. lactiflora* «Félix Crousse» | | | | | 75 | 75 | -17° | | | | Flores dobles perfumadas |
| *P. lactiflora* «Sarah Bernhardt» | | | | | 90 | 90 | -17° | | | | Flores dobles perfumadas |

 *pleno sol*   *semisombra*   *sombra*

# Papaver

## Amapola

c: rosella; e.: lobedarr;
g.: papoula

**Las amapolas forman un gran grupo de plantas perennes, anuales y bianuales. Poseen llamativas flores en forma de cuenco de colores brillantes seguidas de una atractiva cabeza de semillas que se puede secar para arreglos florales de invierno. Las anuales resistentes incluyen _P. commutatum_, _P. rhoeas_ Shirley y _P. somniferum_ (adormidera).**

La más conocida es la bianual resistente _P. croceum_ (amapola de Islandia). Las perennes resistentes incluyen los exuberantes cultivares de _P. orientale_ (amapola oriental). La amapola combina bien con muchas plantas y debería estar en todos los jardines. Las anuales y bianuales resultan encantadoras con hierbas anuales ornamentales como _Lagurus ovatus_ (rabo de liebre) y con otras plantas efímeras como la centáurea (_Centaurea_) y la arañuela (_Nigella_). Las amapolas orientales perennes combinan perfectamente con lirios alemanes altos, _Lupinus_, delfinios y aguileñas. Las perennes enanas se deben plantar delante de las amapolas orientales para ocultar el follaje, que después de la floración se estropea bastante. Las anuales y bianuales se cultivan a partir de semillas en primavera en sus lugares definitivos,

Papaver orientale «Allegro»

ya que no les gusta que las molesten. Las perennes se multiplican por esquejes de raíz en otoño o invierno; tras arraigar en un macizo frío se trasplantan en primavera. Los pulgones son su principal enemigo.

Papaver orientale «Lenchfener»

Papaver orientale «John Metcalf»

Papaver orientale «Cedric Morris»

| | PRIMAVERA | VERANO | OTOÑO | INVIERNO | altura (cm) | diámetro (cm) | temp. mín. (°C) | humedad | sol/sombra | colores | |
|---|---|---|---|---|---|---|---|---|---|---|---|
| _Papaver commutatum_ «Lady Bird» | siembra | floración | | | 45 | 15 | -17° | buen drenaje | sol | | Follaje con forma de helecho |
| _P. croceum_ grupo Garden Gnome | siembra | floración | | | 20 | 15 | -17° | buen drenaje | sol | | Hábito bajo y compacto |
| _P._ «Lenchfener» | siembra | floración | | | 75 | 60 | -17° | buen drenaje | sol | | Cultivar moderno bueno |
| _P. orientale_ «Allegro» | siembra | floración | | | 75 | 60 | -17° | buen drenaje | sol | | Color muy brillante |
| _P. orientale_ «Cedric Morris» | siembra | floración | | | 75 | 60 | -17° | buen drenaje | sol | | Hojas peludas robustas |
| _P. orientale_ «John Metcalf» | siembra | floración | | | 75 | 60 | -17° | buen drenaje | sol | | Cultivar moderno bueno |
| _P. orientale_ «Perry's White» | siembra | floración | | | 75 | 60 | -17° | buen drenaje | sol | | Tallos de las flores robustos |
| _P. rhoeas_ serie Shirley | siembra | floración | | | 90 | 30 | -17° | buen drenaje | sol | | Flores dobles a sencillas |
| _P. somniferum_ «Peony Flowered» | siembra | floración | | | 90 | 30 | -17° | buen drenaje | sol | | Flores dobles con volante |

siembra    floración    buen drenaje    suelo húmedo    suelo mojado

P

Flores

# Pelargonium
## Geranio

**El geranio zonal cultivado a partir de semillas que se menciona aquí es una planta perenne tupida sensible que se cultiva como una anual. Produce grandes cabezuelas de flores sencillas, principalmente, durante un largo período de tiempo.**

El geranio con hoja de hiedra es una planta perenne trepadora delicada, también cultivada como anual, con hojas con forma de hiedra y cabezuelas de flores dobles o sencillas redondeadas. Incluye variedades cultivadas por semillas y cultivares multiplicados por esquejes. El geranio zonal es una planta que destaca entre las plantas de flor de verano y resulta adecuado para plantarlo en masa en arriates formales. Combina bien con muchas otras plantas de macizos como la petunia, cultivares de *Lobelia*

*Pelargonium «Vista Deep Rose»*

*Pelargonium «Sensation Scarlet»*

*erinus*, *Ageratum*, verbenas y cultivares de *Lobularia maritima*. Las plantas que se pueden emplear como ejemplar aislado con *Pelargonium* son *Canna*, *Cordyline australis* y cultivares de hoja plateada de *Senecio cineraria*. El zonal también se puede plantar en terraza y alféizar con las mismas plantas. El geranio de hiedra se suele cultivar en macetas de verano, en especial, en cestas colgantes y macetas de alféizar. Combina con lobelias trepadoras, *Ageratum*, verbenas y petunias. Las flores muertas deben retirarse para prolongar la floración. Las semillas se siembran a finales de invierno bajo cristal. Se multiplican por esquejes semimaduros a finales de verano y las plantas jóvenes pasan el invierno bajo cristal. Son vulnerables a pulgones, orugas, podredumbre de pie, moho gris, roya y larvas de gorgojo de la vid.

| | PRIMAVERA | VERANO | OTOÑO | INVIERNO | altura (cm) | diámetro (cm) | temp. mín. (°C) | humedad | sol/sombra | colores | |
|---|---|---|---|---|---|---|---|---|---|---|---|
| *Pelargonium* «Amethyst» (hoja de hiedra) | 🌱🌱🌱 | ●●●● | | | 30 | 45 | 1° | 💧 | ☀ | | Flores semidobles |
| *P.* «Luna» (hoja de hiedra) | 🌱🌱🌱 | ●●●● | | | 30 | 45 | 1° | 💧 | ☀ | | Follaje verde brillante |
| *P.* serie Multibloom (zonal, de semillas) | 🌱🌱🌱 | ●●●● | | 🌱 | 30 | 30 | 1° | 💧 | ☀ | | Flores sencillas producidas en racimos |
| *P.* serie Sensation (zonal, de semillas) | 🌱🌱🌱 | ●●●● | | 🌱 | 30 | 30 | 1° | 💧 | ☀ | | Flores sencillas que toleran la lluvia |
| *P.* «Speckles» (zonal, de semillas) | 🌱🌱🌱 | ●●●● | | 🌱 | 30 | 30 | 1° | 💧 | ☀ | | Flores con motitas o manchas |
| *P.* «Summer Showers» (hiedra, de semillas) | 🌱🌱🌱 | ●●●● | | 🌱 | 15 | 60 | 1° | 💧 | ☀ | | Floración muy libre |
| *P.* serie Vista (zonal, de semillas) | 🌱🌱🌱 | ●●●● | | 🌱 | 38 | 30 | 1° | 💧 | ☀ | | Crecimiento uniforme, floración libre |
| *P.* «Wico» (hoja de hiedra) | 🌱🌱🌱 | ●●●● | | | 30 | 45 | 1° | 💧 | ☀ | | Follaje verde satinado |

 ☀ *pleno sol*   ☀ *semisombra*  ● *sombra*

# Penstemon

Dedalera del monte

c.: penstémon

**Planta herbácea totalmente resistente a las heladas, en parte de hoja perenne. También produce masas de flores tubulares con dos labios lobulados durante un largo período de tiempo. La mayoría tiene hojas estrechas con forma de lanza.**

Penstemon «Apple Blossom»

Se cultivan en arriates mixtos, en especial en jardines campestres. Queda muy bien con plantas de hoja plateada o grisácea como el ajento, hierba de los gatos (*Nepeta*), lavanda y *Stachys byzantina*, así como con rosales arbustivos, en especial rosas antiguas, y con *Alstroemerias*, *Dianthus* (claveles y clavelinas para arriates) y hierbas ornamentales como *Miscanthus*. *Nicotiana* y la verbena son buenas compañeras anuales. Si el clima es propenso a heladas fuertes, debe protegerse con una capa gruesa de pajas secas, helechos u hojas. Las flores marchitas deben cortarse con regularidad. Se multiplican por esquejes semimaduros en verano o por división en primavera. Son sensibles al mildiu polvoriento, las babosas y los caracoles.

| | PRIMAVERA | VERANO | OTOÑO | INVIERNO | altura (cm) | diámetro (cm) | temp. mín. (°C) | humedad | sol/sombra | colores |
|---|---|---|---|---|---|---|---|---|---|---|
| Penstemon «Alice Hindley» | 🖑🖑🖑 | ● ● ● | ● ● ● | | 90 | 45 | -4° | 💧 | ☀ | | Hojas grandes |
| P. «Andenken an Friedrich Hahn» | 🖑🖑🖑 | ● ● ● | ● ● ● | | 70 | 60 | -4° | 💧 | ☀ | | Hojas estrechas, vigorosa y bien ramificada |
| P. «Apple Blossom» | 🖑🖑🖑 | ● ● ● | ● ● ● | | 60 | 60 | -4° | 💧 | ☀ | | Hojas estrechas, flores pequeñas |
| P. «Evelyn» | 🖑🖑🖑 | ● ● ● | ● ● ● | | 60 | 30 | -17° | 💧 | ☀ | | Hojas estrechas, flores pequeñas |
| P. «Pennington Gem» | 🖑🖑🖑 | ● ● ● | ● ● ● | | 70 | 45 | -4° | 💧 | ☀ | | Hojas estrechas, flores grandes |
| P. «Stapleford Gem» | 🖑🖑🖑 | ● ● ● | ● ● ● | | 60 | 45 | -17° | 💧 | ☀ | | Hojas y flores grandes |

# Perovskia

Salvia rusa

**Subarbusto resistente, *P.* «Blue Spire» se cultiva por sus espigas de flores azules y follajes y tallos grises con forma de helecho peludo. Es una buena elección para partes secas del jardín, como zonas de gravilla, y puede incluso crecer en suelos pobres o calcáreos.**

Perovskia «Blue Spire»

Es una planta excelente para jardines cerca del mar, donde se puede combinar con otras plantas similares como el tamarisco, *Eryngium maritimum* (cardo marítimo), *Limonium latifolium* y *Crambe maritima*. En otro tipo de jardines, combina bien con rosales arbustivos y perennes de floración tardía como la rudbeckia. En primavera, deben cortarse todos los tallos del año anterior hasta el armazón leñoso bajo permanente. Se multiplica por esquejes semimaduros en verano. No le afectan ni las plagas ni las enfermedades.

Flores

P

 siembra   floración   buen drenaje  💧 suelo húmedo  💧 suelo mojado

# Petunia
## Petunia
c.: petúnia

**Aunque son plantas perennes, las petunias se suelen cultivar como anuales semirresistentes. Producen masas de flores de cinco lóbulos algo planas durante un largo período de tiempo.**

Las petunias crecen bien en suelo pobre a moderadamente fértil y son buenas en jardines cerca de la costa, donde se pueden acompañar de *Gazania*, portulaca (verdolaga) y plantas crasas como *Dorotheanthus bellidiformis*, *Lampranthus* y *Carpobrotus edulis* (hierba del cuchillo). Las petunias se utilizan, fundamentalmente, en esquemas florales de verano y en macetas, en las que combinan bien con muchas otras plantas de macizo como el geranio, salvias escarlatas, verbenas, dalias de macizo, ejemplares de *Osteospermum*, *Tagetes*, *Fuchsia* y alegrías. Las flores marchitas deben cortarse con regularidad. Las plantas se cultivan a partir de semillas en primavera bajo cristal. Las petunias son vulnerables a pulgones, podredumbre de raíz, babosas, caracoles y virus.

*Petunia* Surfinia Series «Blue Vein»

*Petunia* Million Bells Series «Cherry»

| | PRIMAVERA | VERANO | OTOÑO | INVIERNO | altura (cm) | diámetro (cm) | temp. mín. (°C) | humedad | sol/sombra | colores | |
|---|---|---|---|---|---|---|---|---|---|---|---|
| *P.* serie Carpet (grupo Multiflora) | | | | | 25 | 90 | 1° | | | | Flor pequeña, buena en esquemas florales |
| *P.* «Fantasy Mixed» (grupo Milliflora) | | | | | 30 | 45 | 1° | | | | Buena para macetas, colores mixtos |
| *P.* serie Million Bells (grupo Milliflora) | | | | | 15 | 120 | 1° | | | | Hábito trepador, ideal para macetas |
| *P.* serie Picotee (grupo Grandiflora) | | | | | 30 | 90 | 1° | | | | Flores de bordes blancos grandes |
| *P.* serie Surfinia (grupo Grandiflora) | | | | | 30 | 120 | 1° | | | | Buena para macetas; comprar como tacos |

# Phacelia
## Facelia

**Anual resistente, *P. campanularia* es apreciada por sus flores azules con forma de campana, muy atractivas para las abejas. Crece en lugares soleados en arriates mixtos y, mejor, en suelos secos, en jardines de gravilla.**

Si quiere un jardín en el que predomine el azul, combine facelia con otras anuales azules como *Centaurea cyanus* y *Nemophila menziesii*. Las plantas se cultivan por semillas en primavera y a principios de otoño en su lugar definitivo. La siembra de primavera pronto da los primeros frutos. En el caso de inviernos muy húmedos o fríos, las plantas jóvenes deben protegerse con campanas de cristal. No suelen tener problemas.

*Phacelia campanularia* «Ocean Waves»

 *pleno sol*   *semisombra*   *sombra*

# Phlox

Flox

c.: flox

**El flox puede ser tanto anual como perenne. Los cultivares de *P. x drummondii* son anuales resistentes a las heladas con flores lobuladas planas. Suelen plantarse en arriates de verano, aunque también es posible plantarlos al frente de arriates mixtos. El flox anual es muy apropiado para jardines campestres. Se cultiva bien en macetas.**

Compañeras efectivas del flox anual son los cultivares de *Salvia farinacea*, el heliotropo y las plantas con follaje gris como el arbusto semirresistente *Helichrysum petiolare*. Las flores muertas deben retirarse con regularidad, a pesar de que puede ser una tarea engorrosa y lenta, pero así se consigue alargar la floración semanas e incluso meses. Los cultivares de *P. paniculata* son plantas vivaces resistentes con cabezuelas de flores planas y fragantes, y tallos erectos y altos. Son ideales para arriates mixtos (incluidos los de jardines campestres) en combinación con rosales

*Phlox paniculata* «Spitfire»

de arbustos modernos y antiguos, campanulas altas, *Echinacea purpurea*, rudbeckias, *Solidago* (vara de oro) y ejemplares de *Achillea* altos. Los cultivares de *P. subulata* (flox de musgo) son perennes y forman mata de hoja caduca resistente para jardines de rocalla, con masas de flores planas que florecen al principio de la estación. Combinan bien con *Aurinia saxatilis*, *Aubrieta* y cultivares de *Helianthemum*. Las anuales se cultivan por semillas a principios de primavera bajo cristal. Los cultivares de *P. paniculata* se multiplican por división en primavera u otoño, por esquejes de raíz en invierno o por esquejes basales en primavera. Los cultivares de *P. subulata* se multiplican por esquejes tiernos en primavera. El flox es vulnerable a la mancha de la hoja y al mildiu polvoriento.

*Phlox paniculata* «Starfire»

| | PRIMAVERA | VERANO | OTOÑO | INVIERNO | altura (cm) | diámetro (cm) | temp. min. (°C) | humedad | sol/sombra | colores | |
|---|---|---|---|---|---|---|---|---|---|---|---|
| *Phlox x drummondii* «African Sunset» | siembra | floración | | | 10 | 20 | -4° | buen drenaje | sol | | Hábito tupido |
| *P. x drummondii* «Tapestry» | siembra | floración | | | 45 | 30 | -4° | buen drenaje | sol | | Flores muy fragantes |
| *P. x drummondii* «Twinkling Stars» | siembra | floración | | | 15 | 15 | -4° | buen drenaje | sol | | Flores con forma de estrella |
| *P. paniculata* «Brigadier» | siembra | floración | floración | | 90 | 45 | -17° | suelo húmedo | sol | | Cultivar de fuerte crecimiento |
| *P. paniculata* «Bright Eyes» | siembra | floración | floración | | 120 | 60 | -17° | suelo húmedo | sol | | Cultivar distintivo |
| *P. paniculata* «Fujiyama» | siembra | floración | | | 70 | 45 | -17° | suelo húmedo | sol | | Cabezuelas cónicas grandes |
| *P. paniculata* «Spitfire» | siembra | floración | | | 90 | 45 | -17° | suelo húmedo | sol | | Cabezuelas densas |
| *P. paniculata* «Starfire» | siembra | floración | | | 90 | 45 | -17° | suelo húmedo | sol | | Follaje verde intenso |
| *P. subulata* «Lilacina» (sin. «G.F. Wilson») | siembra floración | floración | | | 8 | 45 | -17° | buen drenaje | sol | | Hábito vigoroso |
| *P. subulata* «Temiskaming» | siembra floración | floración | | | 8 | 30 | -17° | buen drenaje | sol | | Crecimiento más lento |

siembra   floración   buen drenaje   suelo húmedo   suelo mojado

Flores

P

*Phlox paniculata* «Spitfire»

# Phygelius
## Fucsia del Cabo

**Arbustos de hoja caduca resistentes a las heladas que tienen un hábito impactante y parecen más una planta perenne. Las flores tubulares sobre tallos erectos florecen durante un largo período.**

Se cultivan en arriates mixtos con *Agapanthus* y *Kniphofia*. Necesitan bastante espacio, ya que su hábito se esparce y no son tan hermosas si se amontonan con otras plantas. Las flores marchitas deben eliminarse con regularidad. En las zonas donde hay heladas, se puede cultivar como una herbácea perenne cortando los tallos en primavera. También se puede cultivar en invierno en un lugar cubierto con acolchado con material seco como paja. Se multiplica por esquejes tiernos en primavera. No suele tener problemas.

*Phygelius rectus «Moonraker»*

| | PRIMAVERA | VERANO | OTOÑO | INVIERNO | altura (cm) | diámetro (cm) | temp. mín. (C) | humedad | sol/sombra | colores | |
|---|---|---|---|---|---|---|---|---|---|---|---|
| Phygelius aequalis «Yellow Trumpet» | 🌱🌱🌱 | ●●● | | | 90 | 90 | -4° | 💧 | ☀ | ▢ | Floración muy libre |
| P. capensis | 🌱🌱 | ●●● | | | 120 | 120 | -9° | 💧 | ☀ | ▢ | Follaje verde intenso |
| P. rectus «African Queen» | 🌱🌱🌱 | ●●● | | | 90 | 90 | -4° | 💧 | ☀ | ▣ | Largas guirnaldas de flores |
| P. rectus «Moonraker» | 🌱🌱🌱 | ●●● | | | 150 | 120 | -4° | 💧 | ☀ | ▢ | Flores ligeramente curvadas |

# Physostegia
## Planta obediente

*Physostegia virginiana*

**Perenne resistente con espigas ramificadas de flores tubulares que florecen durante mucho tiempo. Su nombre común hace referencia al hecho de que si se mueven las flores, éstas se quedan en esa posición.**

Se cultiva en arriates mixtos con *Echinacea purpurea*, *Solidago* (vara de oro), *Rudbeckia fulgida* y hierbas ornamentales como *Stipa gigantea*. Las flores son adecuadas como flores cortadas. Se multiplican por división en otoño o a principios de primavera. Son vulnerables a las babosas y los caracoles.

# Polemonium
## Escalera de Jacob, valeriana griega

**Herbácea perenne resistente, *Polemonium caeruleum* posee cabezuelas ramificadas de flores con forma de campana y hojas pinadas muy atractivas.**

Se cultiva en arriates mixtos, o en el lugar más natural del jardín, incluidas zonas de hierba alta. Son buenas compañeras de *Achillea «Moonshine»*, *Allium cristophii*, *Euphorbia characias* subsp. *wulfenii* y *Lupinus*. Las flores muertas deben cortarse con regularidad. Se multiplica por división en primavera. Es vulnerable al mildiu polvoriento.

*Polemonium caeruleum*

☀ *pleno sol*   ◑ *semisombra*   ● *sombra*

# Polygonatum

## Sello de Salomón

*c.*: segell de Salomó;
*g.*: solda consolda

**Polygonatum x hybridum es una planta herbácea perenne resistente con tallos un poco arqueados donde crecen macizos de flores tubulares colgantes seguidas por moras.**

Las hojas, que salen en horizontal, tienen forma espatiforme. Es ideal para arriates en zona sombreada acompañado de arbustos. En los jardines de bosque también se siente a gusto combinada con hostas y prímulas. Se multiplica por división en primavera. Es vulnerable a babosas y caracoles, igual que a la oruga de la sírice gigante (elimínelas y rocíe la planta con rotenona o piretrinas).

*Polygonatum x hybridum*

# Potentilla

## Cincoenrama

*c.*: cinc-en-rama, *e.*: bostorri;
*g.*: cinco-em-rama

*Potentilla* «William Rollison»

**Esta herbácea resistente produce flores como rosas pequeñas durante un largo período y macizos de hojas con forma de mano. Son ideales para arriates mixtos, y en especial, para jardines campestres.**

Combínelas con otras perennes como *Artemisia*, en especial *A. ludoviciana* «*Silver Queen*» con follaje plateado, así como alrededor de rosales arbustivos y con lavandas. Son apropiadas para suelos pobres. Se multiplican por división en primavera. No sufren plagas ni enfermedades.

|  | PRIMAVERA | VERANO | OTOÑO | INVIERNO | altura (cm) | diámetro (cm) | temp. mín. (C) | humedad | sol/sombra | colores |  |
|---|---|---|---|---|---|---|---|---|---|---|---|
| *Potentilla* «Gibson's Scarlet» | 🌱🌱🌱 | ● ● ● |  |  | 45 | 45 | -17° | 💧 | ☼ |  | Flores sencillas |
| *P.* «William Rollison» | 🌱🌱🌱 | ● ● ● |  |  | 45 | 45 | -17° | 💧 | ☼ |  | Flores semidobles |

# Primula

## Prímula, primavera

*c.*: prímula

**Un grupo variado principalmente de vivaces resistentes y perennes de hoja perenne. Los cultivares de *P. auricula* son plantas de hoja perenne enanas que forman rosetas de hojas anchas y cabezales de flores planas, con frecuencia divididas en colores de mucho contraste.**

*Primula denticulata*

Las prímulas se utilizan mucho: son ideales para la parte frontal de arriates mixtos y quedan muy bien en jardines campestres. *P. denticulata* es característica por sus flores con forma de campana; resulta ideal para arriates húmedos a la sombra o jardines de bosque en combinación con hostas y otras perennes que se sienten a gusto en la sombra como los helechos. Las prímulas Candelabra, como *P. japonica*, con espirales de flores superpuestas, se cultivan igual y también se pueden plantar al borde de un estanque. Los grupos Primrose y Polyanthus son plantas vivaces o de hoja caduca que forman

*Primula vulgaris*

 siembra  floración  buen drenaje  suelo húmedo  suelo mojado

rosetas enanas con flores planas que salen de tallos bastante cortos. El grupo Primrose incluye la prímula silvestre, *P. vulgaris*, y *P.* «Wanda», ideal para el frente de arriates a la sombra o jardines de bosque. Las prímulas de colores como la «Husky Mixed» se cultivan como bianuales para macizos de primavera o macetas, como *P.* «Guinevere», mientras que otras, como las de la serie Crescendo, se cultivan como bianuales para macizos y macetas de primavera. Tienen tallos de flores más altos que las prímulas. *P. veris* resulta perfecta para cultivar en una pradera de flores silvestres. Las perennes se multiplican por división en otoño. Las bianuales se cultivan a partir de semillas en un macizo frío en primavera,

crecen en un vivero a la sombra y se trasplantan en otoño. Las prímulas son vulnerables al moho gris, las babosas, los caracoles y las larvas de gorgojo de la vid.

| | PRIMAVERA | VERANO | OTOÑO | INVIERNO | altura (cm) | diámetro (cm) | temp. mín. (°C) | humedad | sol/sombra | colores | |
|---|---|---|---|---|---|---|---|---|---|---|---|
| *Primula auricula* (cultivar de arriate) | | | | | 15 | 20 | -17° | | | | Plantas a menudo blanco pálido y fragantes |
| *P.* serie Crescendo (grupo Polyanthus) | | | | | 30 | 30 | -17° | | | | Tallos gruesos y fuertes |
| *P. denticulata* | | | | | 30 | 30 | -17° | | | | Otros colores disponibles |
| *P.* «Husky Mixed» (grupo Primrose) | | | | | 15 | 15 | -17° | | | | Colores muy claros y brillantes |
| *P. japonica* (Candelabra primula) | | | | | 45 | 30 | -17° | | | | Rosetas de hojas |
| *P. veris* | | | | | 23 | 23 | -17° | | | | Flores fragantes |
| *P. vulgaris* | | | | | 15 | 30 | -17° | | | | Flores algo fragantes |
| *P.* «Wanda» (grupo Primrose) | | | | | 10 | 30 | -17° | | | | Follaje verde purpúreo |

# Pulmonaria

## Pulmonaria

c.: pulmonària; e.: biribedarr; g.: pulmonária

**Esta planta perenne de hoja perenne resistente que crece pegada al suelo es apreciada por sus racimos de pequeñas flores tubulares abocinadas que aparecen a principios de la temporada y por sus grandes hojas peludas y bastas con marcas plateadas de muchas especies y cultivares.**

Se cultiva como una planta cobertora en arriates a la sombra en torno a arbustos y en jardines de bosque, y combina bien con bulbos de floración en primavera. Cuando la floración ha terminado, deben cortarse las hojas viejas para favorecer la aparición

de otras nuevas. Las plantas deben arrancarse y dividirse cada tres años, en otoño o cuando acaba la floración. También se multiplican por esquejes de raíz en invierno. Es vulnerable al mildiu polvoriento, las babosas y los caracoles.

Izquierda: *Pulmonaria saccharata*

| | PRIMAVERA | VERANO | OTOÑO | INVIERNO | altura (cm) | diámetro (cm) | temp. mín. (°C) | humedad | sol/sombra | colores | |
|---|---|---|---|---|---|---|---|---|---|---|---|
| *Pulmonaria officinalis* | | | | | 23 | 45 | -17° | | | | Hojas con puntos plateados |
| *P. rubra* | | | | | 38 | 75 | -17° | | | | Follaje verde fresco |
| *P. saccharata* | | | | | 30 | 60 | -17° | | | | Hojas con puntos plateados |
| *P.* «Sissinghurst White» | | | | | 30 | 45 | -17° | | | | Hojas con puntos plateados |

 pleno sol    semisombra   sombra

# Pulsatilla

Pulsátila,
flor de viento

*c.*: pulsatil·la

**P. vulgaris es una planta herbácea perenne resistente enana. Sus flores grandes y suntuosas con forma de campana inclinada están cubiertas de un vello suave y surgen de un interesante follaje con forma de helecho.**

Es ideal para jardines de rocalla o para plantarla en los huecos del pavimento combinada con otras plantas de rocalla que florecen en primavera, como *Aurinia saxatilis*. No le gusta que toquen demasiado sus raíces, por lo que sólo es conveniente manipularla para la multiplicación por esquejes de raíz en invierno. Es vulnerable a babosas y caracoles.

*Pulsatilla vulgaris*

# Ranunculus

Francesillas

**Un género variable que incluye vivaces perennes resistentes como R. aconitifolius «Flore pleno», los cultivares de R. ficaria de raíz tuberosa y R. gramineus.**

*Ranunculus asiaticus* «Accolade»

Las flores suelen tener forma de platillo o cuenco, pero son totalmente dobles en otros cultivares. Son buenas para arriates mixtos, si bien los cultivares de *R. ficaria* se cultivan como cobertores de suelo en jardines de bosque sombreados o arriates de arbustos. Los cultivares de *R. asiaticus* son perennes tuberosas

semirresistentes que se plantan en primavera y pasan el invierno como raíces tuberosas en latencia en un lugar protegido de las heladas (guardadas con sustituto de turba seco). La mayoría prefiere la semisombra. Las perennes se multiplican por división en otoño y primavera. Son vulnerables a pulgones, mildiu polvoriento, babosas y caracoles.

| | PRIMAVERA | VERANO | OTOÑO | INVIERNO | altura (cm) | diámetro (cm) | temp. mín. (°C) | humedad | sol/sombra | colores | |
|---|---|---|---|---|---|---|---|---|---|---|---|
| *Ranunculus aconitifolius* «Flore Pleno» | 🌱🌱●● | | 🌱🌱🌱 | | 60 | 45 | -17° | 💧💧 | ☀️🌤️ | ⬜ | Flores dobles |
| *R. asiaticus* «Accolade» | 🌱🌱●● | | | | 30 | 20 | 1° | 💧 | ☀️ | ◼️◻️ | Flores dobles |
| *R. asiaticus* grupo Turban | 🌱🌱●● | | | | 30 | 20 | 1° | 💧 | ☀️🌤️ | ◼️◻️ | Flores dobles |
| *R. ficaria* «Brazen Hussy» | ●🌱🌱 | | 🌱🌱🌱 | | 5 | 30 | -17° | 💧💧 | ☀️🌤️ | ⬜ | Follaje marrón oscuro |
| *R. gramineus* | 🌱🌱● | ● | 🌱🌱🌱 | | 30 | 15 | -17° | 💧💧 | ☀️🌤️ | ⬜ | Follaje herboso |

# Reseda

*Reseda luteola*

**Una anual resistente, R. luteola, es apreciada por sus fragantes cabezuelas con forma de cono de flores. Es una planta muy empleada en jardines campestres y se puede cultivar al frente de arriates mixtos, en especial en torno a rosales arbustivos antiguos.**

Las flores, que atraen a las abejas, quedan muy bien cortadas. Es una alternativa para zonas silvestres y suelos calcáreos. Las flores muertas deben cortarse de forma regular. Se cultivan por semillas sembradas en primavera u otoño en su lugar definitivo; las plántulas sembradas en otoño se cubren con campanas de cristal durante el invierno si el clima es propenso a las heladas. No sufren el ataque de plagas o enfermedades.

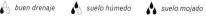

🌱 *siembra*    ● *floración*    💧 *buen drenaje*    💧 *suelo húmedo*    💧 *suelo mojado*

# Rodgersia

*Rodgersia pinnata «Superba»*

**Esta planta vivaz perenne resistente produce grandes hojas con forma de mano y cabezas de flores con forma de cono. Debe cultivarse al borde de estanques, en jardines cenagosos y en arriates húmedos.**

Entre sus compañeras preferidas se incluyen hostas, astilbes, lirios que prefieran la humedad, lobelias como la *L. cardinalis*, cultivares *L.* «Queen Victoria» y *L.* x *speciosa*, *Mimulus cardinalis* y helechos, incluido el helecho real (*Osmunda regalis*). Prefiere los lugares sombríos y los suelos con mucho humus. Se multiplica por división en primavera antes de que comience el crecimiento. Es vulnerable a babosas y caracoles.

# Rudbeckia

Rudbeckia

c.: rudbèckia

**La rudbeckia es una planta herbácea perenne resistente, principalmente, que produce grandes flores muy vistosas con forma de margarita, cada una con un cono central muy llamativo, durante un largo período de tiempo. Los cultivares de *R. hirta* son de vida corta y suelen cultivarse como anuales. Los cultivares de *R. fulgida* son plantas perennes de vida larga.**

*Rudbeckia fulgida var. deamii*

La rudbeckia es una flor esencial en arriates mixtos y de estilo pradera. Se suele acompañar de ásters, ejemplares de *Achillea*, girasoles (*Helianthus*), monardas, vara de oro (*Solidago*), *Echinacea purpurea* y hierbas ornamentales como *Miscanthus* y *Stipa*. Produce excelentes flores cortadas. Es adecuada para suelos pesados si están bien drenados. Las anuales se cultivan por semillas en primavera bajo cristal. Las perennes se multiplican por división en primavera u otoño. Son propensas a sufrir ataques de babosas y caracoles.

*Rudbeckia fulgida* var. *sullivantii* «Goldsturm»

| | PRIMAVERA | VERANO | OTOÑO | INVIERNO | altura (cm) | diámetro (cm) | temp. mín. (°C) | humedad | sol/sombra | colores | |
|---|---|---|---|---|---|---|---|---|---|---|---|
| *Rudbeckia fulgida* var. *deamii* | | | | | 60 | 45 | -17° | | | | Centro negro |
| *R. fulgida* var. *sullivantii* «Goldsturm» | | | | | 60 | 45 | -17° | | | | Flores grandes y centro negro |
| *R. hirta* «Marmalade» | | | | | 45 | 30 | -17° | | | | Hábito compacto |
| *R. hirta* «Rustic Dwarfs» | | | | | 60 | 45 | -17° | | | | Algunas flores son bicolores |
| *R. hirta* «Toto» | | | | | 25 | 25 | -17° | | | | Centro marrón oscuro |

 *pleno sol*    *semisombra*   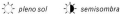 *sombra*

R

Flores

# Salpiglossis

Híbrido de *Salpiglossis sinuata*

Esta planta anual semirresistente tiene flores muy abiertas en una gama de atrayentes colores. Crece mejor en exteriores en veranos secos y cálidos. Colóquela en arriates mixtos y macetas en la terraza.

Debido a sus fuertes y ricos colores, no es necesario que esté junto a otras plantas, excepto en el caso de que la «aligeren», como *Gypsophila* y *Helichrysum petiolare*. Produce buenas flores cortadas. Necesita estar en un lugar protegido del jardín, con tutores en los que apoyarse. Deben cortarse las cabezuelas marchitas con regularidad. Se cultiva por semillas en primavera bajo cristal. Su principal problema son los pulgones, la podredumbre de raíz negra, la podredumbre de raíz y el moho gris.

| | PRIMAVERA | VERANO | OTOÑO | INVIERNO | altura (cm) | diámetro (cm) | temp. mín. (°C) | humedad | sol/sombra | colores | |
|---|---|---|---|---|---|---|---|---|---|---|---|
| *Salpiglossis sinuata* híbrido de Bolero | 🌱🌱🌱 | ●●● | ●● | | 60 | 30 | 1° | 💧 | ☼ | ▓ | Puede necesitar tutores |
| *S. sinuata* serie Casino | 🌱🌱🌱 | ●●● | ●● | | 60 | 30 | 1° | 💧 | ☼ | ▓ | Tolera la lluvia |

# Salvia

## Banderillas

*c.*: sàlvia; *e.*: salbia, sobe; *g.*: salvea

Las plantas descritas aquí varían desde perennes resistentes y semirresistentes hasta las anuales resistentes, pero todas tienen espigas de flores bilabiadas tubulares y el labio superior en forma de sombrero. Los tallos de la salvia son característicos por su forma cuadrada. Los cultivares de *S. farinacea* y *S. splendens* son perennes, pero se cultivan como anuales semirresistentes para esquemas de macizos de verano.

*Salvia splendens* «Blaze of Fire»

*S. farinacea* crece bien con muchas otras plantas de arriate de verano, como ejemplares de *Argyranthemum*, *Osteospermum*, *Pelargonium* (zonal y de hoja de hiedra), begonias de macizo y petunias, mientras que los colores fuertes y cálidos de *S. splendens* se aligeran con plantas de follaje plateado como *Senecio cineraria* «Silver Dust». Las plantas de macizo con flores blancas como *Lobularia maritima* y algunos ejemplares de *Osteospermum* o *Argyranthemum* también son apropiados.

S. splendens también se puede cultivar en macetas en la terraza o alféizares. *S. viridis* es una anual resistente con brácteas de flores de colores, aunque poco llamativas, buenas como flores cortadas, secas o frescas. La perenne resistente *S. nemorosa* y *S.* x *sylvestris* resultan ideales para

 siembra    floración    buen drenaje    suelo húmedo    suelo mojado

arriates mixtos combinadas con ejemplares de *Achillea* de cabeza plana, rudbeckias, *Eryngium*, *Helenium* y *Verbascum*. Se multiplican en primavera: las anuales semirresistentes por semillas bajo cristal, las anuales resistentes en sus lugares de floración definitivos y las perennes

resistentes por división o por esquejes basales. Sufren el ataque de varias plagas y enfermedades: pulgones, podredumbre negra de raíz, podredumbre de pie, babosas y caracoles.

| | PRIMAVERA | VERANO | OTOÑO | INVIERNO | altura (cm) | diámetro (cm) | temp. mín. (°C) | humedad | sol/sombra | colores | |
|---|---|---|---|---|---|---|---|---|---|---|---|
| *Salvia farinacea* «Strata» | | | | | 60 | 30 | 1° | | | | Espigas de flores estrechas |
| *S. farinacea* «Victoria» | | | | | 60 | 30 | 1° | | | | Espigas de flores estrechas |
| *S. nemorosa* «Ostfriesland» | | | | | 45 | 45 | -17° | | | | Hábito tupido |
| *S. splendens* «Blaze of Fire» | | | | | 38 | 30 | 1° | | | | Follaje verde claro |
| *S. splendens* «Firecracker» | | | | | 25 | 25 | 1° | | | | Follaje verde oscuro |
| *S. splendens* serie Phoenix | | | | | 30 | 30 | 1° | | | | Follaje verde oscuro |
| *S. x sylvestris* «Rose Queen» | | | | | 70 | 30 | -17° | | | | Hojas verdes grisáceas |
| *S. viridis* «Bouquet» | | | | | 45 | 20 | -17° | | | | Brácteas de flores de color |
| *S. viridis* «Claryssa» | | | | | 38 | 20 | -17° | | | | Brácteas de flores de color |

 *pleno sol*    *semisombra*   *sombra*

# Saxifraga
Saxífraga

**Perenne de hoja caduca principalmente resistente que forma matas o cojines; sus flores tienen forma de estrella o cuenco pequeño.**

*Saxifraga x urbium «Variegata»*

Estas plantas crecen sobre todo en jardines de rocalla combinadas con otras plantas alpinas como *Sempervivum* y *Sedum*, y con bulbos de primavera miniatura. *S. fortunei* es una planta herbácea o de hoja perenne parcial con hojas lobuladas redondeadas y cabezuelas de flores estrelladas, una elección perfecta para jardines de bosque o arriates con arbustos sombreados. *S.* x *urbium*, con rosetas de hojas con forma de cuchara, produce ramilletes de flores estrelladas en miniatura. Es una planta que forma una mata vigorosa, por lo que se utiliza como cobertora de suelo en lugares sombríos. Se multiplica en primavera por división o eliminando las rosetas y utilizándolas como esquejes. Es vulnerable a pulgones, babosas, caracoles y a las larvas del gorgojo de la vid.

| | PRIMAVERA | VERANO | OTOÑO | INVIERNO | altura (cm) | diámetro (cm) | temp. mín. (°C) | humedad | sol/sombra | colores | |
|---|---|---|---|---|---|---|---|---|---|---|---|
| *Saxifraga fortunei* | siembra siembra siembra | | floración floración | | 30 | 30 | -17° | 💧💧 | ☀◐ | ⬜ | Hojas con reverso púrpura |
| *S. «Gregor Mendel»* | floración siembra siembra | | | | 10 | 20 | -17° | 💧💧 | ☀ | ⬜ | Mejor en suelo alcalino |
| *S. «Jenkinsiae»* | floración siembra siembra | | | | 5 | 15 | -17° | 💧💧 | ☀ | ▨ | Mejor en suelo alcalino |
| *S.* x *urbium* | siembra siembra | floración floración floración | | | 30 | 45 | -17° | 💧💧 | ◐ | ⬜ | Tolera suelos poco fértiles |

# Scabiosa
Escabiosa

c.: escabosa

**Planta herbácea perenne resistente esencial en cualquier jardín campestre y en arriates mixtos. Las cabezuelas tienen un centro en forma de cúpula compuesto por pequeñas flores rodeadas por flores con forma de pétalo ancho.**

*Scabiosa «Butterfly Blue»*

Son buenas como flores de corte. *S. atropurpurea* es una planta de vida corta que se cultiva como una anual resistente. Todas son adecuadas para arriates mixtos combinadas con rosales arbustivos, *Artemisia*, *Gypsophila* y *Eryngium*. Se pueden cultivar en suelos calcáreos no húmedos. Corte las cabezuelas muertas. Las anuales necesitan el apoyo de tutores. Las perennes deben dividirse cada 3 años en primavera. Se multiplican por esquejes basales en primavera. Las anuales se cultivan por semillas a principios de la primavera bajo cristal o a mediados en sus lugares de floración definitivos. No sufren enfermedades ni plagas.

| | PRIMAVERA | VERANO | OTOÑO | INVIERNO | altura (cm) | diámetro (cm) | temp. mín. (°C) | humedad | sol/sombra | colores | |
|---|---|---|---|---|---|---|---|---|---|---|---|
| *Scabiosa atropurpurea «Double Mixed»* | siembra siembra | floración floración floración | | | 90 | 20 | -17° | 💧 | ☀ | ⬜ | Flores dobles |
| *S. «Butterfly Blue»* | siembra siembra | floración | | | 38 | 38 | -17° | 💧 | ☀ | ▨ | Follaje verde grisáceo |
| *S. caucasica «Clive Greaves»* | siembra siembra | floración | | | 60 | 60 | -17° | 💧 | ☀ | ⬜ | Follaje verde grisáceo |
| *S. caucasica «Miss Willmott»* | siembra siembra | floración | | | 90 | 60 | -17° | 💧 | ☀ | ⬜ | Follaje verde grisáceo |

 siembra  floración  buen drenaje  suelo húmedo  suelo mojado

S

Flores

# Scaevola
Abanicos

**Planta perenne de hoja perenne sensible de hábito trepador, *S. aemula* «Blue Wonder», la mejor de las scaevolas, tiene pequeñas flores en forma de abanico durante un largo período.**

Se suele cultivar como una planta anual en macetas de terraza, alféizares o cestas colgantes. Combina bien con *Diascia*, cultivares de *Lobelia erinus*, *Osteospermum*, geranios de hiedra, petunias (en especial la serie Million Bells) y la planta de follaje gris *Helichrysum petiolare*. Existen otros cultivares. Se multiplica por esquejes tiernos en verano y las plantas jóvenes pasan el invierno en un invernadero frío para trasplantarlas al exterior cuando pasan las heladas. No sufre enfermedades ni plagas.

*Scaevola aemula «Blue Wonder»*

# Schizanthus
Orquídea de pobre

*Schizanthus pinnatus*

**Planta anual delicada de hábito tupido, *S. pinnatus*, el mejor de este grupo, tiene flores de muchos colores bilabiadas muy abiertas que contrastan con un atractivo follaje en forma de helecho.**

A pesar de ser una planta sensible, crece mejor en lugares a cubierto, ya sea en un arriate mixto o en una maceta de terraza o alféizar. Las flores quedan bien en arreglos florales. Su efecto se realza combinándola con plantas de abundante follaje, como *Helichrysum petiolare* de hoja gris. Corte las puntas de las plantas jóvenes para que crezcan tupidas. Se cultiva a partir de semillas en primavera bajo cristal. No sufre enfermedades ni plagas.

 *pleno sol*    *semisombra*    *sombra*

# Schizostylis

Azucena
de Kafiristán

**Schizostylis coccinea y sus cultivares son plantas perennes moderadamente resistentes que crecen de erectos y estrechos rizomas carnosos con hojas en forma de espada de las que se puede disfrutar prácticamente durante todo el año. Las flores con forma de estrella que nacen en espigas recuerdan a pequeños gladiolos, y conservan el color hasta casi el final del año.**

Estas flores son adecuadas como flores cortadas. Se cultivan en un lugar resguardado, en arriates mixtos, o en la base de una pared soleada todo el año. Combinan bien con otras plantas de floración tardía como los ásters, crisantemos resistentes enanos, ejemplares de *Colchicum*, *Crocus speciosus*, *Nerine bowdenii* y *Sedum* de floración otoñal. Las hierbas ornamentales enanas se pueden incluir en el esquema de plantación, como la delicada *Stipa tenuissima*. En invierno, coloque sobre las raíces acolchado de

*Schizostylis coccinea «Sunrise»*

Schizostylus coccinea «Major»

materia orgánica gruesa y compost de jardín muy viejo como protección contra las heladas. El suelo debe tener un buen drenaje, pero ha de estar húmedo en todo momento ya que los rizomas no se deben secar. Si el tiempo lo permite, quite las flores muertas con regularidad. Elimine también las hojas marchitas. Se multiplica en primavera por división de la mata establecida. En cualquier caso, es aconsejable dividir las plantas cada tres años, aproximadamente. No suele presentar problemas, a pesar de que las heladas pueden dañar sus flores. Las temidas babosas y los caracoles pueden decidir darse un festín con los brotes jóvenes.

| | PRIMAVERA | VERANO | OTOÑO | INVIERNO | altura (cm) | diámetro (cm) | temp. mín. (°C) | humedad | sol/sombra | colores | |
|---|---|---|---|---|---|---|---|---|---|---|---|
| *Schizostylis coccinea* | | | | | 60 | 30 | -9° | ◖◗ | ☀ | ■ | Crecimiento robusto |
| *S. coccinea «Jennifer»* | | | | | 60 | 30 | -9° | ◖◗ | ☀ | ▢ | Flores grandes |
| *S. coccinea «Major»* | | | | | 60 | 30 | -9° | ◖◗ | ☀ | ■ | Flores grandes |
| *S. coccinea «Mrs Hegarty»* | | | | | 60 | 30 | -9° | ◖◗ | ☀ | ▢ | Flores más tardías que el resto |
| *S. coccinea «Sunrise»* | | | | | 60 | 30 | -9° | ◖◗ | ☀ | ▨ | Flores grandes |
| *S. coccinea «Viscountess Bynge»* | | | | | 60 | 30 | -9° | ◖◗ | ☀ | ▢ | Daños por heladas |

 siembra  floración  buen drenaje · suelo húmedo · suelo mojado

S

Flores

# Scilla
## Jacinto endeble

**Se trata de un bulbo enano resistente apreciado por sus flores en forma de estrella o campana, normalmente de color azul. Se planta en surcos informales destacados entre arbustos o debajo de árboles de hoja caduca, así como en terrenos con césped corto.**

*Scilla siberica*

También es apropiado para formar pequeños grupos en jardines de rocalla. Combina bien con otros bulbos en miniatura, como narcisos (en especial los cultivares Cyclamineus de floración temprana) y *Crocus*. Prefiere el suelo con humus. Se multiplica cortando los hijuelos en verano, cuando la planta está en latencia. Los ejemplares de *Scilla* sufren pocas enfermedades y plagas, pero hay que tener cuidado con los virus.

| | PRIMAVERA | VERANO | OTOÑO | INVIERNO | altura (cm) | diámetro (cm) | temp. mín. (C) | humedad | sol/sombra | colores | |
|---|---|---|---|---|---|---|---|---|---|---|---|
| *Scilla bifolia* | ● | | 🌱🌱🌱 | | 10 | 5 | -17° | 💧💧 | ☀ | ▨ | Flores estrelladas |
| *S. siberica* | ● | | 🌱🌱🌱 | | 20 | 5 | -17° | 💧💧 | ☀ | ▢ | Flores con forma de campana |
| *S. siberica* «Spring Beauty» | ● | | 🌱🌱🌱 | | 20 | 5 | -17° | 💧💧 | ☀ | ▨ | Hábito vigoroso |

# Sedum
## Uva de gato
*c.*: crespinell;
*e.*: teilatu-belarzuria;
*g.*: uvas de raposo

**Un grupo variable de perennes crasas. Las descritas aquí son totalmente resistentes y vivaces en el hábito, con cabezuelas planas de pequeñas flores con forma de estrella.**

Se cultivan al frente de arriates mixtos combinadas con plantas de floración tardía como los cultivares *Anemone* x *hybrida* y *Anemone hupehensis*, *Schizostylis*, áster, crisantemos resistentes, *Nerine bowdenii*, hierbas ornamentales y arbustos que se llenan de color en otoño como *Berberis*, *Rhus* y *Cotinus*. Son plantas muy adecuadas para suelos un poco calcáreos. Se multiplican en primavera por división o por esquejes de tallos basales. Dividir las plantas cada tres años mejora su rendimiento. Son vulnerables a la podredumbre negra de raíz, la podredumbre de pie, las babosas y los caracoles.

*Sedum spectabile* «Brilliant»

| | PRIMAVERA | VERANO | OTOÑO | INVIERNO | altura (cm) | diámetro (cm) | temp. mín. (C) | humedad | sol/sombra | colores | |
|---|---|---|---|---|---|---|---|---|---|---|---|
| *Sedum aizoon* «Euphorbioides» | 🌱🌱🌱 | ●●● | | | 38 | 30 | -17° | 💧💧 | ☀ | ▢ | Follaje verde pálido |
| *S.* «Herbstfreude» (sin. «Autumn Joy») | 🌱🌱🌱 | | ● | | 60 | 60 | -17° | 💧💧 | ☀ | ▨ | Follaje glauco |
| *S.* «Ruby Glow» | 🌱🌱🌱 | ●● | ● | | 30 | 45 | -17° | 💧💧 | ☀ | ▨ | Tallos rojos, hojas rojas púrpuras |
| *S. spectabile* «Brilliant» | 🌱🌱🌱 | | ●● | | 45 | 45 | -17° | 💧💧 | ☀ | ▨ | Follaje verde grisáceo |
| *S. spectabile* «Iceberg» | 🌱🌱🌱 | | ●● | | 45 | 45 | -17° | 💧💧 | ☀ | ▢ | Follaje verde grisáceo claro |

 *pleno sol*   *semisombra*  ☀ *sombra*

# Sidalcea

**Planta perenne herbácea resistente con hojas lobuladas y espigas de flores de cinco pétalos muy abiertas en varios tonos de rosa. Quedan muy bien en jardines campestres, pero aún mejor en arriates mixtos modernos.**

Se desarrolla mejor en suelos un poco ácidos que contengan arena y mucho humus. No soporta los suelos muy húmedos. En invierno, proteja sus raíces de las heladas con acolchado orgánico. Cuando termine la floración, corte los tallos por la mitad o un poco más arriba para favorecer la aparición de una nueva tanda de flores. Se multiplica por división en primavera. Es vulnerable a la roya, las babosas y los caracoles.

*Sidalcea «Elsie Heugh»*

| | PRIMAVERA | VERANO | OTOÑO | INVIERNO | altura (cm) | diámetro (cm) | temp. mín. (°C) | humedad | sol/sombra | colores | |
|---|---|---|---|---|---|---|---|---|---|---|---|
| Sidalcea «Croftway Red» | siembra | floración | | | 90 | 45 | -17° | buen drenaje | sol | | Floración temprana |
| S. «Elsie Heugh» | siembra | floración | | | 90 | 45 | -17° | buen drenaje | sol | | Pétalos con flecos |
| S. «Rose Queen» | siembra | floración | | | 90 | 45 | -17° | buen drenaje | sol | | Hábito tupido |
| S. «William Smith» | siembra | floración | | | 90 | 45 | -17° | buen drenaje | sol | | Cultivar antiguo pero válido |

# Silene

**Se trata de una planta con flores a menudo lobuladas de cinco pétalos redondeados. Se desarrolla bien en jardines de rocalla. Incluye especies de hoja perenne enanas resistentes como *S. acaulis* o *S. schafta*.**

Entre las anuales resistentes, *S. coeli-rosa* es una buena planta cobertora para arriates mixtos (las flores se pueden cortar para arreglos florales) y *S. pendula*, con flores colgantes, es apropiada para cestas colgantes. La perenne herbácea resistente *S. dioica* prefiere las zonas naturales o silvestres. Todas las variedades crecen bien en suelos calcáreos. Las anuales resistentes se cultivan por semillas en primavera u otoño en sus lugares definitivos. Las perennes se multiplican por división o por esquejes de tallo basales. Son propensas a sufrir el ataque del mildiu polvoriento, las babosas o los caracoles.

*Silene dioica*

| | PRIMAVERA | VERANO | OTOÑO | INVIERNO | altura (cm) | diámetro (cm) | temp. mín. (°C) | humedad | sol/sombra | colores | |
|---|---|---|---|---|---|---|---|---|---|---|---|
| Silene acaulis | siembra | floración | | | 5 | 15 | -17° | buen drenaje | sol | | Follaje musgoso |
| S. coeli-rosa serie Angel | siembra | floración | siembra | | 30 | 15 | -17° | buen drenaje | sol | | Buenas flores cortadas |
| S. dioica | siembra | floración | | | 75 | 60 | -17° | suelo mojado | sol/sombra | | Cultivar de doble flor disponible |
| S. pendula «Peach Blossom» | siembra | floración | siembra | | 15 | 25 | -17° | suelo húmedo | sol | | Flores dobles |

S

Flores

 siembra    floración     buen drenaje    suelo húmedo     suelo mojado

# Sisyrinchium

**Una planta resistente erecta de hoja perenne con forma de lirio. *S. striatum* produce pequeñas espigas de flores con forma de cuenco. «Aunt Mary» posee hojas veteadas de color crema o verde.**

Las flores se producen durante un largo período de tiempo, de principios a mediados de verano. Llega a alcanzar los 90 cm de altura, pero el cultivar es más corto, sólo 45 cm, y con una envergadura de unos 20 cm. Se cultiva en arriates mixtos o jardines de gravilla con otras plantas perennes que florecen en verano como la amapola oriental (*Papaver orientale*) y *Kniphofia* «Royal Standard». Va bien en suelos calcáreos o pobres, pero no en suelos muy húmedos en invierno. Si el invierno es muy húmedo, debe colocarse un panel de cristal sobre la planta o utilizar una campana para resguardarla de la lluvia. Se multiplica por división en primavera. También se puede sembrar a sí misma libremente. Es vulnerable a la podredumbre negra de raíz.

# Solidago
Vara de oro

Solidago «Goldenmosa»

**Planta perenne herbácea resistente de hábito vigoroso apreciada por sus racimos de pequeñas flores amarillas de floración tardía, que se pueden utilizar en arreglos florales.**

Se cultiva en arriates mixtos o de estilo pradera con ásters, crisantemos resistentes, rudbeckias, helenios de floración tardía, girasoles, monardas, *Echinacea purpurea* y hierbas ornamentales como los cultivares de *Miscanthus sinensis*. También se suele cultivar con arbustos que en otoño cambian el color de la hoja, en particular con *Rhus* (*zumaque*). Estas plantas perennes son adecuadas para suelos pobres o arenosos. Se multiplican por división en primavera u otoño, o por esquejes de tallo basal en primavera. Son vulnerables al mildiu polvoriento.

| | PRIMAVERA | VERANO | OTOÑO | INVIERNO | altura (cm) | diámetro (cm) | temp. min. (°C) | humedad | sol/sombra | colores | |
|---|---|---|---|---|---|---|---|---|---|---|---|
| *Solidago* «Crown of Rays» | | ● ● | | | 60 | 50 | -17° | ◐ | ☀ | ▢ | Flores planas anchas |
| *S.* «Goldenmosa» | | ● ● | | | 70 | 50 | -17° | ◐ | ☀ | ▢ | Hábito muy tupido |

 *pleno sol*     *semisombra*    ● *sombra*

# x Solidaster

**Esta planta perenne resistente es un híbrido de *Solidago* y *Aster*, aunque parece un áster de flores amarillas con ramilletes de flores como margaritas pequeñas. Igual que las de *Solidago*, estas flores, que se producen en abundancia, son excelentes para adornos florales de interior.**

El *x Solidaster* se utiliza de la misma forma que los ejemplares de *Solidago* y combina bien con las mismas flores. Tan pronto como la floración ha terminado, deben cortarse las flores muestras. Se multiplica en primavera por división o por esquejes de tallo basales. Es aconsejable dividirla cada tres años. Le afecta el mildiu polvoriento, que puede aparecer si el verano es caliente y seco.

| | PRIMAVERA | VERANO | OTOÑO | INVIERNO | altura (cm) | diámetro (cm) | temp. mín. (°C) | humedad | sol/sombra | colores | |
|---|---|---|---|---|---|---|---|---|---|---|---|
| x *Solidaster luteus* | siembra siembra siembra | ● ● ● | ● | | 90 | 30 | -17° | 💧 | ☀ | ☐ | Floración muy libre |
| x *S. luteus* «Lemore» | siembra siembra siembra | ● ● ● | ● | | 75 | 30 | -17° | 💧 | ☀ | ☐ | Floración muy libre |

# Stachys
## Betónica

*Stachys macrantha* «Superba»

**Esta perenne herbácea resistente tiene espigas de flores cuculadas tubulares que salen de rosetas de hojas arrugadas. Tiene el tallo cuadrado en lugar de redondo. Las flores atraen a los insectos, incluidas mariposas y abejas.**

La betónica es apropiada para arriates mixtos, en los que combina bien con rosales arbustivos antiguos, lavanda, *Cistus* y romero (*Rosmarinus*). Las perennes resistentes son buenas compañeras de ajenjos y salvias. Estas dos especies toleran bien una posición en semisombra. Se multiplican por división en primavera, cuando las plantas justo empiezan a crecer. Son vulnerables a babosas y caracoles.

| | PRIMAVERA | VERANO | OTOÑO | INVIERNO | altura (cm) | diámetro (cm) | temp. mín. (°C) | humedad | sol/sombra | colores | |
|---|---|---|---|---|---|---|---|---|---|---|---|
| *Stachys macrantha* «Superba» | siembra siembra siembra | ● ● ● | ● | | 60 | 38 | -17° | 💧 | ☀ | ■ | Follaje verde intenso |
| *S. officinalis* | siembra siembra siembra | ● ● ● | ● | | 60 | 38 | -17° | 💧 | ☀ | ■ | Forma una capa de follaje |

S

Flores

🖊 siembra    ⦿ floración    💧 buen drenaje    💧 suelo húmedo    💧 suelo mojado

# Stipa

**Esta hierba perenne resistente forma matas de hojas estrechas, perennes o parcialmente perennes. Sin embargo, se cultiva sobre todo por sus flores con forma de avena. *S. gigantea*, la mejor especie, se suele utilizar para provocar un contraste con muchas perennes resistentes.**

Esta planta presenta un aspecto excelente con ejemplares de *Achillea* de cabeza plana, con espigas destacadas de *Kniphofia*, con las cabezuelas redondas de *Agapanthus*, o con las brillantes flores de las *Crocosmia*; la lista es interminable. También queda bien en jardines de gravilla. Se multiplica por división en primavera. No le afectan plagas ni enfermedades.

*Stipa gigantea*

# Sutera (sin. Bacopa)

**Una planta perenne sensible con masas de pequeñas flores de cinco pétalos que florecen durante un largo período de tiempo. Posee un hábito muy invasivo, en parte trepador. Es ideal para cestas colgantes con otras plantas de macizo de verano como alegrías, lobelias, begonias y petunias.**

*Sutera cordata «Snowflake»*

Se cultiva mejor como una anual. No produce semillas, pero las plantas jóvenes se pueden comprar en los centros de jardinería en primavera. Se multiplica por esquejes tiernos en verano y las plantas jóvenes invernan en un lugar protegido de las heladas hasta que se trasplantan al año siguiente. También se pueden tomar esquejes de plantas mayores que hayan pasado el invierno bajo cristal. No les afectan muchas enfermedades y plagas, pero durante el verano pueden aparecer pulgones en las puntas de sus brotes.

**S**

**Flores**

| | PRIMAVERA | VERANO | OTOÑO | INVIERNO | altura (cm) | diámetro (cm) | temp. mín. (°C) | humedad | sol/sombra | colores |
|---|---|---|---|---|---|---|---|---|---|---|
| *Sutera cordata* «Pink Domino» | 🌱🌱🌱 | ● ● ● ● | ● ● | | 15 | 45 | 3° | 💧💧 | ☼ | Floración muy libre |
| *S. cordata* «Snowflake» | 🌱🌱🌱 | ● ● ● ● | ● ● | | 15 | 45 | 3° | 💧💧 | ☼ | Floración muy libre |

 pleno sol    semisombra    sombra

## Symphytum
Consuelda

**Planta herbácea resistente de hábito enano, la especie *Symphytum* y sus cultivares tienen grandes hojas peludas y robustas con forma elíptica y macizos de flores tubulares colgantes. Se utiliza como planta cobertora de suelo en arriates de arbustos, jardines de bosque y otros lugares húmedos con parte de sombra.**

Se cultiva junto a otras plantas en condiciones similares como los jacintos (*Hyacinthoides*), nomeolvides (*Myosotis*), lirios de los valles (*Convallaria*) y hostas. Hay que tener cuidado porque es una planta muy invasora. Deben cortarse los tallos de las flores tan pronto como termine la floración. Se multiplica por esquejes de raíz en invierno o por división en otoño. No sufre enfermedades ni plagas.

*Symphytum caucasicum*

| | PRIMAVERA | VERANO | OTOÑO | INVIERNO | altura (cm) | diámetro (cm) | temp. mín. (C) | humedad | sol/sombra | colores | |
|---|---|---|---|---|---|---|---|---|---|---|---|
| *Symphytum caucasicum* | | ● ● ● | 🌱 🌱 🌱 | | 60 | 60 | -17° | 💧 | ☀️🌤️ | | Follaje verde intermedio |
| S. «Hidcote Blue» | ● ● ● | | 🌱 🌱 🌱 | | 45 | 45 | -17° | 💧 | ☀️🌤️ | | Floración muy libre |
| S. «Hidcote Pink» | ● ● ● | | 🌱 🌱 🌱 | | 45 | 45 | -17° | 💧 | ☀️🌤️ | | Floración muy libre |

## Tagetes
Damasquina, clavel moro

**Los claveles moros son anuales semirresistentes de follaje muy aromático con forma de helecho. Sus flores sencillas o dobles son de variados y brillantes colores, como amarillo, naranja y rojo. Hay desde arbustos enanos hasta plantas altas, y se utilizan en macizos de verano y macetas de terraza y alféizar, donde florecen durante un período de tiempo muy largo. Si quiere que su jardín en verano sea realmente impactante, hay algunas otras plantas anuales semirresistentes con las que puede compararlos.**

Existen cuatro grupos de híbridos. El grupo africano es conocido por sus grandes flores completamente dobles; algunos cultivares son altos, otros bajos, y tiene un hábito tupido bastante erecto. El grupo francés tiene flores dobles o sencillas. El grupo afrofrancés deriva de los dos primeros; son plantas enanas y de hábito tupido con pequeñas flores sencillas o dobles. El grupo de sello está compuesto por plantas enanas muy tupidas con masas de flores muy pequeñas. El grupo africano es el más indicado para esquemas de macizo formales

*Tagetes* «Safari Yellow»

Flores

S
T

 siembra   floración   buen drenaje   suelo húmedo  suelo mojado

y se suelen utilizar como ejemplares aislados en alfombras de otras plantas de macizo como dalias enanas o petunias. Las variedades del grupo francés, afro-francés y de sello pueden plantarse en matas con ejemplares aislados de *Canna*, heliotropos o *Verbena bonariensis*, por ejemplo, o utilizadas como en un arriate. Para que sean aún más deslumbrantes, intente combinarlas con ejemplares de

*Argyranthemum* amarillos, salvias escarlatas (*Salvia splendens*), rudbeckias anuales y *Zinnia*. *Nicotiana* «Lime Green» y *Zinnia elegans* «Envy», ambas con flores verdes, son compañeras ideales. Deben retirarse las flores muertas con regularidad para prolongar la floración.

Las flores quedan bien cortadas, y en especial las del grupo africano. Cuando el clima es seco, deben regarse con regularidad para que las plantas sigan creciendo y floreciendo. Se cultivan por semillas a principios o mediados de primavera bajo cristal; son fáciles de cultivar y germinan rápidamente. Son vulnerables al moho gris (especialmente el grupo africano), las babosas y los caracoles.

| | PRIMAVERA | VERANO | OTOÑO | INVIERNO | altura (cm) | diámetro (cm) | temp. mín. (°C) | humedad | sol/sombra | colores | |
|---|---|---|---|---|---|---|---|---|---|---|---|
| *Tagetes* serie Boy (francés) | | | | | 15 | 20 | 1° | | | | Flores dobles con cresta |
| *T.* «Crackerjack Mixed» (africano) | | | | | 60 | 45 | 1° | | | | Flores dobles muy grandes |
| *T.* serie Gem (Signet) | | | | | 20 | 30 | 1° | | | | Masas de flores pequeñas |
| *T.* «Honeycombe» (francés) | | | | | 25 | 30 | 1° | | | | Flores dobles |
| *T.* serie Inca (africano) | | | | | 30 | 45 | 1° | | | | Flores dobles |
| *T.* «Naughty Marietta» (francés) | | | | | 30 | 30 | 1° | | | | Flores sencillas |
| *T.* serie «Safari» (francés) | | | | | 20 | 30 | 1° | | | | Flores dobles |
| *T.* «Starfire» (Signet) | | | | | 20 | 30 | 1° | | | | Flores sencillas pequeñas |
| *T.* «Tiger Eyes» (francés) | | | | | 20 | 30 | 1° | | | | Centro con cresta |
| *T.* serie Zenith (afro-francés) | | | | | 30 | 30 | 1° | | | | Flores dobles |

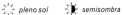 *pleno sol*  *semisombra* ● *sombra*

# Tanacetum
## Tanaceto

**Los cultivares de *T. coccineum* (migranela) son perennes herbáceos resistentes con follaje en forma de helecho y flores con forma de margarita que aparecen al principio del verano. Se cultivan en arriates mixtos con otras plantas que florecen pronto, como los lirios azules altos, lupinos y amapolas orientales (*Papaver orientale*).**

*Tanacetum parthenium*

Los cultivares de *T. parthenium* son perennes resistentes, pero de corta vida, y se cultivan como anuales semirresistentes. Las plantas, que forman montículos enanos, con flores de botón dobles, se utilizan en esquemas florales de verano en los bordes, en los que combinan bien con otras plantas de macizo como la salvia (*S. splendens*). Recorte las flores cuando la floración termine para que vuelvan a florecer. Las plantas necesitan el apoyo de tutores. Se multiplican en primavera: las anuales por semillas bajo cristal y las perennes por división o por esquejes de tallo basales. Su principal enemigo son los pulgones.

| | PRIMAVERA | VERANO | OTOÑO | INVIERNO | altura (cm) | diámetro (cm) | temp. mín. (°C) | humedad | sol/sombra | colores | |
|---|---|---|---|---|---|---|---|---|---|---|---|
| *Tanacetum coccineum* «Brenda» | 🌱🌱🌱 | ⬤ | | | 75 | 45 | -17° | 💧 | ☀ | ⬛ | Follaje verde brillante |
| *T. coccineum* «Eileen May Robinson» | 🌱🌱🌱 | ⬤ | | | 75 | 45 | -17° | 💧 | ☀ | ⬜ | Follaje verde brillante |
| *T. parthenium* «Snow Puffs» | 🌱🌱🌱 | ⬤⬤⬤ | | | 30 | 30 | -17° | 💧 | ☀ | ⬜ | Flores de botón pequeñas |
| *T. parthenium* «White Gem» | 🌱🌱🌱 | ⬤⬤⬤ | | | 20 | 30 | -17° | 💧 | ☀ | ⬜ | Masas de flores dobles pequeñas |

---

# Thunbergia
## Susana de ojos negros

**Trepadora de hoja caduca, delicada, *T. alata*, la mejor especie, se cultiva en exteriores como una anual. Posee hojas que recuerdan a puntas de flecha y produce flores de cinco pétalos con centros negros (de ahí su nombre común).**

Se puede combinar con otras trepadoras anuales como *Tropaeolum peregrinum* e *Ipomoea* (campanilla), o incluso con trepadoras resistentes como *Clematis*. Se cultiva en lugares protegidos muy cálidos. Necesita guías para trepar, como obeliscos, pérgolas o enrejados. Las plantas se cultivan por semillas en primavera bajo cristal. Si están en el exterior, no tienen problemas de enfermedades o plagas.

*Thunbergia alata híbrido de Suzie*

🌱 siembra    ⬤ floración    💧 buen drenaje    💧 suelo húmedo    💧 suelo mojado

## Thymus

Tomillo, serpol,
hierbaluna

*c.:* farigola, serpoll, timó;
*e.:* elar, txerpol

**Los cultivares de *T. serpyllum* se cultivan por sus flores. Son subarbustos que forman matas resistentes que dan lugar a alfombras llenas de color cuando se cubren de pequeñas flores. Sus hojas, también muy pequeñas, son muy aromáticas, y el follaje de algunos cultivares es verde grisáceo.**

Crecen bien en jardines de rocalla o en los huecos del pavimento, donde desprenden un agradable aroma cuando se pisan, pero no es recomendable hacerlo constantemente ya que los dañaría.

El tomillo es muy indicado para suelos calcáreos. Las flores atraen a las abejas. Se multiplican por división en primavera. No les afectan ni las enfermedades ni las plagas.

*Thymus serpyllum «Pink Chintz»*

| | PRIMAVERA | VERANO | OTOÑO | INVIERNO | altura (cm) | diámetro (cm) | temp. mín. (C) | humedad | sol/sombra | colores | |
|---|---|---|---|---|---|---|---|---|---|---|---|
| Thymus serpyllum «Annie Hall» | 🌱🌱🌱 | ●●● | | | 5 | 30 | -17° | 💧 | ☀ | ⬛ | Follaje aromático |
| T. serpyllum «Pink Chintz» | 🌱🌱🌱 | ●●● | | | 5 | 30 | -17° | 💧 | ☀ | ⬜ | Hojas verde grisáceo aromáticas |

T

Flores

## Tigridia
Flor de tigre

*Tigridia pavonia*

**Una planta bulbosa delicada que produce abanicos de hojas con forma de espada, así como flores de varios colores muy atractivos formadas por tres grandes pétalos exteriores y tres pequeños interiores.**

Las flores de esta planta no duran mucho, pero se producen de forma continua. Se cultivan en arriates mixtos o en macetas en la terraza. Los bulbos se pueden recoger en otoño si el clima es propenso a las heladas y almacenarse en arena seca en un invernadero con calefacción. Es preferible que estén a la luz en un terreno arenoso. Se multiplica cortando los hijuelos cuando los bulbos están en latencia. Hay que tener cuidado con los virus y destruir las plantas afectadas.

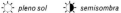
 *pleno sol*    *semisombra*   ● *sombra*

# Tradescantia

Tradescantia

c.: tradescància

*Tradescantia «Osprey»*

**El grupo Andersoniana de cultivares está formado por plantas vivaces perennes resistentes con macizos de hojas anchas tiernas y una larga sucesión de flores con tres pétalos. Se cultivan en arriates mixtos.**

Se pueden obtener buenos efectos si se combina la tradescantia con hierbas ornamentales de altura semejante, en especial con hojas variegadas de color blanco o crema. También se asocia bien con *Hemerocallis* y *Crocosmia*. Cuando termina la floración, deben cortarse los tallos para asegurar que nacerán más flores. Se multiplica por división en primavera. Es vulnerable a los pulgones, las babosas, los caracoles, pero no presenta otros problemas.

*Tradescantia «Purple Dome»*

| | PRIMAVERA | VERANO | OTOÑO | INVIERNO | altura (cm) | diámetro (cm) | temp. mín. (°C) | humedad | sol/sombra | colores | |
|---|---|---|---|---|---|---|---|---|---|---|---|
| *Tradescantia* Andersoniana grupo «Isis» | siembra | floración | | | 60 | 45 | -17° | suelo húmedo | sol | ■ | Flores grandes |
| *T.* Andersoniana grupo «Karminglut» | siembra | floración | | | 60 | 45 | -17° | suelo húmedo | sol | ■ | Color distintivo |
| *T.* Andersoniana grupo «Osprey» | siembra | floración | | | 60 | 45 | -17° | suelo húmedo | sol | □ | Estambres azules |
| *T.* Andersoniana grupo «Purple Dome» | siembra | floración | | | 60 | 45 | -17° | suelo húmedo | sol | ■ | Flores grandes |

# Trollius

Calderón

c.: rovell d'ou,
flor de sant Pallarí

**Los cultivares *T. x cultorum*, el que crece mejor, son vivaces perennes resistentes que producen macizos de hojas muy divididas, lobuladas y atractivas y, a principios de la estación, llamativas flores con forma de copa. Prefieren las condiciones de suelo muy húmedo, en especial, los suelos pesados, y también son ideales en jardines cenagosos o al lado de un estanque.**

*Trollius x cultorum «Orange Princess»*

Otra alternativa es cultivar esta planta en un arriate mixto si el suelo es lo suficientemente húmedo. También va bien en suelos húmedos de hierba alta. Entre sus mejores compañeros se incluyen algunos lirios, astilbes y hostas.

Cuando la floración ha terminado, debe cortarse dos tercios de su altura. Se multiplica por división en primavera, tan pronto como empieza a crecer, o inmediatamente después de la floración. Es vulnerable al mildiu polvoriento. Por lo demás, no le afectan las plagas ni las enfermedades.

| | PRIMAVERA | VERANO | OTOÑO | INVIERNO | altura (cm) | diámetro (cm) | temp. mín. (°C) | humedad | sol/sombra | colores | |
|---|---|---|---|---|---|---|---|---|---|---|---|
| *Trollius x cultorum* «Alabaster» | floración | | | | 60 | 38 | -17° | suelo mojado | sol | □ | Crecimiento lento |
| *T. x cultorum* «Earliest of All» | floración | | | | 45 | 45 | -17° | suelo mojado | sol | ■ | Floración temprana |
| *T. x cultorum* «Goldquelle» | siembra/floración | | | | 75 | 45 | -17° | suelo mojado | sol | □ | Flores grandes |
| *T. x cultorum* «Lemon Queen» | siembra/floración | | | | 60 | 45 | -17° | suelo mojado | sol | □ | Flores grandes |
| *T. x cultorum* «Orange Princess» | siembra/floración | | | | 90 | 45 | -17° | suelo mojado | sol | ■ | Crecimiento vigoroso |

 siembra    floración     buen drenaje    suelo húmedo     suelo mojado

T

Flores

# *Tropaeolum*

Capuchina

*c.*: caputxina, morrotort;
*g.*: flor do sangue

**Género extenso y variado. Las más populares son las anuales semirresistentes derivadas de *T. majus*, conocidas como capuchinas, con un hábito tupido enano o un hábito trepador. Tienen grandes hojas redondeadas y flores muy llamativas de cinco pétalos en una amplia gama de colores brillantes o pastel. Se pueden plantar en macetas en la terraza o cestas colgantes, o al frente de arriates mixtos.**

Estas plantas no necesitan compañeras para causar un gran efecto, pero si lo desea puede combinarlas con *Lobelis erinus* de color azul. La flor de capuchina florece mejor en suelos pobres. *T. peregrinum* es una trepadora anual sensible con atractivas hojas lobuladas y masas de pequeñas flores agrupadas que duran mucho tiempo. Los pétalos superiores tienen un borde muy interesante. Es una planta que crece muy rápidamente y se puede combinar con la campanilla y *Thunbergia alata*. Necesita apoyos adecuados como obeliscos, enrejados o pérgolas. Una buena trepadora perenne es *T. speciosum*. Las variedades anuales se cultivan a partir de semillas a principios de primavera bajo cristal, o en su lugar definitivo a mediados de primavera. Las enfermedades y plagas que les afectan son los pulgones negros, las orugas (de mariposa blanca de la calabaza), las babosas, los caracoles y los virus.

*Tropaeolum speciosum*

| | PRIMAVERA | | | VERANO | | | OTOÑO | | | INVIERNO | | | altura (cm) | diámetro (cm) | temp. mín. (°C) | humedad | sol/sombra | colores | |
|---|---|---|---|---|---|---|---|---|---|---|---|---|---|---|---|---|---|---|---|
| *Tropaeolum* serie Alaska (*T. majus*) | ✎ | ✎ | ✎ | ● | ● | ● | ● | ● | | | | | 30 | 50 | 1° | | ☼ | | Follaje variegado-blanco |
| *T.* «Empress of India» (*T. majus*) | ✎ | ✎ | ✎ | ● | ● | ● | ● | ● | | | | | 30 | 50 | 1° | | ☼ | | Hojas púrpura colorada |
| *T.* serie Gleam (*T. majus*) | ✎ | ✎ | ✎ | ● | ● | ● | ● | ● | | | | | 38 | 60 | 1° | | ☼ | | Hábito trepador |
| *T. peregrinum* | ✎ | ✎ | ✎ | ● | ● | ● | ● | ● | | | | | 300 | 90 | 3° | | ☼ | | Follaje verde grisáceo pálido |
| *T. speciosum* | ✎ | ✎ | ✎ | ● | ● | ● | ● | ● | | | | | 300 | 100 | -4° | | ☼ | | Trepadora perenne |

☼ *pleno sol* · *semisombra* · *sombra*

# Tulipa
## Tulipán
*c.*: tulipa; *e.*: tulipa; *g.*: tulipa

**Los tulipanes son bulbos resistentes que florecen en primavera con flores de seis pétalos; normalmente se producen sencillos o en algunas especies en grupos. Los cultivares de los tulipanes híbridos tienen, principalmente, flores sencillas, a pesar de que hay algunos con flores dobles, la mayoría con forma de copa de vino o cuenco. Algunas especies tienen flores con forma de estrella. Existe una gran gama de colores disponible, excepto el azul.**

Los tulipanes se dividen, de acuerdo con el tipo de flor, en 15 grupos, incluidos entre paréntesis después de los nombres de la tabla de la página siguiente. Los tulipanes se pueden utilizar de

*Tulipa «Queen of Night»*

*Tulipa «Burgundy Lace»*

*Tulipa tarda*

distintas maneras en el jardín. Las especies más pequeñas, como *T. tarda*, son adecuadas para jardines de rocalla o para el frontal de arriates mixtos. Los híbridos pequeños como Kaufmanniana y Greigii son excelentes para macetas de la terraza o el alféizar. Los tulipanes híbridos más altos son los preferidos para esquemas de arriate formales. Normalmente se plantan entre mantos de nomeolvides (*Myositis sylvatica*), cultivares de *Bellis perennis* o alhelíes (*Erysimum*), en los que las combinaciones de colores son casi ilimitadas. Sin embargo, los tulipanes también se pueden plantar en grupos irregulares o en surcos combinados con arbustos que florecen en primavera, como *Forsythia*, magnolias, incluidos los cultivares *M.* x *soulangeana*, *Corylopsis pauciflora*, *Amelanchier*, *Ceanothus*, *Exochorda*, *Kolkwitzia amabilis*, *Kerria japonica*, *Spiraea* «Arguta» y *S. thunbergii*. También se pueden plantar en torno a árboles que florezcan en primavera como las ciruelos (*Prunus*), *Laburnum* y *Malus* (manzanos). Los tulipanes siempre deben crecer en un lugar resguardado. Retire las flores

Flores

*siembra*    *floración*    *buen drenaje*    *suelo húmedo*    *suelo mojado*

*Tulipa «Golden Apeldoorn»*

muertas. Las especies como *T. tarda* suelen dejarse en el suelo durante muchos años, pero los tulipanes híbridos se arrancan cada año, cuando el follaje ha muerto, y los bulbos se guardan durante el verano en un lugar seco y ventilado después de secarlos y dejarlos madurar bajo cristal. Los bulbos grandes se pueden plantar de nuevo, y los pequeños se dejan en un vivero para que crezcan. Si desea plantar plantas de macizo de verano antes de que las hojas hayan muerto, arranque los bulbos

y sitúelos en un trozo libre del terreno hasta que se marchiten. Se multiplican por eliminación de los hijuelos durante el verano. Pueden afectarles las plagas y las siguientes enfermedades: pulgones del bulbo, podredumbre de raíz, babosas y caracoles. Una enfermedad específica de los bulbos, el fuego del tulipán, atrofia, quema o marchita las hojas, que se cubren con un hongo gris. Arranque las plantas infectadas. No vuelva plantar tulipanes en el mismo lugar en, al menos, tres años.

*Tulipa* «Apeldoorn»

*Tulipa* «Spring Green»

*Tulipa* «Clara Butt»

| | PRIMAVERA | VERANO | OTOÑO | INVIERNO | altura (cm) | diámetro (cm) | temp. min. (°C) | humedad | sol/sombra | colores |
|---|---|---|---|---|---|---|---|---|---|---|
| Tulipa «Angélique» (grupo Double Late) | ● (verano) | | | | 30 | 13 | -17° | | | Flores dobles |
| T. «Apeldoorn» (grupo Darwin Hybrid) | ● | | | | 60 | 13 | -17° | | | Flores con forma de copa |
| T. «Attila» (grupo Triumph) | ● | | | | 38 | 13 | -17° | | | Flores con forma de taza |
| T. «Blue Parrot» (grupo Parrot) | ● | | | | 60 | 13 | -17° | | | Pétalos de corte atractivo |
| T. «Burgundy Lace» (grupo Fringed) | ● | | | | 60 | 13 | -17° | | | Flecos, rojo purpúreo oscuro, forma de taza |
| T. «Carlton» (grupo Double Early) | ● | | | | 30 | 13 | -17° | | | Forma de cuenco, flores dobles |
| T. «Clara Butt» (grupo Single Late) | ● | | | | 60 | 13 | -17° | | | Flores con forma de taza |
| T. «Flaming Parrot» (grupo Parrot) | ● | | | | 50 | 13 | -17° | | | Pétalos de corte atractivo |
| T. «Golden Apeldoorn» (Híbrido Darwin) | ● | | | | 60 | 13 | -17° | | | Flores con forma de copa |
| T. «Groenland» (grupo Viridiflora) | ● | | | | 45 | 13 | -17° | | | Forma de copa, verde y rosa |
| T. praestans «Fusilier» (grupo Miscellaneous) | ● | | | | 30 | 13 | -17° | | | Varias flores por tallo |
| T. «Queen of Night» (grupo Single Late) | ● | | | | 60 | 13 | -17° | | | Flores forma de taza |
| T. «Red Riding Hood» (grupo Greigii) | ● | | | | 20 | 15 | -17° | | | Flores marcadas con color púrpura |
| T. «Spring Green» (grupo Viridiflora) | ● | | | | 38 | 13 | -17° | | | Flores con forma de taza |
| T. «Stresa» (grupo Kaufmanniana) | ● | | | | 20 | 15 | -17° | | | Hojas moteadas en púrpura |
| T. tarda (grupo Miscellaneous) | ● | | | | 15 | 8 | -17° | | | Flores con forma de estrella |

☼ *pleno sol*  ◐ *semisombra*  ● *sombra*

Flores

# Verbascum

## Gordolobo

*c.*: cua de guilla; *e.*: ostaza;
*g.*: verbasco

**Un género variable; las plantas que se mencionan aquí son de hoja semiperenne o perenne, resistentes, a pesar de que tienen una vida bastante corta. De rosetas de grandes hojas verdes grisáceas (o en algunos cultivares verde purpúreo oscuro) surgen espigas de flores con forma de platillo.**

Se utilizan en arriates mixtos, junto con rosales arbustivos y plantas perennes como la milenrama de cabeza plana, *Artemisia* y hierbas ornamentales. También son apropiadas para jardines de rocalla. Crecen mejor en suelos calcáreos no demasiado fértiles. Se multiplican por división en primavera o de esquejes de raíz en invierno. Es aconsejable multiplicarlas regularmente por su corta vida. Son vulnerables a orugas y mildiu polvoriento.

| | PRIMAVERA | VERANO | OTOÑO | INVIERNO | altura (cm) | diámetro (cm) | temp. mín. (°C) | humedad | sol/sombra | colores | |
|---|---|---|---|---|---|---|---|---|---|---|---|
| Verbascum «Cotswold Queen» | siembra | verano | | | 120 | 38 | -17° | buen drenaje | sol | | Follaje verde grisáceo en parte de hoja perenne |
| V. «Gainsburgh» | siembra | verano | | | 120 | 38 | -17° | buen drenaje | sol | | Follaje verde grisáceo en parte de hoja perenne |
| V. «Helen Johnson» | siembra | verano | | | 120 | 38 | -17° | buen drenaje | sol | | Follaje verde grisáceo de hoja perenne |

# Verbena

## Verbena

*c.*: berbena;
*e.*: berbena-belarra;
*g.*: vergebon

**Los cultivares de *Verbena x hybrida* son perennes semirresistentes que se cultivan como anuales. Las plantas pueden ser tupidas y erectas o con un hábito expandido, y producen cabezuelas redondeadas de flores de cinco pétalos. Plante en masa en macizos o en cestas colgantes.**

*Verbena x hybrida*

Combina bien con otras plantas de macizo de verano, como petunias, salvias, dalias enanas y geranios. *V. bonariensis*, una perenne resistente a las heladas, se puede utilizar como ejemplar aislado en esquemas de flor de verano y en arriates mixtos con *Canna*, dalias altas o hierbas ornamentales altas. Los cultivares de *V. x hybrida* se cultivan en primavera a partir de semillas bajo cristal o se compran las plantas en taco. *V. bonariensis* se multiplica por división en primavera o por esquejes semitiernos de la punta del tallo en verano. Son vulnerables a los pulgones, mildiu polvoriento, babosas y caracoles.

| | PRIMAVERA | VERANO | OTOÑO | INVIERNO | altura (cm) | diámetro (cm) | temp. mín. (°C) | humedad | sol/sombra | colores | |
|---|---|---|---|---|---|---|---|---|---|---|---|
| Verbena bonariensis | siembra | verano | | | 180 | 60 | -4° | buen drenaje | sol | | Hábito ramificado |
| V. x hybrida serie Quartz | siembra | verano otoño | | | 25 | 23 | 1° | buen drenaje | sol | | Plantas tupidas compactas |
| V. x hybrida serie Tapien | siembra | verano otoño | | | 20 | 45 | 1° | buen drenaje | sol | | Hábito trepador, buena para cestas |
| V. x hybrida serie Temari | siembra | verano otoño | | | 20 | 45 | 1° | buen drenaje | sol | | Hábito trepador, buena para cestas |

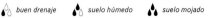
siembra    floración    buen drenaje    suelo húmedo    suelo mojado

# Veronica

Verónica

c.: verònica

**Género amplio plantas, de las que aquí sólo se incluyen unas cuantas. Son plantas perennes resistentes que producen espigas de flores pequeñas con forma de platillo o estrella durante un largo período de tiempo.**

La verónica se cultiva, igual que la famosa *V. gentianoides* y la más nueva *V. kiusiana*, de Japón, en arriates mixtos, con las de menor tamaño delante. Combina bien con muchas plantas, como rosales arbustivos y perennes resistentes como la paeonía, las clavelinas y los claveles de arriate, milenrama, *Alchemilla*, geranios y Sidalcea. *V. peduncularis* «Georgia Blue» y *V. spicata* subsp. *incana* también se pueden cultivar en un jardín de rocalla. Se multiplican por división o por esquejes de tallo basales en primavera. La verónica es vulnerable a la mancha de la hoja o al mildiu polvoriento.

*Veronica kiusiana*

| | PRIMAVERA | VERANO | OTOÑO | INVIERNO | altura (cm) | diámetro (cm) | temp. mín. (°C) | humedad | sol/sombra | colores | |
|---|---|---|---|---|---|---|---|---|---|---|---|
| *Veronica kiusiana* | 🌱🌱🌱 | ●●● | | | 60 | 60 | -17° | 💧💧 | ☼ | ▣ | Hábito con forma de cúpula |
| *V. peduncularis* «Georgia Blue» | 🌱●● | | | | 10 | 60 | -17° | 💧💧 | ☼ | ▣ | Crecimiento vigoroso |
| *V. spicata* subsp. *incana* | 🌱🌱🌱 | ●●● | | | 30 | 30 | -17° | 💧💧 | ☼ | ▣ | Follaje plateado |

# Viola

Pensamiento, violeta

c.: viola; e.: bioleta; g.: viola

**Plantas perennes de corta vida resistentes que se cultivan como anuales o bianuales, los pensamientos y las violetas tienen flores planas de cinco pétalos. Los pensamientos cuentan con flores más grandes y los macizos de las violetas con flores más pequeñas. Los pensamientos también suelen ser plantas más grandes; las violetas más pequeñas y compactas de hábito.**

Las violetas tienen un período de floración increíblemente largo, por lo que con una selección adecuada de los cultivares podrá disponer de flores todo el año. Existen básicamente, las anuales de verano y otoño y las bianuales de invierno y primavera. Hay una gran variedad de colores disponible: algunos cultivares son de color liso y otros de varios colores, y hay tanto colores mezclados como colores sencillos en muchas otras series. Los cultivares «con cara» tienen marcas oscuras o negras que resaltan en la flor la forma de una cara.

Los pensamientos y las violetas se utilizan en macizos, y también resultan excelentes en macetas, en especial las de terraza y alféizar. No es preciso que otras plantas resalten su efecto, sólo hay que plantar muchas. Sin embargo, las que florecen en invierno y primavera se dejan combinar muy bien con ciertos bulbos de primavera, como jacintos, tulipanes enanos tempranos o narcisos *Cyclamineus*. Los pensamientos y las violetas quedan bien en arriates informales, las de invierno y primavera en torno a arbustos

*Viola* «Sorbet Supreme Mix»

 *pleno sol*   *semisombra*   *sombra*

*Viola* serie Joker

*Viola* serie Penny

que florezcan durante estas estaciones. Corte las flores marchitas para asegurar una floración prolongada. Se cultivan por semillas bajo cristal en condiciones frescas. Las de verano se siembran a principios o mediados de primavera y se trasplantan a finales de primavera. Las bianuales, que florecen en invierno y primavera,

se siembran a principios del verano. Las plantas jóvenes se cultivan en un vivero y se trasplantan en otoño.

Los pensamientos y las violetas pueden sufrir muchas plagas y enfermedades, como pulgones, podredumbre de raíz, mancha de la hoja, mildiu polvoriento, roya, babosas, caracoles y virus, en especial el virus de mosaico.

| | PRIMAVERA | VERANO | OTOÑO | INVIERNO | altura (cm) | diámetro (cm) | temp. mín. (°C) | humedad | sol/sombra | colores | |
|---|---|---|---|---|---|---|---|---|---|---|---|
| *Viola* serie Clear Crystal (pensamientos) | | | | | 20 | 25 | -17° | | | | Flores de tamaño medio |
| *V.* serie Floral Dance (pensamientos) | | | | | 20 | 25 | -17° | | | | Algunas flores bicolor |
| *V.* serie Joker (pensamientos) | | | | | 20 | 25 | -17° | | | | Flores bicolores, marcadas destacadas |
| *V.* serie Penny (violeta) | | | | | 15 | 20 | -17° | | | | Flores pequeñas |
| *V.* serie Princess (violeta) | | | | | 15 | 20 | -17° | | | | Algunas flores bicolores |
| *V.* serie Sorbet (violeta) | | | | | 15 | 15 | -17° | | | | Masas de pequeñas flores |
| *V.* «Super Chalon Giants» (pensamientos) | | | | | 20 | 20 | -17° | | | | Flores muy grandes, muy manchadas |
| *V.* serie Universal (pensamientos) | | | | | 20 | 25 | -17° | | | | Flores de mediano tamaño |
| *V.* serie Velours (pensamientos) | | | | | 15 | 20 | -17° | | | | Flores pequeñas, algunas atractivas bicolores |

 *siembra*   *floración*   *buen drenaje*  *suelo húmedo*   *suelo mojado*

# Zantedeschia

Cala, lirio de agua

c.: lliri d'aigua

**Zantedeschia aethiopica** es una planta perenne resistente a las heladas. Dependiendo del clima, puede ser de hoja perenne o caduca. El mejor cultivar es «Crowborough», que es más o menos totalmente resistente. El lirio de agua es una de las plantas más exóticas del jardín, con sus hojas anchas con forma de espada y flores tubulares abiertas.

Se puede cultivar como planta acuática en los arriates de un estanque poco profundo, de hasta 30 cm. Hay que plantarla en una cesta acuática rellena de limo pesado, o como alternativa, en un arriate con suelo húmedo muy enriquecido con humus. Un acolchado de invierno con pajas secas protegerá las raíces en los climas con heladas. Se multiplica por división en primavera. Es vulnerable a pulgones y a varias podredumbres de raíz por hongos.

| | PRIMAVERA | VERANO | OTOÑO | INVIERNO | altura (cm) | diámetro (cm) | temp. mín. (°C) | humedad | sol/sombra | colores | |
|---|---|---|---|---|---|---|---|---|---|---|---|
| *Zantedeschia aethiopica* | | | | | 90 | 60 | -4° | 💧💧 | ☀ | ⬜ | Hojas brillantes verde claro |
| *Z. aethiopica «Crowborough»* | | | | | 90 | 60 | -4° | 💧💧 | ☀ | ⬜ | Hojas brillantes verde claro |

# Zinnia

**Planta anual tupida de semirresistente a vulnerable a las heladas, presenta cabezuelas de flores con forma de margarita redondeadas dobles o sencillas de muchos colores.**

Queda bien en arreglos florales. Las plantas se desarrollan mejor en veranos calurosos. Se cultivan en arriates mixtos, en especial con otras plantas con forma de margarita como los cultivares de *Rudbeckia hirta* y *Tagetes*, y con plantas ornamentales. También pueden crecer en macetas en la terraza, sobre todo *Z. haageana* «Persian Carpet» enana (zinnia mexicana).

Las flores muertas deben retirarse. Cultive las plantas por semillas, bajo cristal a principios de primavera o en su lugar definitivo a finales de esta estación. Para disfrutar de las flores durante más tiempo, siembre las semillas en varias tandas. Hay que tener cuidado con el moho gris, en especial los cultivares de flores dobles grandes.

| | PRIMAVERA | VERANO | OTOÑO | INVIERNO | altura (cm) | diámetro (cm) | temp. mín. (°C) | humedad | sol/sombra | colores | |
|---|---|---|---|---|---|---|---|---|---|---|---|
| *Zinnia elegans «Dahlia-flowered Mixed»* | | | | | 60 | 30 | 5° | 💧 | ☀ | | Flores semidobles |
| *Z. elegans «Envy»* | | | | | 75 | 30 | 5° | 💧 | ☀ | | Flores semidobles |
| *Z. haageana «Persian Carpet»* | | | | | 38 | 30 | 1° | 💧 | ☀ | | Flores pequeñas dobles resistentes a la lluvia |

 pleno sol   semisombra  ☀ sombra

Z

# Solución de problemas

El diagrama que aparece en estas páginas le ayudará a diagnosticar los problemas que presenten sus plantas a partir de la observación de las mismas. Empiece por la parte de la planta que parece más afectada (flores, hojas o tallos); tras contestar a las preguntas sí [✓] o no [✗] rápidamente podrá localizar la causa del problema. Una vez identificada la causa, vuelva a la entrada correspondiente en el directorio de plagas y enfermedades para poder saber qué tratamiento aplicar. Los problemas específicos de las plantas que crecen a partir de bulbos o tubérculos aparecen diagnosticados en la tabla inferior.

## FLORES

¿están las flores deformadas o muestran vetas de colores?
→ ✓ VIRUS

¿hay agujeros en los pétalos?
→ ✓ TIJERETA

¿se están pudriendo las flores (p. ej. volviéndose grises)?
→ ✓ MOHO GRIS

¿hay manchas marrones en los pétalos?
→ ✓ PLAGA DE PÉTALOS

## HOJAS

¿las hojas nuevas están deformes?
→ ✓ PULGONES

¿las hojas tienen agujeros?

¿es una plántula?
→ ✓ COCHINILLAS

¿los agujeros tienen muescas?
→ ✓ GORGOJO

¿hay un rastro plateado?
→ ✓ BABOSAS Y CARACOLES

¿sólo afecta a las hojas?
→ ✓ ORUGA

¿afecta también a capullos y flores?
→ ✓ TIJERETA

¿las hojas tienen punto[s]

¿las marcas son amarillas?

¿las marcas son blancas?
→ ✓ VIRUS

¿ha afectado al crecimiento?
→ ✓ VIRUS

¿las marcas están sólo encima de las hojas o éstas se están cayendo?
→ ✓ ÁCARO DE ARAÑA ROJA

## BULBOS, CORMOS Y TUBÉRCULOS

| TIPO | SÍNTOMA | PROBLEMA |
|---|---|---|
| bulbos: narcisos, *Galanthus, Scilla* | menos hojas, sin flores | MOSCA DEL BULBO DEL NARCISO |
| cormos y bulbos: *Crocus, Gladiolus, Lilium, Tulipa* | pulgones en la base, crecimiento deformado | PULGONES DEL BULBO |
| raíces tuberosas y cormos: esp. Cyclamen, begonia | planta mustia | GORGOJO DE LA VID |
| bulbos: sólo *Tulipa* | hojas marchitas o quemadas; crecimiento de hongos en bulbos | PODREDUMBRE DE TULIPÁN |
| bulbos: p. ej. *Narcissus, Lilium, Tulipa* | puntos blandos en el bulbo; en especial en la base | PODREDUMBRE DE BULBO |
| cormos: p. ej. *Crocus, Gladiolus* | puntos negros o marrones en el cormo; los cormos se secan o pudren | PODREDUMBRE DE CORMO |
| raíces tuberosas: esp. dalia | raíces tuberosas húmedas desarrollan puntos blandos | PODREDUMBRE DE RAÍZ TUBEROSA |

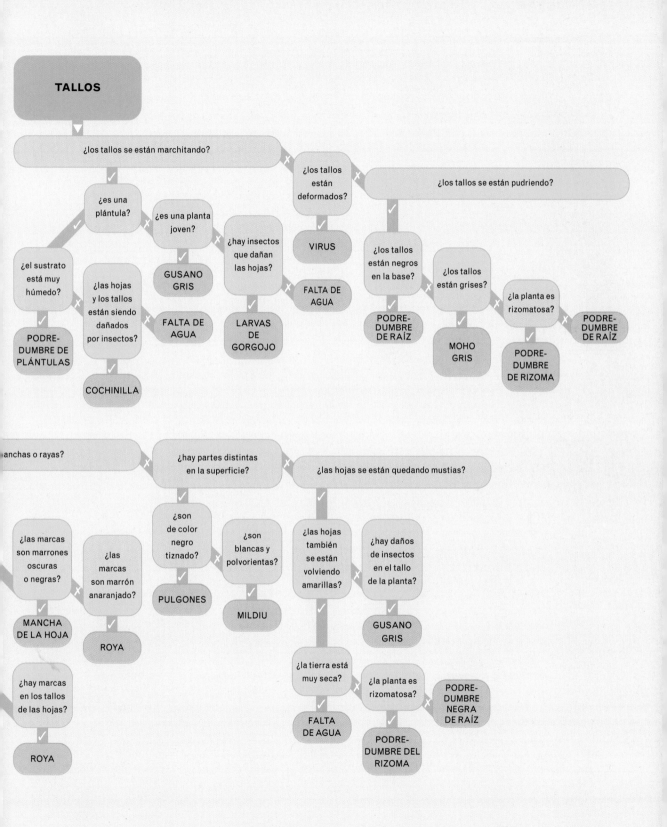

**TALLOS**

¿los tallos se están marchitando?

¿los tallos están deformados?

¿los tallos se están pudriendo?

¿es una plántula?

¿es una planta joven?

¿hay insectos que dañan las hojas?

VIRUS

¿los tallos están negros en la base?

¿los tallos están grises?

¿la planta es rizomatosa?

PODRE-DUMBRE DE RAÍZ

¿el sustrato está muy húmedo?

¿las hojas y los tallos están siendo dañados por insectos?

GUSANO GRIS

FALTA DE AGUA

PODRE-DUMBRE DE RAÍZ

MOHO GRIS

PODRE-DUMBRE DE RIZOMA

PODRE-DUMBRE DE PLÁNTULAS

FALTA DE AGUA

LARVAS DE GORGOJO

PODRE-DUMBRE DE PLÁNTULAS

COCHINILLA

...anchas o rayas?

¿hay partes distintas en la superficie?

¿las hojas se están quedando mustias?

¿las marcas son marrones oscuras o negras?

¿las marcas son marrón anaranjado?

¿son de color negro tiznado?

¿son blancas y polvorientas?

¿las hojas también se están volviendo amarillas?

¿hay daños de insectos en el tallo de la planta?

MANCHA DE LA HOJA

PULGONES

MILDIU

GUSANO GRIS

ROYA

¿hay marcas en los tallos de las hojas?

¿la tierra está muy seca?

¿la planta es rizomatosa?

PODRE-DUMBRE NEGRA DE RAÍZ

ROYA

FALTA DE AGUA

PODRE-DUMBRE DEL RIZOMA

# Plagas y enfermedades

Éstas son las principales plagas, enfermedades y otros problemas que afectan a las flores. Pero no se alarme, es poco probable que sus plantas las sufran todas.

Algunas plagas y enfermedades eligen muy bien las plantas a las que atacan, y afectan a variedades específicas, como la mosca del narciso, mientras que otras, como ciertos pulgones, en especial el verde, pueden afectar a muchas plantas distintas. Algunos síntomas están causados por otros factores como la falta de riego, que hace que la planta se quede mustia.

Existen varias formas de controlar las plagas y enfermedades: químicas y físicas. Sin embargo, los jardineros cada vez son más reacios a utilizar pesticidas, ya que dañan el medio ambiente. Por ese motivo, hemos querido hacer hincapié en los métodos naturales de control.

Existen preparados para controlar las plagas basados en extractos de plantas que tienen gran aceptación y cada vez se pueden encontrar en más sitios. El control biológico, en el que se utiliza un parásito para controlar una plaga específica, también se puede utilizar en exteriores.

## Babosas y caracoles

Las babosas y los caracoles se comen hojas de plantas muy distintas y también dañan los tallos jóvenes e incluso las flores. Hacen agujeros irregulares en las hojas y pueden causar daños graves. Son más activos en los climas húmedos y se alimentan de noche. Se pueden controlar colocando unas pastillas alrededor de las plantas. Otra alternativa es eliminarlos con la mano o, en el caso de las babosas, utilizar el control biológico, un nematodo. Las trampas de cerveza, jarras sumergidas hasta el borde en el suelo y llenas hasta la mitad con cerveza, los atraen, caen dentro y mueren.

## Añublo del pétalo

Esta enfermedad ataca a los crisantemos y algunas veces a plantas relacionadas, así como a las anémonas, que muestran lesiones acuosas o puntos marrones en los pétalos. Las flores acaban por morir. Es peor cuando el clima es húmedo o si llueve. Las flores afectadas deben cortarse y se ha de rociar la planta con un fungicida que contenga mancozeb.

## Pulgones del bulbo

Algunos pulgones pasan el invierno en los bulbos y cormos almacenados de *Crocus*, gladiolos, lirios y tulipanes. Deben eliminarse ya que si no pueden deformar el crecimiento. En el invernadero, se pueden controlar introduciendo una avispa parasitaria, *Aphidus matricariae*, que pone sus huevos dentro de los pulgones adultos.

## Cochinillas de la humedad

Esta plaga de insectos con «armadura» gris se alimenta por la noche y se oculta en lugares oscuros durante el día. Ataca principalmente a plantas muertas, pero también pueden dañar las plántulas alimentándose de la base de sus tallos o incluso de hojas muy jóvenes. El control físico no es práctico; lo único que se puede hacer en este sentido es retirar las hojas muertas de los alrededores de la planta. Si afectan a las plántulas, debe aplicarse alrededor un polvo contra hormigas.

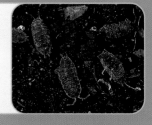

## Orugas

Las orugas de distintas polillas y mariposas se alimentan de las hojas de muchas plantas perennes y anuales y dejan un agujero donde han comido. Si la plaga es grave, pueden defoliar la planta. Las hay de varios colores: verde, marrón o gris, y suelen ser peludas. Las orugas se pueden retirar con la mano y eliminarlas, o se puede rociar la planta con un insecticida como el rotenone o pyrethrum.

**Virus**

Los virus son tipos de enfermedades que afectan a un gran número de plantas. Uno de los síntomas más comunes es el aspecto atrofiado y deformado que presenta la planta. Las hojas se tiñen de amarillo o blanco en motitas, círculos, bordes o rayas. Las flores pueden deformarse o mostrar vetas de otro color. Los insectos que se alimentan de savia, en especial pulgones, extienden los virus de planta a planta. También se pueden extender cuando se manipulan plantas, por ejemplo, durante la multiplicación por esquejes. No existe una cura: las plantas afectadas deben arrancarse y quemarse. Lo mejor es atacar a la plaga de insectos.

**Roya**

Esta enfermedad fúngica se presenta como manchas de color óxido, amarillo o marrón en las hojas y tallos. El problema empeora cuando los veranos son húmedos. Se trata de una enfermedad debilitadora que mata las hojas. Hay muchas plantas perennes y anuales que se ven afectadas por la roya, como las fucsias, alceas y lirios. Las hojas afectadas deben cortarse y ha de aplicarse un fungicida que contenga miclobutanil.

**Mildiu**

El más común es el mildiu polvoriento, que aparece como manchas polvorientas en las hojas de muchas plantas. Esta enfermedad fungal empeora si el suelo está seco y las plantas se hallan muy cercanas entre sí, lo que impide la circulación del aire. Algunas plantas son muy propensas, como la bergamota (*Monarda*), crisantemos, delfinios y ásters. La enfermedad es muy debilitante y atrofia las hojas y raíces. Las hojas afectadas deben cortarse y se ha de rociar la planta con un fungicida que contenga miclobutanil o azufre.

**Pulgones**

Son una de las plagas de insectos más malignas, en especial el verde y el negro, y atacan a muchas plantas. Los pequeños insectos que se encuentran normalmente agrupados en torno a los capullos de flores, brotes nuevos o en el lado inferior de las hojas nuevas succionan la savia de la planta, con lo que debilitan y deforman sus hojas y raíces. Excretan una sustancia pegajosa en la que crece un moho desagradable a la vista que parece hollín. Deben eliminarse con agua jabonosa o sola, o aplicar un jabón contra insectos.

**Podredumbre de rizoma**

Esta enfermedad bacteriológica hace que las hojas de los lirios rizomatosos se vuelvan amarillas y se marchiten. Las hojas afectadas se pudren en la base y pronto empieza a extenderse a los rizomas. Esta enfermedad penetra en la planta a través de heridas, y es más abundante en los climas húmedos o cuando el suelo está húmedo. Las plantas afectadas deben arrancarse. Para prevenirla hay que intentar no dañar las plantas, ya que los rizomas que no están graves se pueden salvar cortando la parte afectada y volviendo a plantarla. Las plantas rizomatosas deben cultivarse sólo en suelos con un buen drenaje para reducir la posibilidad que de aparezca esta enfermedad.

**Mosca del bulbo del narciso**

Las larvas de color claro de esta mosca se alimentan del centro de los bulbos de narciso, que se pudren. Los primeros signos del problema son que hay pocas hojas y ninguna flor. No existe una forma de controlarlo: deben arrancarse los bulbos y eliminar los que muestren los síntomas. Sustituya el sustrato de alrededor de las bases de los tallos para evitar que las moscas adultas depositen sus huevos.

## Podredumbre del tallo

Hay muchas enfermedades, en particular la sclerotinia, que pudren los tallos de algunas plantas perennes y anuales. Esta enfermedad afecta al tallo entero o a parte de los tallos, o normalmente la base, y las hojas de la planta se marchitan. La enfermedad se presenta ante todo cuando las condiciones climáticas son frías y húmedas, momento en el que aparece con rapidez en las plantas vulnerables. Las plantas en estado grave deben arrancarse y eliminarse inmediatamente, ya que no existe una cura.

## Mancha de la hoja

Muchas enfermedades provocan manchas negras o marrones en las hojas de numerosas plantas ornamentales. Las manchas varían de tamaño y algunas tienen forma de anillo. Las plantas que con más probabilidad pueden verse afectadas son los claveles, pensamientos, lirios y delfinios. El mejor método de control es quitar las hojas que tengan manchas y aplicar un fungicida en spray que contenga miclobutanil.

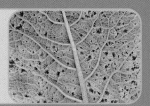

## Hojas marchitas

Las hojas se pueden marchitar por un gran número de causas, pero el principal es la falta de agua. Si la tierra está seca durante mucho tiempo, la planta sufre un gran estrés, que hace que las hojas se colapsen. En los casos más graves, los tallos también pueden marchitarse. Incluso si el riego se reinicia, es posible que las plantas jóvenes no lleguen a sobrevivir. Para evitarlo, asegúrese de que el sustrato de las plantas nunca se seque del todo y si es posible cubra la tierra con un acolchado permanente y riegue las plantas siempre que sea necesario. Es importante prestar atención sobre todo cuando el tiempo es caluroso, cuando los síntomas pueden aparecer de repente. Los vientos fríos también pueden hacer que la planta se marchite, ya que las hojas pierden humedad con rapidez. Esto se aplica principalmente a los ejemplares recién plantados, que deben rociarse con agua varias veces al día si hay viento.

## Ácaro de araña roja

Existen varios tipos de esta criatura parecida a una araña microscópica que se alimenta succionando la savia de las hojas de muchas plantas, en especial, de las que están bajo cristal. El ácaro de la araña roja es una amenaza para varias categorías de plantas, pero en las ornamentales su presencia puede motear la planta de un amarillo pálido en la superficie de las hojas. Un ataque grave es debilitante y puede hacer que las hojas se caigan. El problema empeora en zonas con veranos secos y cálidos. Rocíe la planta de forma regular con agua corriente para evitar que se reproduzcan. Con las plantas bajo cristal, y en exteriores durante el verano, utilice el control biológico (un ácaro predador) o, como alternativa, emplee jabón contra insectos.

## Podredumbre del bulbo

Los bulbos de distintos tipos, como los narcisos, lirios y tulipanes, son propensos a la podredumbre durante su almacenamiento debido a varias enfermedades. Compruebe que no tengan puntos blandos, en especial en la base (podredumbre basal), que también puede hacer que los bulbos parezcan pegajosos al tacto. Compruebe también que no hay moho marrón en los lados. Deseche los bulbos afectados. El fuego del tulipán es una enfermedad grave que se suele detectar cuando las hojas jóvenes nacen atrofiadas, marchitas o quemadas, pero los bulbos almacenados se pueden tratar. Arranque y deseche los bulbos afectados, que acabarán por pudrirse.

## Gorgojos

Estos insectos se reconocen fácilmente por su «nariz» alargada. Los más dañinos para el jardín son los gorgojos de la vid. Los adultos negros producen agujeros en las hojas de algunas plantas leñosas, pero el daño no suele ser profundo. Las larvas son el verdadero problema, ya que se alimentan de las raíces. Esto provoca que la planta se marchite y muera si la plaga es abundante. Las larvas son especialmente dañinas en las plantas bajo cristal, pero también son activas en exteriores. Utilice un control biológico con un nematodo patogénico a finales del verano.

## Moho gris

Esta seria enfermedad, conocida como botrytis, puede infectar a toda la parte superior de la planta y hacer que se pudra. Esta enfermedad, que se presenta como un moho gris esponjoso, es especialmente dañina bajo cristal, donde las condiciones higiénicas deben ser muy estrictas. Corte la parte afectada de las plantas hasta el tejido sano.

## Gusanos grises

Estas orugas, las larvas de distintas mariposas, de color verdoso o marrón grisáceo, viven en la tierra y se alimentan de las raíces y la base de los tallos de las plantas, con lo que consiguen que las plantas jóvenes se marchiten y mueran. Atacan a las plantas justo a nivel del suelo y son dañinas en terrenos que se han cultivado recientemente. Elimine las que encuentre cuando prepare el sustrato y utilice un control biológico –nematodos patogénicos– en verano.

## Podredumbre de raíz

Enfermedad fúngica que puede atacar a las dalias almacenadas y hacer que las raíces se pudran. Asegúrese de que los tallos cortados no están húmedos dejando que la planta se seque boca abajo durante una semana o dos antes de almacenarla. Las raíces tuberosas también deben secarse antes de almacenarlas en un lugar protegido contra las heladas, pero fresco. Controle las raíces guardadas con regularidad y si nota que alguna se está pudriendo, corte el tejido dañado y trate la planta con polvo de azufre. Esta enfermedad se puede curar si se detecta a tiempo.

## Podredumbre del cormo

Los cormos son propensos a varios tipos de podredumbre durante su almacenamiento, por lo que deben controlarse con regularidad y eliminar los que muestren algún síntoma. La enfermedad se detecta primero por unos puntos negros o marrones que aparecen en el exterior del cormo. Después, los cormos pueden arrugarse o pudrirse. Con los gladiolos, existe una enfermedad conocida como podredumbre del centro que hace que los cormos se pudran desde dentro.

## Podredumbre del pie

Esta enfermedad hace que las bases de los tallos se vuelvan negras y se pudran. Varias plantas se ven afectadas por ella, incluidas las campánulas, geranios y pensamientos. Arranque y elimine cualquier planta que muestre los síntomas. Empape la tierra en torno a las plantas sanas con un fungicida que contenga mancozeb como precaución. Evite introducir otras plantas en la zona afectada durante un tiempo.

## Podredumbre negra de raíz

Una enfermedad que afecta a muchas flores. Las raíces se vuelven negras pero los síntomas exteriores son hojas que amarillean y se marchitan. Arranque las plantas afectadas y plante otras en su lugar. Utilice sustrato esterilizado cuando cultive plantas bajo cristal.

## Tijeretas

Estos insectos son fácilmente reconocibles por sus pinzas traseras, que de noche se alimentan de las flores, capullos y hojas de las plantas dejando un agujero en las dalias y los crisantemos. Coloque trampas entre las plantas a la altura de las flores: macetas rellenas de paja e invertidas sobre cañas. Compruebe las trampas a diario.

## Podredumbre de las plántulas

Esta enfermedad afecta a las plántulas en interiores y provoca un colapso repentino y la muerte. Se puede extender rápidamente, lo que debería evitarse utilizando sustrato esterilizado y recipientes limpios. Evite regar demasiado el sustrato, así como las temperaturas muy altas durante largo tiempo. Riegue el sustrato con un fungicida a base de cobre después de sembrar y repicar.

# Índice de plantas

Este índice incluye las plantas mencionadas en este libro por su nombre latino y, entre paréntesis, sus nombres comunes.

# Índice general

# Agradecimientos

La mayoría de las fotografías de este libro han sido realizadas por Tim Sandall. Otras son una generosa aportación de las siguientes personas o empresas:

**John Feltwell/Garden Matters:** pág. 38 (S); 42 (I); 46 (C); 52 (S); 52 (I); 59 (S); 60 (S); 71 (I); 72 (I); 77 (S); 90 (I); 94 (ID); 95 (XD); 107 (I); 110 (S); 117 (X) (John & Irene Palmer); 117 (SD) (John & Irene Palmer); 117 (ID); 125 (C) (Debi Wager Stock Pics); 126 (C) (John & Irene Palmer); 128 (I); 130 (S); 133 (I); 134 (SD); 138 (S); 140 (S); 142 (S); 143 (S); 144 (I)

**Unwins Seeds Ltd:** pág. 50 (C); 74 (S); 75 (C); 76 (SD); 76 (IX); 79 (C); 91 (S); 98 (S); 98 (I); 103 (S); 105 (S); 108; 110 (IX); 116 (S); 119; 123 (I); 130 (I)

Clave: S = Superior; I = Inferior; X = Izquierda; D = Derecha; C = Centro

La editorial desea agradecer a Collins Nurseries su colaboración y ayuda con las fotografías de este libro, incluido el préstamo de herramientas y abundante equipo especializado. Gracias también a: Sandra Gratwick; Garry Norris; Ian Hazon; and Brian Archibald.
Coolings Nurseries Ltd., Rushmore Hill, Knockholt, Kent, TN14 7NN.
Tel.: 00 44 1959 532269 ; Dirección electrónica: coolings@coolings.co.uk; Página web: www.coolings.co.uk